本书由兰州中和集团及西北师范大学学科建设资金提供资助

中和论道第六辑

哲学的智慧

李朝东 高永德 主编

民族出版社

中和论道场景一

中和论道场景二

中和论道场景三

中和论道场景四

中和论道场景五

中和论道场景六

中和论道场景七

中和论道场景八

中和论道场景九

中和论道场景十

序

我的爷爷和父亲都曾在大学任教，爷爷洪毅然是美学教授，父亲洪元基是外语教授，我也算是生长在知识分子家庭。从小时候起，就常常听爷爷、父亲和一些长辈们讨论一些很深奥的问题，诸如宇宙的本源、精神和物质、善与恶、美与丑、美的本质、世界是无限的还是有限的……

时常觉得这些问题神秘而有趣，自己也试着思考一些这个方向的问题，觉得思考这类问题好像让人能更加透过现象较清晰地看到事物的本质和规律，可以让人有种超越现实的精神力量。

我觉得学习和思考哲学问题能让人在各领域都比较快地把握事物的本质和规律，也就能让人心智明确、理解得当，争取的办事方法自然比较正确；能够让人身心更和谐、生活和工作更顺利。尽管我现在的工作与哲学没有直接的联系，但作为智慧之学，我一直对哲学问题保持浓厚的兴趣，对哲学保持着一种神秘的敬畏……

2015 年秋季，西北师范大学党委书记陈克恭同志倡议和推动最大限度活跃学校的学术活动，希望哲学在提升大学学术品位中发挥引领作用；哲学系李朝东教授与我商议，在西北师范大学组办一个哲学沙龙，我们一拍即合，并商定沙龙名称叫“中和论道”。我觉得这个沙龙应该能给西北师范大学增添一张学术名片，也能丰富大学的学术交流活动，给学校营造学术氛围，给师生提供一个交流学习平台，所以欣然赞同，积极参与其中。

“中和论道”从 2015 年秋季学期开始，每两周举办一次，每期一个主题，有发言、有问答、有辩论。时而安静聆听，时而热烈欢笑，在这里我们思考，我们感悟，我们超越，大学之气象，欣欣慰然。

借此我也想说，任何哲学、科学、艺术、宗教都会有三方面的价值：

（1）让人们心灵更美好，更加快乐和智慧，从而使人和自己更好地相处；（2）让人们更加理性，让社会更有秩序，从而使人和人更好地相处；（3）认识规律，感悟本质，让人理解自然规律以及还未知的规律，从而使人和自然更好地相处。而我认为哲学在各领域都是有引领作用的。

就此而言，“中和论道”作为大学特殊的学术讲堂，是有益于自己，有益于学校师生，有益于社会的学术平台，是传播先进文化的阵地。

相信各位哲人、老师在这个学术平台上能智慧闪烁，精彩纷呈。

我们试想，让“中和论道”成为广大师生交流学问、砥砺智慧的场所，每学期学者们的精彩讲演结集为“中和论道”文集，更会成为思想宝库、学术家园；我们将竭诚合作，把“中和论道”办成西部地区传播知识、启迪智慧、培育人才的优秀平台，为理想枯萎的时代播种信念的希望……

兰州中和集团董事长　洪涛

目 录

1 第一讲
审判与辩护
——柏拉图《申辩篇》释义

43 第二讲
柏拉图《斐多》的听与说：隐喻的摆渡者

71 第三讲
柏拉图《蒂迈欧篇》释义

99 第四讲
寻找遗失的智慧
——《尼各马可伦理学》第六卷释义

139 第五讲

芝诺悖论及其效应

181 第六讲

儒家的中庸之道

217 第七讲

意识现象学的思考路径与人工心灵的可能性

241 第八讲

《墨辩》论“彼”

第一讲

审判与辩护

——柏拉图《申辩篇》释义

主持人姜宗强老师：虽然下着雨，每次听李副校长的报告都有新的收获，而且每次都是高朋满座，后面还来了很多人没有座位。我想这也可能是由于哲学的魅力。哲学是人类文明智慧的灯塔，古往今来的哲学家用他们的智慧为我们穿透生活的迷雾，他们探索的很多问题也是人类所关心的关键问题。哲学家被称为智慧的情人，他们对智慧的追求如痴如醉，所以又有了“柏拉图式的精神恋爱”这一说法。今天，哲学系请到我们哲学学科的带头人，也是我们西北师范大学的副校长李朝东教授，为大家做一个精彩的报告，也感谢洪涛董事长，一直以来对“中和论道”的支持。现在大家用热烈的掌声，欢迎李老师给我们做报告。

主讲人李朝东老师：各位老师，各位同学，大家晚上好！今晚我来与大家做一个交流，报告的题目是《审判与辩护》。我应该是有将近二十年的时间没有主攻古希腊哲学了，长期以来一直在做现代德国哲学，主要研究方向是现象学。但现象学不太适合于公众讨论，主要是带着我的硕士生和博士生做。我们有一个经典诠释研究中心，希望能对中西经典做一些诠释。我今天晚上给大家报告的是“柏拉图《申辩篇》释义”。一开始想了一个题目叫“苏格拉底之死”，但是今天是想换一个视角，想了半天，就起了“审判与辩护”的题目，因为这应该是柏拉图写《申辩篇》的一个主要目的。

一

西方思想史上有两大死亡事件，一个是“耶稣之死”，一个是“苏格拉底之死”。如果说耶稣之死是为了救赎，那么苏格拉底之死则是为了殉道，这两个死亡事件对西方的影响非常深远！如果说“耶稣之死”象征的是一种宗教罪，那么“苏格拉底之死”就象征一种道德罪。

道德罪和宗教罪有什么区别？简单说道德罪是因为个人的意志缺陷而招致的欠妥行为，自己必须要为其承担的罪责。我们的意识不健全，我们做了一些不该做的事情，比如说考试本来规定不许作弊，但是你控制力比较差，作弊了，那么就是导致了欠妥行为，你便要自己承担责任；再比如说不许杀人，法律的罪责在广义上也属于道德罪的范畴，也就是说它都是个人能够承担的责任。宗教罪是属于类的罪责，西方民族后来有一个耶稣被钉死在十字架上，也就是说他为西方人承担了罪责，所以说耶稣一死使得他成为西方人信仰的对象。

关于苏格拉底，基本上人们对他的指控都是属于道德罪，所以我们也可以把他的审判就是看作是一个道德审判。面对雅典法庭对苏格拉底的道德审判，柏拉图在《申辩篇》里边为自己的老师做了怎样的辩护？我们从苏格拉底的一生中得到一些什么样的启示？这就是今天晚上我要和大家一起来分享的主题。

我们首先对希腊的历史做一个大概的轮廓式的了解。大概在公元前8000—6000年前，从西亚地区移民过去在人口居住在希腊的克里特岛。大概是在公元前2000年，欧洲地区的部落大迁徙，亚该亚人进入希腊半岛，我们一般把公元前2000年到公元前1600年这个时期也称之为亚该亚文明。公元前1600年到公元前1500年，我们称之为迈锡尼文明时期，大概在这个时期，希腊人形成了自己的线性文字。公元前1500年，亚该亚人进入克里特岛，开始建立城市。公元前1200年阿伽门农（Agamemnon）统帅希腊半岛联军远征特洛伊。

公元前1125年，多利斯人摧毁了迈锡尼王朝，建立了多利斯文明。注意一下，从公元前1200年到公元前800年这个期间将近400年的时间，就形成了荷马（Homer）和赫西奥德（Hesiod）时代，也就是《荷马史诗》时代。公元前776年是第一届奥林匹克运动会。公元前600年第一个哲学家泰勒斯诞生。公元前594年梭伦改革，创立了“四百人议事会”，到后来克里斯提尼通过立法将“四百人议事会”改造成了“五百人议事会”。

苏格拉底被判处死刑的时候，就是属于“五百人议事会”时期。公元前509年，克里斯提尼改革，把“四百人议事会”改成“五百人议事会”。公元前500年，阿纳克萨戈拉诞生。为什么要特别地把他提一下，因为苏格拉底被控告有两项罪名：第一个是不信雅典自己的神，引进新神；第二个是败坏青年道德。其中不信神、引进新神都与太阳有关。我们都知道希腊人的太阳神是指阿波罗神，阿波罗神白天驾驭着太阳从空中经过，就会有阳光照射。后来尼采在《悲剧的诞生》里边把它称之为“日神精神”，到了晚上的时候就是“酒神精神”。太阳神在希腊人的日常生活中是至高无上的，可是有一个叫作阿纳克萨戈拉的外邦人把“太阳是一块燃烧的石头”——这样一个在当时称之为哲学思想的思想带到了雅典。苏格拉底也接受了这个观点，所以后来希腊人就指控他不信神是因为阿纳克萨戈拉。阿纳克萨戈拉是伯里克利的老师，他到了雅典以后，主要是教授伯里克利，伯里克利后来是雅典一个非常著名的政治家。克里斯提尼被刺杀身亡之后，雅典的主要领导人是伯里克利。后来伯里克利也曾经几次遭到了雅典人的弹劾，在五百人议事会上，大家不喜欢他的时候就可以弹劾他。但是大家觉得伯里克利又太能干、政治上有大智慧、影响力又很强大，他的政治理论推翻不了，于是他们便想了一个办法——控告阿纳克萨戈拉。

伯里克利便在五百人议事会上向大众求情，向大家鞠躬说：“你们看看我在治理雅典的时候有没有什么过错？”大家认为没有过错。伯里克利又说：“我的这些智慧都来自于阿纳克萨戈拉，如果说大家还认可我领导的政治体制，就希望大家能够原谅我的老师。”后来雅典人觉得平时高高在上的伯里克利现在终于弯腰向他们求情，便饶恕了阿纳克萨戈拉。那么这个时候安排阿纳克萨戈拉的去留就是一个问题，是继续留在雅典，还是回到伊奥尼亚（阿纳克萨戈拉的故乡）。后来他选择了离开雅典，这种选择在某种程度上虽然不是被驱逐，但是也属于逃离。我说最后这句话的时候，请大家注意一下，伯里克利的老师，同时也应该是苏格拉底的老师，最后是逃离雅典。苏格拉底的学生柏拉图在苏格拉底之后做了很多次理想国的实验，其中三次都因为当时他做实验的国家要杀他，被他逃脱了。我强调这个事件的目的是苏格拉底的老师和学生都为了保全生命逃跑了，但是后来苏格拉底被判处死刑的时候，其实他也有很多保全性命的策略，其中包括逃跑，但他拒绝了。所以从这点上来说，老师逃跑了，学生也逃跑过，但是从我们后来历史的角度来看，苏格拉底最后被判处死刑没有逃跑，因此黑格尔就说他是西方人的人格。

公元前 492 元到公元前 449 年，将近四五十年的时间，是希波战争时期。波斯现在是西亚的伊朗所在的地区，在希波战争期间发生了“马拉松战役”，后来便有一个非常著名的体育运动——马拉松赛跑。公元前 483 年到公元前 375 年，是智者时期。智者有两个主要代表人物，一个是高尔吉亚，另一个是普罗泰戈拉。提到智者是因为一开始对苏格拉底的指控里边，就认为他是一个智者。就是说高尔吉亚也曾经把辩论术带到了雅典，并且在雅典为他的母邦赢得非常高的声誉。

公元前 469 年到公元前 399 年，是苏格拉底生活的年代。但是在这之前，哲学基本上都是在雅典的殖民地发生的，我们前面讲过公元前 1200 年到公元前 800 年，这 400 年的时间，是荷马时代。荷马时代有一个非常著名的事件叫作“特洛伊战争”。因为当时雅典希腊半岛上的人很多，他们居住不下以后开始向环地中海，尤其是向西亚这个地方的环地中海部分来开拓自己的殖民地，建立了很多的殖民地城邦。

希腊最初的哲学都是在环地中海的殖民地中产生，我们一般把它叫作小亚细亚地区的伊奥尼亚地区。比如说泰勒斯所在的城邦米利都就在这一区域。在后来希腊哲学发展的过程中，有一个从周边地区慢慢向雅典集中和过渡的趋势，有些哲学家就把哲学思想带到雅典来，像我们前面说的普罗泰戈拉、高尔吉亚这些人都是外邦人，把哲学带到这儿来。但他们（外邦哲学家）一般下场都不好，这说明当时的雅典艺术科学已经非常发达了，但他们的哲学思想相当落后，使得一些在外邦看来很平常的思想，比如说“太阳是一块燃烧的石头”，到雅典去就有可能会被当成异端学说，苏格拉底坚持这个观点，于是雅典人便判他有罪。

那么，这个时候雅典本土出现了第一个哲学家——苏格拉底。他去世以后，希腊的哲学达到了高峰，是以“雅典三杰”为代表的，这就是苏格拉底、苏格拉底的学生柏拉图、柏拉图的学生亚里士多德。其中苏格拉底和柏拉图都是土生土长的雅典人，而亚里士多德虽然是色雷斯人，但是他主要的哲学活动是在雅典。

这个时候伯里克利开始在雅典产生影响，然后他在公元前 451 年修改公民资格法律，限制公民资格，雅典进入全盛时期。公元前 450 年到公元前

385 年，是喜剧诗人阿里斯托芬（Aristophanes）生活的时代。关于喜剧和悲剧，我们在这不说，只是给大家介绍一个观点。我国著名的学者刘小枫，他最近一个提法，他认为像以前朱光潜他们所说的“喜剧”和“悲剧”不准确，他建议把“喜剧”翻译成“谐剧”，“悲剧”翻译成“肃剧”。刘小枫有他的一套主张，如果大家想了解究竟用哪个好，推荐你们去读读刘小枫的书。

公元前 431 年到公元前 404 年，是伯罗奔尼撒战争时期。这个时候公元前 430 年，雅典发生瘟疫。我上学期讲过《会饮篇》，讲《会饮篇》的时候讲过雅典发生过瘟疫。希腊神话里边信使叫赫尔墨斯，它的塑像突然在某一天夜里不知道什么原因，被泼墨了，这就意味着一场灾难的降临。像索福克勒斯的著名的悲剧《俄狄浦斯王》，就是以这个事件为背景写的。那么伯里克利受审发生在公元前 430 年，就是这个期间，我们说过伯里克利受审的时候，也涉及他的老师阿纳克萨戈拉。

过了一年以后，公元前 429 年伯里克利卒，两年后柏拉图出生。公元前 413 年，雅典同盟各城邦相继脱离，拒绝纳贡，经济困难，帝国开始瓦解。在希腊和波斯的战争中，希腊城邦结成了一个希腊同盟，希腊同盟有两个盟主，一个是雅典，另一个是斯巴达。战争的初期主要是在陆地上进行，雅典和斯巴达这两个城邦，他们在军事力量对比上，因为雅典靠海，所以雅典的海军强；斯巴达在陆地，所以它的陆军强。而且斯巴达实行严格的军事化管理。我有时候讲斯巴达大概是人类历史上的国家和民族里边最早懂得“优生学”的，孩子一出生，尤其是男孩不穿衣服，放在野外锻炼他的体魄。所以这些孩子（斯巴达人）长大以后非常的强壮，意志力坚强。战争的初期在陆地上，斯巴达起了非常重要的作用。战争到了中后期慢慢地转移到海上的时候，斯巴达内部产生了矛盾，发生了内乱，斯巴达便退出了希腊同盟。战争后期在海上进行，因为雅典的海军比较强大，所以同盟的领导权便由雅典独立担任，最后取得了希波战争的胜利，雅典便成为整个希腊的“贡主”，其他的城邦都要向雅典上交大量的贡品。所以当时雅典人很富裕，凡是有公民权的人都可以不劳动，国家每年给他们一定的津贴，叫作“戏剧津贴”，够公民这一年的生活用，但是国家对每个公民有一个要求，公民每天必须去看戏，所以叫“戏剧津贴”。有公民权的人不劳动，一天只看戏，雅典的戏剧就特别地繁荣。为什么会产生索福克勒斯、埃斯库罗斯、阿里斯托芬这样一些非常有名的喜剧、悲剧大师，就是因为它的市场很旺盛，这些都是克里斯提尼和伯里克利改革的背景条件。而且还有一些像我们刚才讲的四百人议事会、五百人议事会，以及“贝壳放逐法”。

贝壳放逐法就是说有雅典公民权的人，如果说哪一个人干了不利于城邦的事情，大家怀疑谁，就把这个人的名字写在贝壳上。如果一个人的名字在贝壳上出现六千次，就被视为不受欢迎的人，要被驱逐出城邦。还有“鼓噪选举法”，“鼓噪选举法”是指雅典每天选一个执政官，每天都选一次（现在美国总统四年选一次，欧洲和美国现代民主制，它就是从古希腊发源来的）。在古希腊它的民主选举的是执政官，在现在叫总统，一天选一次。而且规定人一生中不能够担任超过两次，最多可以担任两次执政官。这使得每一个人都有当执政官的可能。每天选，这样太复杂、太频繁了，所以希腊人发明了一个非常简单的选举方法，叫“鼓噪选举法”，有公民权的人集中在广场上，提名明天的执政官候选人。例如洪涛董事长要竞选明天的执政官，大家同意就吼一声，谁演讲的时候观众吼声最高，谁就当选。这一点对希腊的精神生活和政治生活产生了非常重要的影响，每个想竞选的人需要考虑自己怎么让人记住，怎么让自己能够在公众中有更高的知名度。因为雅典人每天不用劳动没事情做，所以他们吃完饭以后就和别人在广场上辩论，谁能够在辩论中经常把对方驳倒，谁在公众中的知名度就高，去选举的时候就容易成功。那么要辩倒对方，就要学点东西，于是前面提到智者教的修辞学和辩论术，在雅典便非常的流行。所以说希腊为什么会流行修辞学和辩论术是有原因的。

到了公元前 413 年的时候，雅典同盟就解体了，其他城邦不给雅典交税了，雅典经济开始瓦解。公元前 411 年，雅典发生政变推翻了民主政体，建立了四百人议事会，前面的五百人议事会又成了四百人议事会。在这种寡头政治期间，苏格拉底对它保持了独立性。公元前 410 年雅典恢复民主政体，也就是说寡头政治的掌权也就是一年多，它时间很短。寡头政治、民主政治、贵族政治这三种体制在雅典频繁更替，使得后来的柏拉图和亚里士多德分别专门写了《理想国》《政治学》等著作来探讨哪一种政治体制最好。柏拉图倾向于贵族政治，亚里士多德在《政治学》里边推荐的是民主政治。亚里士多德说了一段话："民主政治不是最好的政治，但它是最实用的政治。"柏拉图为什么就比较倾向于贵族政治？因为他认为贵族式精英做出的决策最正确，而民主政治只是由大家以多数票的决议来做出决策，如果有些人因为忙或者是低层次的人太多的话，那么民主选出来的可能是很糟糕的结果。因此亚里士多德也说民主政治不是最好的政治，但是它是比较实用的，它能够满足大多数人的意志。

公元前 406 年年初，雅典在诺丁姆战败，三月在海战中胜利，但雅典审判和宣告指挥战役的将军们有罪，遭到苏格拉底反对。为什么把这个列出来？因为雅典通过改革以后，军队建立"十将军委员会"，整个雅典的军队都是由十个将军来指挥的。在第一次的诺丁姆战争中，雅典海军失败了。紧接着三个月以后的海战中，它又获得了胜利。按照雅典的法律，不管战争胜利或者失败，不管在海上还是陆地上，必须要把尸体全部弄回来。这次海战中死了大量的人，虽然最后取得胜利，但指挥战役的将军在收尸返回的时候，突然地中海狂风大作，如果再不回去的话，可能战争结束以后活下来的这些人也要死，他们就赶紧撤回来了。撤回来以后十将军就被告发了，罪名就是没有把战争中死亡的士兵的尸体运回来，民主派宣布十将军有罪。正好这一天执政官是苏格拉底，他力排众议，没有处死这十位将军。但是这一天没出事，第二天苏格拉底不当执政官的时候，十将军便被处死了。这就是我刚才说的柏拉图和亚里士多德为什么一直在思考政体问题。

公元前 404 年，雅典败于斯巴达，出现三十僭主政体，一年后恢复民主政体；公元前 399 年，民主政治判处苏格拉底死刑。

这是对苏格拉底整个生活的一个简单的历史背景的交代。线性文字 A 和线性文字 B 的问题我在这不讲了，我们以后有机会再探讨。我已经邀请了杨同军老师找一个机会，也可能是下一次给我们讲一讲中国文字的演变，我现在对文字这一块儿也很感兴趣。

现在简单地介绍一下苏格拉底。苏格拉底的父亲是个雕刻匠，母亲是个接生婆。他是我们今天能够第一个确切知道生卒年月、第一个出生在雅典的哲学家。他的长相不太好，面目丑陋，身材矮小，性格也很特别。他的一生是哲学家的理想人格。他曾三次服役，为祖国而战。就是说在他生活的时候，雅典多次发生战争，每次战争他都上战场，而且很勇敢。以教育青年为己任，却从不收取学费，这里就涉及后来雅典人指控他是“智者”的问题。他以正义为准绳，对民主政治和贵族政治都坚持独立的态度，也就是说他既不偏向于贵族政治，也不偏向于民主政治，对任何政治都保持自己的独立性。他自称“牛虻”，他对祖国的爱表现为对祖国进行道德批判，他为了祖国追求善的理想，而他的祖国则用死刑酬劳了他的忠诚和哲学贡献。公元前 399 年，他被指控犯有败坏青年道德罪和信仰新神的罪名，但他却拒绝一切保全生命的策略，认为自己和雅典的法律之间有一个神圣的契约，因而选择了接受死刑。关于苏格拉底和雅典的法律有一个神圣契约的话题，不是我们今天讨论的问题，但它是一个非常有意思的问题，如果有机会，我们哲学系的老师愿意的话，以后可以讲一讲。

柏拉图的著作有很多，但是我们一般地认为他的前期作品有三篇，一个是《申辩篇》，第二个是《克里同篇》，第三个是《斐多篇》。《克里同篇》就是紧接着《申辩篇》写的，苏格拉底被判处死刑了，处死前有一个月的时间可以暂缓执行。这一个月他被关在监狱里边，一个月结束后马上就要执行死刑的前一天晚上，克里同等朋友们到监狱里边去看苏格拉底。在监狱里边他们有些对话，这场对话被柏拉图以谈话的主角之一“克里同”的名字来命名，所以叫作《克里同篇》。《克里同篇》主要是讲克里同想各种办法劝说苏格拉底逃跑，“去祭祀的团队马上回来了，按原来的法律，一回来你就要被处死，那么你能不能跑?”苏格拉底告诉他“作为一个雅典的公民，为什么要遵守雅典的法律，以及遵守雅典的什么法律”，“雅典的法律对我的死刑判决应该遵守”，“和雅典的法律有一个神圣的契约是一个问题”。“公民为什么要遵守法律”是《克里同篇》要讨论的重要问题。

第三个是《斐多篇》，我们这学期开学的第一讲是郭吉军老师讲的《斐多篇》，我觉得他讲得挺好，但他没有紧扣文本。《斐多篇》就是讲苏格拉底死了以后，灵魂不朽的问题。《申辩篇》讲的是对他两项指责的辩护，《克里同篇》讲公民为什么遵守法律，《斐多篇》讲的是人死了以后灵魂不朽。

黑格尔和文德尔班对苏格拉底都有评价，黑格尔说："苏格拉底是各种美德的典型：智慧、谦逊、节俭、节制、公正、勇敢、坚韧，坚持正义来对抗僭主与平民，不贪财、不追逐权力。苏格拉底是具有这些美德的一个恬静、虔诚的道德形象。他对于金钱的冷淡是完全出于他自己的决定，因为根据当时的习惯，他教授学生可以像其他教授一样收费的。另一方面这也是一种自由的选择，因为收学费不像我们现代这样，已经成为习惯，一个人如果不收学费就会违背习惯，还可能被人看作是沽名钓誉，易于受到谴责而难于得到赞赏。教育在那时还不是国家的事务，在罗马皇帝的统治下才有发薪俸的学校。"这是黑格尔的一段辩护，也是对苏格拉底的赞扬。那么文德尔班在他的《哲学史教程》讲到苏格拉底的时候有这么一个评价："苏格拉底的死使得他的生命成了一件艺术品。"

那么究竟苏格拉底的死是一个什么样的背景？有一个叫斯东的人专门写过一本书叫《苏格拉底的审判》，大家可以去看看。现在我们来看苏格拉底的学生色诺芬尼，他写的一本书叫《回忆苏格拉底》。但是色诺芬尼写的苏格拉底是一个普通的老人，没什么特色，更主要的是在苏格拉底被判处死刑的时候，色诺芬尼已经离开雅典两年了，也就是说苏格拉底被审判的时候，他并没有在现场。但这是一个很好的参考书，色诺芬尼笔下的苏格拉底，就像我们生活中见到的那些人，包括像在农村都能见到的比较有智慧的老人，很朴实很普通。那么还有一个就是柏拉图写的《申辩篇》，《申辩篇》我们国家现在有两个翻译版本，一个在王晓朝老师的《柏拉图全集》里面。关于王晓朝，大家知道我们中国有一个大翻译家严群。严复大家知道是吧，他翻译过《天演论》等，严复的侄子叫严群，王晓朝是严群的学生。严群当时在浙江大学，"文化大革命"结束以后第一次恢复研究生招生的时候，我们国家懂希腊语的人才奇缺，所以他本来是一个哲学家，但是他招的研究生都要学希腊语，王晓朝就跟着严群老师学希腊语。我是王晓朝老师的学生，也跟着王晓朝老师做博士后，但是我没有好好地继承他，希腊语也没学会。柏拉图这个方向后来也就不做了，我现在更多的是在研究胡塞尔。严群有一个翻译版本叫《苏格拉底的申辩》，那么究竟是《申辩篇》还是《苏格拉底的申辩》？原文是有“苏格拉底”这几个字的，但现在我们就把它简化了。

《申辩篇》《克里同篇》《斐多篇》，这三个构成了《柏拉图全集》的第一卷。我今天讲《申辩篇》，如果以后有机会，我还想再来跟大家讨论一下《克里同篇》，即“一个公民为什么重视法律”。黑格尔说苏格拉底是希腊人的人格，是西方人的人格。文德尔班说苏格拉底的死使得他的生命成为一件艺术品。其实更多的原因是在《克里同篇》里面，一个公民为什么要遵守法律？苏格拉底有一句非常著名的话叫“他和雅典的法律有一个神圣的契约”，郭吉军老师也已经讲过了。

二

现在我们来看《申辩篇》的结构。全文大概 2.4 万字，很薄，还没有我们现在的一篇硕士论文厚，我们现在已经要求硕士论文到 5 万字了，《申辩篇》却只有 2.4 万字。它不是现场实录，而是苏格拉底被处死以后，他的学生柏拉图写的，因而也有再创作的成分。它的结构是：从 17a-35d 主要是苏格拉底的辩解；36a-38c 是审判团投票判苏格拉底有罪后的简短陈词；38c-42a 是审判团判苏格拉底死刑后的最后陈词。一个辩解两个陈词，这是它的结构。王晓朝老师翻译的《申辩篇》的文本有两个，一个是 2002 年的文本，另一个是 2015 年的修订本。这两个译本有很大的变化，2002 年的译本出来以后，遭到了很多人的批评，认为翻译不准确，后来王老师又花了很多的时间，整个重译了一遍。我今天主要用的是 2015 年版的译本。

第 1 段（17a-17c）讲苏格拉底出庭辩护，他拒绝律师代理辩护，也不用别人写好的辩护词，而是他自己辩护。那么文本中出现的“雅典人”这三个字，关于“雅典人”这个翻译，在 2002 年的版本里边，称之为“陪审团”，就是指雅典当时审判的时候，还有一个陪审团。那么苏格拉底面向这些陪审团的人的时候，要陈述自己的观点，所以《申辩篇》的原文用的是“雅典人”，原文直译过来应该是“雅典的男人”，这句话意味着陪审团里边没有一个女性，所以在柏拉图原文里边应该是“雅典的男人”。那么王老师在 2002 年版本里边翻译为“雅典的陪审团先生”，到了 2015 年版本里边，他就直接翻成“雅典人”了，把“男人”也去掉，“雅典人”的意思就是“陪审团”。所以我们一旦读到“雅典人”的时候，就应意识到苏格拉底是在面向“陪审团”或者“法官先生”或者“陪审团大人们”。“我不知道我的原告对你们有什么影响，他们讲话太有说服力了，不过他们说的几乎没有一点是真的”，这个地方我有一个疑问，假话也有说服力？有时候我们可能听到的假话比真话还有说服力。“他们的谎言就是，让陪审团提防‘像我这样能干的演说家把你们给骗了。’”这个地方的演说家，我前面提到的普罗泰格拉和高尔吉亚，这两个人是智者，他们到雅典来之后都是以演说的方式来教育别人。《普罗泰格拉篇》里描写过一个场景，当时智者到了雅典城邦，但雅典人并不欢迎他们，之后他们就像我们现在搞传销的一样，在地下室，找一个阴暗的地方，中间烧一堆火，愿意学修辞学和辩论术的人都围坐在周围，普罗泰格拉在中间给他们展示演讲术和修辞学，这个地方出现的“演说家”意指控告苏格拉底的人暗示他是一个智者。

“从我这里你们听到的将都是真话。”即是说告我（苏格拉底）的人说的都是假话，他们没有一点是真的，只有从我（苏格拉底）这个地方你们才能听到真话，因为“老年人信口雌黄不得体”。老年人是不说假话的。其实这些地方我们看到苏格拉底的这些辩词都有些问题，比如说现在的年轻人说谎话，而像我这个年龄说谎话就有点儿不太得体。但并不能够证明老年人就一点儿谎话也不说，老年人是说谎的，有时候比年轻人说得更像是真的。这是第一段作为一个交代，第一，为什么我自己辩护；第二，不请律师；第三，不用别人给我写好的讲演稿或者辩护稿，就我自己来辩。

第 2 段（18a）讲两种德性。“这是我 70 岁的时候第一次出现在法庭上，所以我对在这个地方该讲什么话完全陌生。……请别在意我的说话方式，无论是好是坏，而要集中精力听我说的是否公正，因为审判官的德性与公正相连，而演讲者（抗辩人）的德性就在于说真话。”这就是两种德性，就是说法官的德性是主持公正，被告的德性是讲真话。苏格拉底在此贯穿始终的就是“公正”或者“正义”这个词。那么说到这儿我就想顺便再提醒一下，苏格拉底前面说他第一次到这儿来，而且不用辩护律师，也不用别人写的辩护稿自己来辩，并且 70 年到这儿也是第一次来，也不知道自己在法庭上该怎么讲，所以别介意讲得好坏，关键是看他说的是不是真话，他说的真话里边坚持的就是正义。这是公元前 400 多年到前 399 年，也就是公元前 4 世纪。

第 3 段（18b-c）到第 4 段（18d-e）苏格拉底对付两拨儿原告。“雅典人（担任法官的先生们），我首先要为自己辩护，对付那批最早的控词及原告，他们对我进行了虚假的指控，然后再对付后来的指控。有许多人向你们控告我已经好多年了，但他们的控词没有一句是真的。”看起来苏格拉底被别人指控是由来已久，但一直没有被传唤到法庭，那么今天终于把他传来了，所以今天的辩护要对付两拨儿，一拨儿是在上法庭之前，别人以前对我（苏格拉底）的指控；另一拨儿就是今天有人把我（苏格拉底）告到法庭，法庭把我（苏格拉底）传唤了。前面一拨儿是整个社会上相当一部分不满的人控告；今天的这一拨儿主要涉及三个人。所以，苏格拉底说：“我的原告有两拨儿：一拨儿是最近对我提出指控的人，另一拨儿是我刚才提到的从前的原告。”

第 5 到 6 段（18e-19c）针对的是原告的诉状：“我应该首先针对后者为自己辩护。就当它是神的意愿，我必须服从法律来为自己辩护。”就是说首先回应的是以前那些对他进行控告的人。在《申辩篇》的后来也讲，为什么把它当作神的意愿？苏格拉底是这样解释的：说我（苏格拉底）以前每天吃完饭出来以后，到大街上跟别人辩论，如果我今天碰到一个人，我如果走上前需要向他辩论的时候，脑子里边会出现一个神灵的声音，说“你别去”，那么苏格拉底就会绕开他。如果这个声音不出现，那苏格拉底就会上去辩论。苏格拉底的意思是说，今天法庭传唤他出门的时候那个声音没出现，也就是说神是同意他来辩护的。今天来控告他的是美勒托，他说：“美勒托在写这份诉状时相信的那些谣言来自于从前对我的指控。”今天三个控告他的人里面主要的控诉人是美勒托，但是苏格拉底认为美勒托写的诉状是谣言，这些谣言都来自于以前的那些人，所以首先要对以前的那些控告来提出辩护。“原告的诉状：苏格拉底犯有爱管闲事之罪，他对地上天上的事物进行考察，还能使较弱的论证击败较强的论证，还把这些教给别人。你们在阿里斯托芬的戏剧中已经看到。”这是以前提出的他的罪状，爱管闲事、喜欢考察天上和地上的事物，意思是说比如说阿波罗神等等的诸如这些神，你就信仰它们就行了，但是苏格拉底现在要以科学的精神去探讨它们。

我想在这里插入中世纪的一个著名的很有意思的故事。古希腊的亚里士多德，他是一个科学家，也是一个哲学家。他提出一个观点，说人的全部的神经系统是最后汇集于心脏。中世纪的时候人们把他叫作“圣亚里士多德”，所以他的观点也具有至高无上的权威地位。中世纪的那些神学家们，我以前讲过他们做三件事，第一件事是研究《圣经》；第二个是研究数学、逻辑、科学；第三件事就是他们自己劳作。所以中世纪的神父们是人类历史上第一批“指甲缝里边有污垢”的知识分子。我们说他们研究数学、逻辑、科学，其中有一个神父就悄悄地在自己修炼密室里边找了一具尸体，把尸体解剖了，解剖以后，发现人的全身的神经系统不是汇聚心脏，而是汇聚大脑。我们大家知道现在的“心理学”这个名称就是亚里士多德命名的，就是因为他认为人的思维的器官是心脏，心脏之所以是思维的器官，就是因为人的神经系统都汇聚于心脏，所以他就把研究人的思维和心理的这种学科命名为“心理学”，我们也翻译成“心理学”。那么神父最后解剖的时候发现人的神经系统不是汇聚于心脏，而是汇聚于大脑，所以他把手术刀一扔以后就跳起来说：“天呐，如果不是圣亚里士多德说人的神经系统汇聚于心脏，我还以为我发现了真理！”他实际上已经发现真理了，但是在亚里士多德那种至高无上的地位不可动摇的时代，第一是不能解剖尸体的，第二即使解剖发现了神经系统是汇聚大脑的，你也不能公开传播，否则就是异端邪说。

那么我们现在回过头来再看一下古希腊，希腊神话有一套神话体系，它对天上和地上都有它的神话安排，有神的秩序，可是苏格拉底不相信，他单要对这些东西还要再次进行探究，以一种科学的眼光去探究它，所以这也就成了苏格拉底的一项罪名，并且他还能使较弱的论证击败较强的论证。

所谓“较弱的论证击败较强的论证”，我之前所讲的苏格拉底经常出来和别人辩论，本来辩不过人家，但是他最后就想方设法能够把别人辩倒，这个后面再讨论。“他还把这些辩论术教给别人，所以你们在戏剧中就已经看到了。”在这里我给大家推荐阿里斯托芬的戏剧《云》，现在把故事情节大概给大家简述一下。主人公叫作斯瑞西阿得斯，是一个老头，这个老头是雅典的一个老农，没有生活技能，一天就靠借债过日子。之前他还能够耕种土地或者打猎捕捞鱼之类的，但是他过腻了这种乡村生活，要到雅典城里过一过城里人的生活，可是到城里的时候他没有生活技能怎么办？他就只能靠向别人借钱，今天从你这儿借一些，明天从他那儿借一点儿。时间一长，大家纷纷地上来要债，他没钱还给人家。听说苏格拉底办了一个辩论术学校，就借钱报名参加了（注意这是阿里斯托芬写的，这里说借的钱报名参加了，这句话就暗示苏格拉底是收学费的）。他从学校毕业回到自己家里边，坐在房子里，等着别人上门要债。别人一看他回来了，就来向他讨债。然而最后辩论的结果，债权人没有辩过他，而且，以后明知还不上还得继续借钱给他，从此老汉的生活便有着落了。老汉发现儿子返回乡村，他又跑到乡村去把儿子接来，把儿子也送到苏格拉底的学校去学习。学习了一段时间以后，儿子也毕业了，出来以后父子俩在雅典城里边过着那种靠借债度日的生活。有一天父子俩发生了矛盾，父亲教训儿子，儿子顶撞父亲，还扇了父亲一耳光，父亲很生气，儿子说：“别生气，坐下，咱们两个辩一辩。”看起来儿子是青出于蓝，最后辩论结果是儿子把老子辩过了，扇了老子一个巴掌，不仅没事，以后明知儿子这样做，老子也得心甘情愿地顺着。这时候父亲才发现上了苏格拉底的当，一把火把自己在雅典城里边的房子烧了，烧了以后就返回到乡村去，过那种欠钱就该还钱、儿子不能打老子的生活去了。

阿里斯托芬用《云》这部喜剧讽刺挖苦了苏格拉底，认为苏格拉底教给别人的就是这样一些辩论术，而且还收学费。所以我们看苏格拉底在当时，包括像阿里斯托芬这样的一些喜剧大师们也不理解他，并成为被讽刺挖苦的对象。顺便跟大家说一下，在这个地方希腊语中出现了一个非常重要的词“nomos”，这个词我们通常把它叫作“约定”，它的对应概念是习惯和自然，比如说“儿子不能打老子”，这是个习惯，习惯成自然。不管是原始的生活习惯，还是血脉遗传，我们自远古以来一直继承下来的这些自然传统称之为

“习惯”，或者称之为“自然”。好，这个词义的演变我们在这儿先不说了，我们需回到文本。

借钱就要还钱，儿子不能打老子，道德就是不说谎，所有的这些都是希腊人长期以来遵守的生活习惯。阿里斯托芬是最早意识到苏格拉底把他们生活的基本概念给动摇了，比如说儿子不能打老子，结果儿子打老子以后，老子站起来了，儿子说你坐下来，咱们辩一辩。辩一辩的时候，实际上最后辩论结果双方接受不接受是一回事，但这个时候在雅典生活中就出现了一个重要模式——重新约定。这种“重新约定”的生活，后来就被称为苏格拉底开创的西方人的理性生活。理性就是对希腊人所遵守的自然和传统的一种重新约定，一种理论层面上的约定。“nomos”这个概念是在德谟克利特那里就已经开始出现了。

第7段（19d）讲苏格拉底“不是智者”。“事实上，这些指控全是空话；如果你们听到有人说我想要收费授业，那么这同样也不是真话”，也就是说这一段话表明有人指控苏格拉底是一个智者，那么智者是什么？“智者”（Sophistes，来自Sophia“智慧”）一词，意思应该是“具有智慧的人”。但在公元前5世纪时，“智者”专门指称那些传授各种知识、收取报酬、擅长逻辑学和修辞学的职业教师。智者的教学活动具有鲜明的功利性，即培养在社会生活和政治活动中获胜的人才；他们所传授的智慧主要是修辞学和辩论术，但这些学问与其说是理论知识，不如说是实际能力，即达到实用目的的手段。前面所说的“鼓噪选举法”，谁在公众中的影响大，谁就能够获胜，所以大家迫切希望掌握修辞学和辩论术，能够经常和别人进行辩论，谁越多地把别人辩倒，谁在雅典公众中的知名度就越高，参与雅典政治生活的程度也就越深。智者代表人物第一个是普罗泰格拉，他的主要观点是“人是万物的尺度”。第二个是高尔吉亚，他有三命题：“无物存在。”“即使存在，也无法认识。”“即使认识，也无法告诉别人。”有些学者说，高尔吉亚的三个命题恰好预示了西方哲学的整个发展史，比如说“无物存在”，里边的核心是“存在”，关于“存在”的讨论就构成了西方哲学的“古代本体论”时代；“即使存在也无法认识”，构成了“近代认识论”道路；“即使认识，也无法告诉别人”，否认语言表达的可能性，这个是“现代语言论”。陈家琪和张志扬两位老前辈写过一本书，叫作《形而上学的巴比塔》，基本上就是按照高尔吉亚的三个命题来写他们的书的，大家有机会可以看一看这本书。其实这三个命题是一个退让论证，“无物存在”，如果真的无物存在的话，后边这两个命题就没有必要了；即使存在也无法被认识，这又是一个退让。所以这是一个退让论证。

高尔吉亚之所以是一个“怪才”，他并不是仅仅论证上述三个命题，他还写过一篇《海伦赞》，还有一篇《帕拉梅德斯的辩护词》。《海伦赞》是讲特洛伊战争的时候，特洛伊的王子爱上斯巴达的王后海伦，两个人一见钟情。本来听说希腊大军要远征特洛伊，特洛伊国王就派他的儿子到希腊来说和、求和，在路上的时候沉船了，他抱着一块木板漂到了海岸上，被斯巴达王后海伦救起来了，给他拿些水喝。他醒来以后看到眼前美貌非凡的一个女人，两个人年龄相仿，一见钟情，斯巴达王后海伦就跟着特洛伊王子私奔了。这一私奔不要紧，《荷马史诗》就找到了一个理由，雅典人为了夺回自己国王的女人，就开始征讨特洛伊。尤其是《荷马史诗》又写了特洛伊大战，在希腊人的历史观念中女人就是祸水，尤其是美貌的女人。特洛伊战争发生在公元前 12 世纪到前 8 世纪，高尔吉亚是公元前 4 世纪的人，也就是说四五百年过去了，高尔吉亚专门写了一个辩护词为海伦辩护，叫《海伦赞》。这里面的最主要的观点，我们大概能归结为这几句话，“海伦的美是神赐给她的”，既然大家都说美女是祸水，那么为女人辩护首先就要辩护她的美是哪儿来的。高尔吉亚认为她的美不是父母给的，而是神赐的，这样一来，谁还能指责她的美是祸水，指责美貌是一种祸水，实际上就是对神的不恭敬。高尔吉亚就是通过这种方式来为海伦进行了礼赞。还有一个是《帕拉梅德斯的辩护词》，这是一部法律著作，里边讲的是特洛伊战争期间，特洛伊人总是打不过希腊人，虽然来来往往打了很长时间，但是特洛伊人一直无法取胜，战争中有好多次失败。特洛伊人最后想了个办法，因为雅典军队里边有一个人打仗特别厉害，就是帕拉梅德斯。特洛伊人假装派的一个特务怀里揣着一封信，模仿的是帕拉梅德斯写给特洛伊国王的信，然后出来活动，故意让雅典人抓住。然后又否认他是帕拉梅德斯的手下，越否认就越“证明”帕拉梅德斯通敌。最后帕拉梅德斯被阿伽门农率领的雅典军队处死了。处死以后也是过了四五百年，高尔吉亚就专门写了一个《帕拉梅德斯的辩护词》，为他进行辩护。据说《帕拉梅德斯的辩护词》是有史以来律师的辩护词的典范，写得非常精彩。大家如果想读的话，可能单独找《海伦赞》《帕拉梅德斯的辩护词》都不好找了，我给大家提供一个有用的线索，叶秀山写了一本书叫作《前苏格拉底哲学研究》，在这本书后边附着这几篇文章。

所以我们从这个地方看一下，高尔吉亚要通过自己的修辞学和辩论术，把已经形成习惯的传统的一些定论都要推翻，来展示自己修辞学和辩论术的力量。上边两人就是智者派的两个著名人物。

智者们一般都具有相当高的语言才能和技巧。一方面，希腊人把智慧视为“逻各斯”艺术，而逻各斯具有“言语”和“理性”之义。在希腊人的观念中，文雅的举止和优良的表现都要通过语言来表达，语言是人的天性。另一方面，在雅典民主政治生活中，只有那些能言善辩、巧于词令的人，才能运用语言的说服力和煽动力控制民众情绪，获得大多数人的支持。作为教授修辞学和论辩术的教师，智者的语言才能和技巧相当高。从积极方面说，他们对语言的把玩中虽然具有诡辩的特征，但却辨析和揭示了语言概念的确定性和不确定性，而概念是对事物的抽象反映。智者在历史上名声不光彩，但是其对西方思想的形成具有非常重要的作用，尤其是“揭示概念的确定性和不确定性”方面。

我给大家讲一个苏格拉底的讨论，苏格拉底有一天出门以后碰到一个人，询问别人什么是道德？别人回答“道德就是不偷盗”。苏格拉底又继续问：“你看看这种情况是不是道德的？如果父子两人吵架，本来是父亲不对，可是儿子一犟嘴，被父亲扇了一耳光，儿子跑到自己的房子里边拿了一把菜刀往靠近窗户的桌子上一放，在呼呼的生气，他在进行思想斗争，要不要拿着刀子去杀自己的父亲。在他还没有决断的时候，外边的一个朋友在暗中目睹了他和他父亲的吵架，以及洞察了他现在的这种思想活动，知道他有可能要拿刀子杀父亲，于是便把刀子偷走了。”苏格拉底讲了这个之后就问辩论的人："请问朋友偷走菜刀的行为是道德的还是不道德的？"辩论的人说是道德的。苏格拉底继续追问："不偷盗到底是道德的还是不道德的？"那个人回答说："我也不知道。"

现在我们来看一下，原来概念有一个确定性含义是"不偷盗"，现在苏格拉底"道德"这个概念的"不偷盗"的含义变得不确定。也就是说，智者对概念的确定性和不确定性辨析，使得西方人对概念的规定越来越具体，越来越丰富。我们中国墨家也做过这种工作，"白马非马"等等的这些命题都做的是类似的工作。可是智者在古希腊受到指责，仅仅是因为他们收取学费，但是智者的传统被苏格拉底继承下来，被欧洲人以另外一种方式记录下来，所以当我们今天说西方哲学属于思辨哲学，思辨哲学最大特征就是把握概念，辨析概念的内涵和外延，确定概念的确定性和不确定性。黑格尔逻辑学，从头到尾都是在辨析概念。但是实用的中国人认为墨家搞的那一套东西仅仅是玩弄概念，既挣不来钱，也换不来地位，没有任何意义和价值，所以墨家在中国后来的思想史中彻底地消失了。墨家在中国的消失是中国古代思想财富的一个最大的损失，它使我们这个民族的思维没有在概念的水平和层次上变得非常严密和严谨，这种概念的不严谨，就不会发展出来精密思维，没有精密思维就不会产生精密科学如数学、物理学这些学科。所以李约瑟问中国古代为什么有技术没有科学？原因是多方面的，可能和语言和文字有关系，这种语言和文字更适合写诗、散文，但是不太适合把握概念。

我们继续说智者，智者常用的方法有论辩术（巧辩术）和矛盾术（悖论法）。论辩术是通过混淆概念和利用语言的不确定性来揭露对方论题的矛盾或诱使人们接受预先设计好的答案；矛盾术或悖论法则是从一个论题中引出与论题相矛盾的结论，从而用结论的荒谬性推翻前提。西方哲学史上对智者的评价都不高，柏拉图斥责智者为"批发或零售精神食粮的商人"；亚里士多德说，"智者行为就是通过表面的智慧演示来赚钱的方式，为此，智者对逻辑证明的演示感兴趣"；喜剧作家阿里斯多芬讽刺高尔吉亚是"靠舌头过活"的人；色诺芬尼说，"任何人，只要他把智慧卖给想得到它的人，他就是个智者"。他们的谴责使"智者"一词成为西方哲学史上最不幸的词语之一。

黑格尔是西方哲学史上第一个深刻理解智者历史地位的人。他说："我们要把这个（智者）坏的意义抛在一边，把它忘掉。相反地，我们现在要进一步从它的积极的方面，严格地说，从科学的方面，来考察智者们在希腊究竟占据什么地位。"第一，"希腊人相信作为智慧的'逻各斯'是语言和思想统一的艺术，智者通过新的语言交流方法传播了新思想，是对'逻各斯'艺术的一种特殊的探究"；第二，"他们发动了一场社会教育运动，其哲学基础是相对主义、怀疑主义、个人主义、非道德主义等，取消任何明确教条的思想，并以之为武器对传统的宗教信仰、习俗和观念提出了挑战"；第三，"他们把'自然'和'约定'对立起来，认为自然不过是强者的权利，合乎自然的生活就是强者的役使，从而使公正的生活方式根本无法区别于不公正的生活方式"；第四，"他们强调人的感觉、理智的相对性和主观性，向一味强调知识的确定性而又未审查人的认识能力的自然哲学家提出挑战，从而在哲学内部对以往哲学家的信念、结论进行怀疑和反驳"。怀疑和反思，也是古希腊以来的西方哲学思想的一个典型特征。

我们回到《申辩篇》原文上来，苏格拉底花了很多的时间辩护自己不是智者，那么我们刚刚也介绍了一下智者在古希腊是一个什么样的存在。

从第 8 段（21a）到第 9 段（21b），苏格拉底来陈述诽谤的原因。"他说你们认识凯勒丰，他有一次到德尔菲神庙去求神，问是不是有人比苏格拉底更智慧。"就是说凯勒丰曾经到德尔菲神庙去求神，祭司最后就告诉凯勒丰，说："你们雅典城邦里边最聪明的人就是苏格拉底，没有人比他更智慧。"然后凯勒丰从神庙出来以后，就告诉雅典人："神说苏格拉底就是我们雅典最聪明的人。"我们大家知道苏格拉底的母亲是接生婆，他父亲是雕刻匠。他在年轻的时候子承父业，也是做大理石雕塑。据说苏格拉底的雕塑非常的好，他做了一个雕塑送给伯里克利，从此以后两人成为好朋友。凯勒丰大概十八九岁的时候，跑到神庙里边去问神谁最聪明，神说苏格拉底最聪明。从此以后苏格拉底就再也不去做大理石雕塑了，每天吃完饭出了家门就和别人辩论，看看有没有人比他更聪明。"凯勒丰已经死了，但他的兄弟在法庭上可以为我的话作证"，"我把这件事告诉你们，是因为我想向你们揭示这种诽谤的起源”。

第 9 段到第 11 段讲苏格拉底检验神谕而招致忌恨。“从那以后，我一个接一个地去探访。我明白这样做会被人怨恨，也感到伤心和害怕，但我寻思这个神谕是最重要的，所以我必须去找所有那些拥有知识名望的人查考这个神谕的意义。”（21e）后面的文中 21c-22e 的部分，苏格拉底考察了政治家、各类诗人、手艺人。“结果我把许多人都给得罪了。”（21e）“这些考察的后果是，我遭到很多人的忌恨。”（22e）这里面有一个很有意思的地方，苏格拉底每天出来以后就在大街上和别人进行辩论，他和政治家、诗人、艺术家等凡是认为自己有智慧的人辩论，最后都证明他们没有智慧。

比如说我前面举了一个道德含义辩论的例子，现在再举一个。苏格拉底碰到一个学者，这个学者看上去懂得什么叫正义。然后苏格拉底就上去问：“请你告诉我什么是正义？”学者说：“正义就是不欺骗。”苏格拉底说：“确实，正义就是不欺骗。你知道这个，而我却不知道，看来你比我智慧。”苏格拉底接着提问，你看看这种情况算不算正义？两军在前线对阵，波斯人入侵我们国家，僵持的时间很长了。双方的指挥官现在都知道，谁能够最后一次鼓起士兵的士气，给对方以最后一次打击，谁就能够取得这场战争的胜利。战争胜利意味着雅典人赢得荣誉、尊严、国家和民族的独立；失败意味着雅典人要做波斯人的奴隶。这个时候雅典指挥官突然往高处一站，大声疾呼：“士兵兄弟们冲，我们的支援部队来了。”（本来是没有支援部队的，但是他为了鼓起士气才说的。）于是士兵一鼓作气，给敌人最后一次打击，取得战争胜利。但是事实上是没有支援部队的，指挥官欺骗了士兵们，那请问这个欺骗是正义还是不正义？学者回答：“是正义的。”苏格拉底会继续追问：“正义究竟是欺骗还是不欺骗？”这时和苏格拉底辩论的人就会陷入两难。这就是典型的苏格拉底的诘难法，首先对手承认自己有知识，然后通过辩论让对手放弃自己的观点，从而承认自己无知。

苏格拉底有个著名命题“自知自己无知”。第一，别人都认为自己有知识，苏格拉底最终都证明了他们没有知识。第二，苏格拉底每天出来和别人进行辩论的时候，雅典的孩子们就跟在他身后，因为大家知道长期以来凡是和苏格拉底辩论的人，没有赢过他的。我们学过西方哲学的人都知道，亚里士多德说从事哲学思考有三个条件，第一是“闲暇”，苏格拉底就是典型的希腊人的闲暇，每天出来以后就是和别人辩论，这是一种闲暇的生活，但是这个“闲暇”对西方也产生了非常重要的影响，我们现在英语里“ school”（学校）这个词的词根就是希腊语的“闲暇”。它们二者之间的联系，我们大概可以这样来看：苏格拉底如果是一个老师的话，就等于他把整个雅典的十字街头变成了学校，在这个学校里边通过和别人的辩论，完成对整个希腊人的教育。所以“闲暇”就成了“学校”这个词的希腊语词根。不过不同的是我们今天的学校已经正规了，有围墙，围墙里边有教室，教室里边有桌椅，我们今天的老师就相对好干一些，比如说我们可以把要讲的内容做成 PPT。那么苏格拉底要给整个雅典人当老师，而且又不能拿讲稿，遇到就随时在任意地方进行辩论。亚里士多德的学派叫“逍遥学派”，亚里士多德带着学生上课的时候都是在林荫道上，一帮学生跟在后边，他走在中间，不管是天文、地理、逻辑学、心理学、理性或者形而上学等，学生问什么问题，他回答什么问题，那才是真正的满腹经纶，那才是真正的老师。我们今天的老师大多数都是要写成讲稿，把它做成 PPT，离开 PPT 就不会讲课。

好了，大家去想一下，苏格拉底每天和别人这样辩论（让别人承认自己无知），有些人是有头有脸的，当着那么多人的面被苏格拉底辩输了，自己当然就不高兴，所以就骂苏格拉底。大家唾骂他的时候，他从来不生气，所以历史上就有了一个非常有意思的故事。意思是说苏格拉底脾气之所以这么好，是因为他找了一个很丑恶的老婆。苏格拉底每天回去的时候，他的老婆就端起洗脚水泼了上来，苏格拉底也不和她生气，他的好的脾气和耐力是她的泼妇老婆培养的。其实这是历史上的误解，苏联有一个女作家写过一本书，叫作《探索幸福的人》，主角就是苏格拉底。在这本书里边我们看到苏格拉底是丑的，但是苏格拉底的妻子贤惠美丽，和我们传说中苏格拉底的妻子是两个概念。

“许多诽谤来自这些人，我拥有智慧的名声也来自他们，因为我对他们进行考察时，在场的人会以为我证明了与我谈话的人没有智慧，所以我有智慧。”(23a)“雅典人，最有可能的是，只有神才是智慧的，他的神谕的意思是，人的智慧很少价值或没有价值，当他说到苏格拉底这个人的时候，只是以我的名字为例，就好像说‘凡人啊，苏格拉底这个人在你们中间是最有智慧的，他知道他的智慧毫无价值。’”(23b)这就是我们知道的一个非常有名的命题，叫“自知自己无知”，只有神才有智慧。后来西方的很多人，比如说像海涅就讲过一句非常有意思的话：“如果神把真理握在左手，把有可能犯错误握在右手，伸出双手让我来做选择，我只能谦卑地说‘主啊，请把你的右手给我，真理永远属于你。’”也就是说，只有神才能拥有永恒的、绝对的真理，人任何时候只能选择有可能犯错。苏格拉底就是告诉人们，人有一点知识，但是那个知识是相对的，是经不起论证的，不要以为自己拥有一点儿相对的知识，就自信满满。意思有点类似于中国的“虚怀若谷”，你还是要谦虚一些，我们经常说有知识的人应该像谷穗一样，谷穗越饱满，头就低得越低，不要太傲了。

“做这些事使我根本无暇参与公共事务，也确实没空照管自己的私事，由于侍奉神，我一贫如洗。”(23b)苏格拉底认为自己的一生都是在受神灵的差遣来改善雅典人的，自己也没有收学费挣到钱。这个很有意思，因为后来法庭判处他罚款，他说他自己没钱。

“还有另外一个原因使我遭人厌恶。有许多悠闲安逸的富家子弟主动跟随我，因为他们喜欢听到别人受盘问。他们经常以我为榜样，也去盘问别人。结果他们的受害者被惹火了，但不是对他们发火，而是冲着我。他们抱怨说，有个传播瘟疫的大忙人叫苏格拉底，他把错误的观念灌输给青年。”(23c-d)这是他的第二条罪状：败坏青年道德。苏格拉底每天把别人都辩倒，别人觉得道德就是不偷盗，苏格拉底最后迫使别人放弃道德观点，让别人在道德问题上承认自己是无知的，并且对道德是什么，苏格拉底也没给出答案。苏拉底把整个雅典城头变成了一所大学校，这些七八岁十来岁的孩子们每天都跟着听苏格拉底和别人辩论。比如说是一个五六岁的小孩刚刚能够受启蒙知识，回到家以后吃完饭，妈妈说：“孩子现在开始洗脚上床睡觉。”儿子就说：“妈，你坐下，咱们辩一辩，为什么吃过饭就要洗脚上床睡觉？”雅典人指责苏拉底败坏青年道德，就是因为雅典人的这种自我意识的觉醒，尤其是年轻人再也不遵从长辈和传统的习惯，遇到任何事情他们都要想一想，反思一下。我们可以把苏格拉底和孔子做很多的比较，他们有很多地方相似，但是在这一点上他们不相似。

“这些原因导致美勒托、阿尼图斯和吕孔对我的攻击。”（23e）这就是后边正式对苏格拉底提出控告的三个人，前面是之前的一些人对他的控告，现在是这三个人向法院向陪审团提出的正式控诉。“美勒托代表诗人，阿尼图斯代表职业家和政治家，吕孔代表演说家，为他们鸣冤叫屈。”（23e）“雅典人，这就是事情的真相。”（24a）这三个人分别把之前控诉苏格拉底的所有人的控诉集中在一起以后，写了一处诉状，把他告到了法院。

第 1 到第 13 段是苏格拉底针对早先的控告的辩护。我们再来看第 14 到第 41 段，是对最近指控的辩护。

“现在我要针对美勒托这位自命具有高度道德原则的爱国者做出申辩，然后再针对其他人。”（24b）“他们的讼词是这样的：苏格拉底有罪，他毒害青年人的心灵，不相信城邦相信的神，而信新的精灵。”（24b-c）这就是我之前说的控告苏格拉底的两条罪状，“败坏青年道德”和“引进新神”。关于毒害青年的辩护，是 15 到 43 段（24c-26b）。

苏格拉底与美勒托的辩论，其中包括这么一个问题：“谁能让青年人学好？”美勒托说：“法官们就能让大家学好。”这个地方很显然美勒托为了争取自己能够在诉讼中胜利，有意讨好法官。苏格拉底说：“除了法官，公民大会的那些成员们行不行？”（五百人议事会的成员）美勒托觉得也行。最后辩论的结果是全体雅典成员都能够使青年人学好，只有苏格拉底在毒害青年。

之后苏格拉底又以驯马来比喻教化人（25b）；以一个人喜欢与善良的人还是邪恶的人居住一起作比喻（25c-d）；以有意和无意来辩论，法律不会惩罚无意之罪（25d-26a）。也就是说，即使苏格拉底的辩论让有些年轻人不再听自己父母的话，破坏了他们父母和子女之间的这种关系，那也仅仅是苏格拉底无意所为。

第 42 段是关于不信城邦的神的辩护。美勒托指控苏格拉底完全不信神。

（26c）苏格拉底辩护说自己和别人一样，相信太阳和月亮是神。（26d）美勒托："不，宙斯在上，各位审判官，他不信神，因为他说太阳是石头，月亮是泥土。"（26d）我们前面说了"太阳是一块燃烧的石头"，这是阿纳克萨戈拉把这个思想带到雅典来的。我们前面说，这个时候的雅典的科学艺术很发达，哲学思想还相当落后。外邦人能把一些新鲜的哲学观点带到这儿来，在雅典是被视为异端的。它的哲学和它的科学艺术发展是不平衡的。

第 48 段到 50 段讲美勒托的自相矛盾。苏格拉底说美勒托在控告阿纳克萨戈拉，并嘲笑他连阿纳克萨戈拉的这个说法都不知道，建议他去书店买书读。（26d）苏格拉底认为这是阿纳克萨戈拉的观点，和他自己无关，建议美勒托去书店买本阿纳克萨戈拉的书读一读就知道这个观点不是他的了。但这个辩护有点问题，苏格拉底只是把观点推给了阿纳克萨戈拉，但没有证明太阳就是一块石头，也就是说他没有证明他或者阿纳克萨戈拉的这个观点的正确与否，而是说这个观点不是他说的，所以不能把这个罪名安给他。但是是否这是阿纳克萨戈拉说的就证明这个观点是正确的？或者说是苏格拉底就能为自己开脱？这个有待商榷。

美勒托在诉状中指控苏格拉底不信神而信精灵的事情。苏格拉底指出美勒托是个极为自负、放肆的家伙，他安给苏格拉底的罪名自相矛盾："苏格拉底由于不信神而犯了罪，但他信神。"（27a）

第 51 段到第 56 段讲苏格拉底证明美勒托的自相矛盾。这几段的内容关键在于"如你在诉状中说的。我相信有关精灵的事情，那么我必定相信精灵。"（27c）"精灵要么是神，要么是神的子女。""美勒托没有办法让人们相信，一个人相信精灵的事情，相信神的事情，却不相信精灵、神、英雄。"（27e-28a）这里面有一句话我没有引用，就是"半神"。

在《申辩篇》里边，英雄一般被称为半神。大家注意看一下，神就是神，人就是人，神和神结合在一起生的子女仍然是神，人和人结合在一起生的子女仍然是人，神和人结合在一起生的后代就是半神，也叫作英雄。那么顺便说一下，英雄这个概念，古希腊的英雄的概念含义和中国文化中的英雄的概念含义是不一样的。我们中国人的英雄大都是保家卫国的民族英雄，岳飞、文天祥这样一些人，希腊人的英雄，指的是半神，就是人和神结合在一起生的子女。为什么神和人结合在一起生的后代叫半神或者叫作英雄？是因为“英雄”在希腊那个地方承担着特殊使命——悲剧使命。

尼采写过一本书叫《悲剧的诞生》，在《悲剧的诞生》里边，我们能够看到悲剧的承担者往往都是某种命运的承担者，像《俄狄浦斯王》。在西方人的悲剧审美中，类似于这样，人们坐在下面来看悲剧的演出，不管是一个电影还是一场歌剧，我们看的时候看到悲剧人物的那种命运出现的时候，我们是自下而上地观看，我们不可能产生怜悯和同情，在那种人格面前，我们折射出来、反映出来的是自己人格的描写，自己的低贱和卑微。只有这个时候我们观赏的对象才具有悲剧的色彩。那么什么是喜剧？什么是闹剧？喜剧和闹剧都是观赏者自上而下来观看，所以它就不是、不具有悲剧的那种悲壮和色彩。悲剧就是要给人性设定一个警戒线，使类似的事件尽可能地不要在民族的延续过程中再产生，这是悲剧的意义。而喜剧或者闹剧意义就在于你观赏完、同情完以后，它还会一而再、再而三地出现和上演。

第 57 段苏格拉底总结被控告的原因。众人的忌恨是苏格拉底被控有罪的原因。如果我被定罪，那么起作用的既不是美勒托，也不是阿尼图斯，而是谎言和众人的忌恨。（28a）谎言和忌恨已经毁掉了许多好人，而这种事情还会继续。你们不必担心，这种事不会到我为止。（28b）

第 58 段讲行为的准则。做这些事招来杀身之祸，不感到丢脸吗？（这是苏格拉底自己说的）有自尊的人并不是在掂量了生与死之后才决定做某事是否值得。“他在采取任何行动时只考虑他的行为是否正义、他做的事像是好人做的还是坏人做的。”（28b-c）这里所说的是柏拉图为苏格拉底辩护的最终观点，行为是否正义。

苏格拉底告诫人们，考虑一切行为的唯一标准就是“行为是否正义”。“正义”这个词对应古希腊的女神忒弥斯。忒弥斯（Themis，“法律”），是法律和正义的象征。她是乌拉诺斯的女儿，十二泰坦（提坦）神之一。作为宙斯的姑妈和第二位妻子，她和宙斯生育了时序三女神和命运三女神（宙斯的妻子很多，其中包括他的妹妹和姑姑，神话中的婚姻关系不宜用现代的婚姻关系去考量）。宙斯吃掉了他第一个妻子墨提斯，忒弥斯对此十分反感，于是她创造了婚姻的法则，发明了家庭的概念，确定了男女之间的义务以约束宙斯。她通常在艺术作品中被表现为手拿天秤，称量对质双方的证词。她了解甚至宙斯都不知道的未来和秘密，掌握着德尔斐的神谕。她铁面无私，执法如山。她以自己的智慧使天公做出各种无可争议的决定。妩媚的忒弥斯是掌管奥林匹斯山各殿堂以及整个宇宙治安的女神。在希腊神话里面有两个正义女神，一个是忒弥斯，一个是狄刻（Dice），现在我们一般的“正义”这个词用的是后者。狄刻是宙斯与法律及正义女神忒弥斯之女，时序三女神（Horae）之一。狄刻的形象为手持棒槌、表情严肃的女子。她居住于奥林帕斯圣山，充当宙斯的谋士，监视人间的生活，并向宙斯报告不公平的事情。在律法制定之前，人们发生纠纷时，由国王通过审判时得到的灵感进行判决。后来随着相同案件的不断增多，而审判也就具有了一定的习惯。对于差不多的案子总是采用差不多的方法，这个习惯被人们称为正义。随着法律制度的健全和发展，“正义”逐渐取代了“天理”的地位，神启的光辉逐渐消隐在习惯之中。我们今天知道的西方的许多哲学、法律的概念，基本上都是古希腊的神话人物。

我们现在来看“正义”这个词在希腊那个地方的意义。

第一，正义是神的秩序。西方的“正义”，作为一种秩序，它的背景很“硬”，是以神作为背景的。这里补充一下，宙斯的父亲乌拉诺斯，有非凡的生殖能力。乌拉诺斯知道他的孩子长大之后会推翻他的统治，所以他的孩子一出生就会被他吃掉。他的妻子厌恶他这种行为，宙斯出生的时候，就被她藏了起来，然后用胎盘包着石头给他吃了，救下了宙斯。宙斯后来推翻了他父亲的统治，救出了之前被吃掉的兄弟姐妹们，宙斯也因此成了众神之王。宙斯取得对他父亲的胜利后，兑现诺言，每个神、英雄和凡人都被安排在世界秩序的确定位置上，扮演各自的角色。神有神的使命，英雄有英雄的使命，人有人的使命，这就是“秩序”。宙斯同时给每一个角色规定特定的义务和权利。宙斯首先获得了权力，然后建立起秩序，可以说秩序是权力的产物。秩序区别于命运的根本点在于它的人为性、契约性。

第二，正义是契约的表现。在希腊史诗中，正义不仅是一种秩序的正义，而且是一种契约正义。特洛伊战争中，阿伽门农占取了希腊人的最英勇善战的阿喀琉斯的女奴从而导致阿喀琉斯罢战；两军交战要订立契约，遵守契约的行为，就是正义的行为，而违背这种契约的行动，就是不正义的行为，不守约者必然受到正义之神的惩罚，阿伽门农做了违背契约的行为。这一点和中国很像，交战双方要下战书，不发战书搞偷袭，就属于违背契约的行为。

第三，正义是英雄的荣誉。希腊神话中每一个神、每一位英雄都有自己的“荣誉”，如赫拉负责婚姻与家庭，阿瑞斯掌管战争与流血，阿佛洛狄忒主管爱情和婚配。在神话思维中，荣誉具有与神一样的崇高地位，对荣誉的珍爱就是对宇宙秩序的尊崇，就是奉行正义。

下面回到《申辩篇》的内容上。接下来讲苏格拉底用阿伽门农神话故事自喻。“依你的看法，死在特洛伊的半神是微不足道的。”（28c）苏格拉底在这里是想借助神圣的血缘和血统为自己辩护，“死在特洛伊的半神”指的是阿喀琉斯。公元前 1240 年到公元前 1230 年，迈锡尼王阿伽门农率联军远征黑海附近的特洛伊。阿喀琉斯为英雄珀琉斯与海洋女神忒提斯所生，特洛伊战将赫克托耳杀死了阿喀琉斯的朋友帕特洛克罗斯，阿喀琉斯要杀赫克托耳为帕特洛克罗斯复仇，他的女神母亲说：“孩儿啊，如果你要为你的同伴帕特罗克罗斯复仇，杀死赫克托耳，你的死期也便来临，因为赫克托耳一死，马上就轮到你。”听了这番话，他蔑视死亡和危险，更加担心自己会卑鄙地活着而不能为他的朋友复仇。他说：“如果不能向那个恶棍讨还血债，那就让我立即去死。”（28c-d）在这里，苏格拉底想借用神话来自我比喻，证明自己为了捍卫正义，宁愿去死。

第 59 段讲苏格拉底承受神的嘱托，坚守爱智慧工作岗位。在军事战场上，苏格拉底遵守将军的命令，冒着生命危险坚守岗位。（28d）我之前讲过苏格拉底曾三次服兵役，战场上遵守将军的命令。“后来，当神指派我过一种爱智慧的生活，这是我认为和相信的、考察我自己和其他人，而我却由于怕死或其他原因脱离岗位，那我真是做了一件可怕的事，我应当被公正地召到这里来受审。”（28e）但事实上苏格拉底认为他没有做这种事，没有脱离“爱智慧”的岗位，因此把他召唤来是不公正的。“怕死只是不智慧而以为自己智慧、不知道而自以为知道的另一种形式。……雅典人，这就是我和世上其他人不同的地方。……只要我还有一口气，还能做事，我就绝不会停止爱智慧。”（29a）在这里苏格拉底是要告诉每个雅典人，只渴望金钱、名声和荣誉，而不关心自己的灵魂变成最好的，是羞耻的。

第 60 段讲苏格拉底自比神赐给雅典城邦的牛虻。众人的忌恨是苏格拉底被控有罪的原因。“如果我被定罪，那么起作用的既不是美勒托，也不是阿尼图斯，而是谎言和众人的忌恨。”（30a）“谎言和忌恨已经毁掉了许多好人，而这种事情还会继续。你们不必担心，这种事不会到我为止。”（30b）“这座城邦像一匹高贵的骏马，因身形巨大而行动迟缓，需要一只牛虻来刺激它。我相信，神把我安放在这座城里，就是为了让我起到这样的作用。我一刻不停地去激励你们中的每一个人。”（30e）所以苏格拉底才会把自己比作神赐给雅典的一只牛虻，来唤醒雅典人。

第 61 段到第 62 段讲关注人的德性，不参与公共事务。“我就是神馈赠给这个城邦的礼物。”（31a）“我总是关心和接近你们，像父兄或长兄那样敦促你们关注德性。”（31b）“控告我的人厚颜无耻地说我犯有各种罪行，但有一件事他们不敢提出来，就是说我勒索或收取学费，因为他们不能提供证人。而我却可以提供证词说明我说的是真话，这就是我的贫穷。”（31b-c）“我私下里给人提建议，到处奔走，但却不肯冒险去公民大会，在那里给城邦提建议。”（31c）“有神或神灵发出声音……总是阻止我本来要做的事情，却从来不鼓励我去做什么。”（31d）“真正为正义而战的人若想活命，必须过一种私人的生活，而不是去参政。”（32a）在这里，苏格拉底首先说自己不收取学费，并且说自己教导别人也总是私下的，是在街头巷尾教学，从不去公民大会。苏格拉底是想说明自己不是一个公共事务的参与者，而是雅典公民的教育者。这里与中国古代所倡导的“学而优则仕”的思想有很大的差别。按照神的旨意，如果苏格拉底去公民大会和别人辩论，神就会发出声音阻止，私下辩论神就不会发出声音阻止。苏格拉底认为，真正要做学问的人就要与政治生活保持距离。

第63段讲十将军案，不依附民主制。“我不会因为怕死而向违背正义者屈服。”（32a）“除了担任议员我在城邦里没有担任过其他公职。那时轮到我们安提奥启乡族当主席。”（32b）下面补充一下五百人议事会和十将军委员会方面的知识。五百人议事会：公元前509年克里斯提尼改革，整个阿提卡划分为100个区，每10个区组成一个乡族，每一乡族派50名代表组成“五百人议事会”，其职责是为公民大会准备提案，并执行公民大会的决议，也负责重大案件审理。十将军委员会：克里斯提尼改革，雅典军事组织实行十将军制——每年由各乡族各选一名将军，组成“十将军委员会”，负责该年的军事指挥。

公元前406年，雅典与斯巴达海战胜利，但因风暴骤起，未及时收回阵亡将士的遗体，指挥海战的十将军受到指控，轮值主席团中只有苏格拉底一人反对；次日，苏格拉底不做轮值主席，十将军被处死。也就是说苏格拉底不依附于民主制。

第64段到第68段讲苏格拉底不屈服于寡头制，也不是任何人的老师。“寡头制时期追捕和处死民主派人士，宁愿死，也不愿做这种不公正、不虔诚的事。”（32d）“政府的力量虽然强大，但不能强迫我去作恶。”（32d）“我这一生，无论是履行公务，还是处理私事，都是始终如一的。我从来不向任何行不义的人妥协。”（33a）“我从来不是任何人的老师。如果有人愿意来听我谈话，我绝不会吝惜把机会给任何人，但我不会收了钱就谈话，不收钱就不谈。我准备回答所有人的提问。因此我不能对这些人变好了或者没变好负责，要我对此负责是不公平的。”（33b）之所以无法负责，是因为苏格拉底只负责辩论，别人只是来旁听的。人们愿意听我谈话，是因为“他们乐意听我盘问那些自以为有智慧而实际上没有智慧的人。做这件事并非不愉快。这样做，我说过，是神指派我做的，通过神谕和托梦”（33b-c）。苏格拉底说：“如果就此断定我毒害青年，那他们就应该站出来指责我，为自己报仇。”（34a-b）在此，他提到了克里同等在场的人的名字。

第69段到第71段。“我也有家庭，有三个儿子，但我不会带他们求你们投票放了我，我为什么不做这种事？陪审团，不是我刚愎自用，也不是我轻视你们。我面对死亡是否勇敢与此无关，事关我的名誉，事关你们的名誉，事关整个城邦的名誉。”（34e）“如果你们中有人在智慧、勇敢，或者德性方面被认为是卓越的，但却有这样的举止，那真是一种耻辱。”（35a）“那些拥有高贵品质、被选举担任公职、接受其他荣耀的人，其实和女人没什么不同。”（35b）

除了声望之外，苏格拉底认为向审判官求情是不对的，而应该开导和说服他们不要施舍公正，而是要依据法律公正裁判，否则是双方对法律的不敬。这里也可以看出雅典的民主制是非常有限的，女性没有公民权利。《申辩篇》是柏拉图所写的，用我们今天的话来说，有点儿轻视女性的意味，但是它属于那个时代的实际。有一个比较有意思的希腊神话故事，阿伽门农在外打仗，他的妻子出轨了，阿伽门农的儿子发现之后就把他的母亲杀了。他的妻子的灵魂跑到复仇三女神那里告状，复仇三女神便组织了一场审判，审判的时候阿伽门农的儿子为自己辩护，复仇三女神则是要为他的母亲复仇。具体过程就不多讲了，其中阿伽门农的儿子为自己辩护的时候说了这么一句话：女人就如同衣服一样，今天穿了明天不想穿就可以换一件。最后投票表决的时候，票数持平。当时主持这场审判的是雅典娜，智慧和美的女神。雅典娜投了阿伽门农的儿子无罪。也就是说，儿子杀死母亲有没有罪，最关键的一票雅典娜投了无罪，这就意味着男性胜利了，这个神话也意味着西方从女权制到男权制的过渡。苏格拉底的第一次辩护到此结束，审判团投票表决。

依据雅典法律，审判第一轮由全体审判官投票表决，按多数票决定被告是否有罪。原告一方如得票不足五分之一，即为诬告，应该缴一千德拉克玛罚款。史料无明确记载苏格拉底案的审判团有多少人，据第欧根尼·拉尔修在《名哲言行录》记载，苏格拉底“以281票被判有罪，比那些同意判他无罪的票要多”，以此推算，投无罪票的是219票。

从第72段及以下，苏格拉底针对被判处有罪进行第二次简短陈词。第72段到第75段（35e-38b），为投票表决和提议处死。“雅典人，你们判我有罪，我对这个结果并不感到意外，令我感到惊讶的倒是双方的投票，我没想到票数会如此接近，而不是差距很大。现在看来，如果再有30票投向另一方，我就会被宣布无罪开释了。”（35e-36a）美勒托提议处死苏格拉底。苏格拉底认为他放弃大多数人追求的财富、家产、将军的高位、演说家和其他职位，劝导人们放弃身外之物，要尽可能地善良和明智，按他的品行，对他最恰当的对待就是在市政厅里用膳（招待有功将领和赛会胜利者），他也拒绝交罚金和放逐。（36b-37c）苏格拉底认为他是对雅典有功的，对他最好的待遇是应该在市政厅里面用膳。市政厅用膳在古代雅典是有特殊讲究的，只有有功的将领和奥林匹克运动会的胜利者才能在市政厅用膳。投票的时候只是判决有罪，但是也曾经提议让苏格拉底交罚款，苏格拉底拒绝交罚金，他认为对他最恰当的处罚就是请他在市政厅用膳。

第 76 段到第 77 段讲未经省察的生活不值得过。苏格拉底说要他保持沉默不再谈话是不可能的，因为这样做有违神的旨意。“我要说，未经省察的生活不值得过。如果我有钱，我会提议一笔我付得起的罚金，可是我没有钱，除非你们愿意把罚金定在我能付得起的范围内，也许我能付 1 明那银子。这就是我的提议。”（38a-b）柏拉图、克里同等要求苏格拉底提议 30 明那罚金，他们作担保，被苏格拉底拒绝了。柏拉图出生于贵族家庭，克里同类似于孔子的学生子路，二人当时都在场并且都很有钱（公元前 5 世纪，一名雇工一天的标准工钱为 1 德拉克玛，1 明那合 100 德拉克玛。拉尔修记载，苏格拉底提议支付 25 德拉克玛）。在苏格拉底说只交 1 明那之后，又增加了一项罪名“蔑视法庭罪”。这时美勒托等趁机提议判处死刑，法庭便同意了判处死刑。最关键的是苏格拉底还有一个罪名“不承认自己有罪”，他从没有觉得自己有罪，雅典的刑法是只要承认自己有罪就可以自己选择刑罚，不承认就只能判处死刑。苏格拉底之前的那两项罪名都罪不至死，交罚款、保释都可以，但是都被苏格拉底拒绝了，因为他不觉得自己有罪。

三

第 78 段讲逃避死亡不难，难的是逃离邪恶。“我这把年纪了，活得很长，现在接近死亡了。……我很难赢得这场官司，其原因不是缺乏言辞，而是缺乏厚颜无耻和懦弱。……我不认为面临危险就可以做任何卑贱的事，我对我的申辩方式并不后悔。我宁可做了这样的申辩后去死，也不愿活着再去做其他申辩。”（38c-e）“雅典人，逃离死亡并不难，难的是逃离邪恶，因为邪恶比死亡跑得更快。……现在我要离开你们了，接受你们判我的死刑；他们却要接受真理所判的有罪和不公正。”（39b）苏格拉底被处死之后，紧接着处死他的那些雅典民主派的陪审团和判处他有罪的那些人就被处死了，用这种行为间接承认处死苏格拉底是一种错误的判决。《申辩篇》是苏格拉底被处死一两年之后才写的，《申辩篇》里面写“他们却要接受真理所判的有罪和不公正”这句话不单单指苏格拉底的预言，而是它确确实实发生了。

第 79 段到第 81 段，讲预言与两种死亡。“我要说，杀我的人，宙斯在上，我一死，你们的报应很快就会降临，比你们给我的死刑要残酷得多。”（39c）“从前那个与我相伴的精灵的声音，如果我要做什么错事，总会出来反对我，阻止我。然而，无论我今晨离家，还是我来到法庭，或者是我发言的时候，这个神的信号都没有阻拦我。”（40b）这里意思就是说苏格拉底所做的一切都是神允许的，受到了神的旨意。其实这里也是雅典人忌恨苏格拉底的一个原因“凭什么神总是附体于你而不是我”。对于这一点，苏格拉底其实也是付出了很大的代价的，苏格拉底每天不穿鞋出来和人辩论，而且不分寒暑，想问题想不明白就会站在一个地方一直想，有时一想就是一整夜，把问题想明白才离去。实际上他并不是不聪明，而是他把问题想得更透彻，所以才能经常辩胜对手。但是苏格拉底没有说自己想问题透彻是因为自己的努力，而是说是神的旨意，因此也招致雅典人的忌恨。“让我们来想象一下，为什么（死亡）很有希望成为一件好事。因为死亡无非两种：要么是一种湮灭；要么是灵魂从一处迁居到另一处。如果是后一种，那么死亡就是一件好事。”（40c）之后的《斐多篇》讲的就是死亡之后灵魂不朽的问题。

“由于灵魂迁移，在那里可以遇见真正的审判官和半神。他们由于生前正直而死后成为神，也许还能遇到赫西奥德和荷马，为此，谁不愿意付出高额代价？也许还能有机会遇见阿伽门农、奥德修斯、西绪福斯，与他们谈话，与他们为伴，这是一大幸福。”这是我对文本中 41a 到 41c 部分的概括，苏格拉底把自己的死看成了一件很美好的事情，认为死后能看到很多自己想看到的人，就好比现在死后可以遇见孔子、孟子、老子。“审判团的先生们，你们也必须抱着良好的希望看待死亡。……因此，我肯定不怨恨那些投票判我死刑的人和控告我的人。”（41d）我觉得这里也是苏格拉底之所以成为西方精神的重要的一点，苏格拉底不怨恨判他死刑的法官，也不怨恨那些诬告他的人，能够把这一切当成命运。

“是我该走的时候了，我去死，你们去活。无人知道谁的命更好，只有神知道。”（42a）这是文本中最后一段话，我的学生于宝山今天在朋友圈为本次讲座做的宣传里面就引用了这句话。

黑格尔对苏格拉底之死进行了评价，他认为苏格拉底之死是一种古典的悲剧冲突。鲁迅在评价悲剧的时候有这么一句话：真正的悲剧，是把美好的东西撕碎了给人看。黑格尔的解释与此不同，黑格尔认为悲剧是两种力量，两种对的力量在互相对抗中所产生的毁灭感才能被称为悲剧（有一种力量是不对的都不能产生悲剧）。“两种力量在互相对抗。一种力量是神圣的法律、朴素的习俗——与意志相一致的美德、宗教——要求人们在其规律中自由地、高尚地、合乎伦理地生活。与此相反，另一个原则是意识的神圣法律、知识的法律（主观的自由）；这是那令人识别善恶的知识之树上的果实，是来自自身的知识，也就是理性，——这是往后一切时代的哲学的普遍原则。”（黑格尔：《哲学史讲演录》第二卷，贺麟、王太庆译，北京：商务印书馆 1996 年版，第 44—45 页）也就是说，习俗和理性这两种力量的对抗形成了悲剧，苏格拉底之死反映的是习俗和理性的冲突。

苏格拉底的名言“认识你自己”，苏格拉底用德尔斐神庙的这句名言改变了希腊哲学的研究方向，认为哲学的研究对象是“人”而不是“自然”。“认识你自己”就是要通过心灵的内在原则去认识外部世界。西塞罗说苏格拉底把哲学从天上带到了人间。亚里士多德说：“苏格拉底自己忙于伦理问题的研究，并且摈弃了整个自然世界，他仅仅在伦理问题中寻求共相，第一个开始关心定义的问题。”共相问题和德性问题的联系使苏格拉底对智者学派的道德相对主义或怀疑主义进行全面改造，其知识论和伦理学兴趣共同构成一种统一的哲学实践。“自知自己无知”命题的意义在于：人的认识不应停留在个别、具体，而应提高到一般。我们所掌握的知识都是个别的和具体的，我们应该想办法把知识从个别提升到一般。所谓“白马非马”，“白马”是“个别”，“马”是“一般”。有的时候我们会说哲学处理的就是“一般”和“个别”的关系问题，或者说西方哲学处理的就是“一般”和“个别”的关系问题。但是我们可以看到中国哲学尤其是古代哲学处理的基本问题是“善”与“恶”的问题，或者说主要是“善”与“恶”的问题。而这个问题是伦理学的基本问题，因此黑格尔就认为中国没有哲学，因为中国哲学不处理“一般”和“个别”的问题。思考“一般”和“个别”关系问题的墨家学派后来没落了。

苏格拉底的著名观点“德性就是知识”。苏格拉底把道德和知识统一起来，要求人们“认识自己”、认识“真正的我”，即心灵或理智。只有灵魂或理智才能使人明辨是非，明辨什么是“善”和“恶”，才能做一个有道德的人。“德性就是知识”有三方面的含义：正义和其他德性都是智慧；德性就是知识，无知即罪恶；无人有意作恶。

亚里士多德说：“有两件大事尽可以归之于苏格拉底——归纳思辨与普遍定义，两者均有关一切学术的基础。”下定义和归纳思辨是一切学术的基础，亚里士多德紧接着创立了“演绎逻辑”。归纳思辨不是由个别上升到一般的归纳过程，而是从普遍意见到普遍真理的否证过程，即通过否证一系列带有普遍性的意见，接近或达到一个确定的真理，并要求用普遍定义表达出来。事实上，苏格拉底没有明确地提出任何一个概念的普遍定义，在他那里可以发现一种对知识的追求而未能发现他十分肯定的立场，因而他往往是从否定性的开端走向一个更有力的否定。他的“无知”不仅是个人的虚怀若谷，更是对人类的“无知”的断言，因为在他看来，“智慧（sophia）这个词太大了，它只适合于神，但爱智慧（philosophia 即哲学）这类词倒是很适合于人。”（本段观点均出自亚里士多德《形而上学》）

黑格尔认为，苏格拉底把原本一向固定的朴素观念弄得动摇起来了，否定了一个个概念的具体含义，却没有提出一个普遍性的答案，所以黑格尔认为苏格拉底的辩证法只是达到了概念的否定辩证法。也就是说，肯定、否定、否定之否定，如果说朴素的习惯赋予一个概念的是肯定阶段，苏格拉底只是否定了肯定阶段的概念含义，但他却没有给出一个更高的普遍性。

苏格拉底哲学的真实意义是：培养反思意识。黑格尔说："哲学的认识方式只是一种反思——意指跟随在事物后面的反复思考。"（黑格尔:《小逻辑》，贺麟译，北京：商务印书馆 1980 年版，第 7 页）在这种反思中，我们才有自己的见解，而不是人云亦云，更不是盲从权威。也正是在这种意义上，黑格尔、文德尔班等西方哲学家才会给苏格拉底这么高的评价。

讨论问答环节

姜宗强老师：李老师结合希腊神话、法律等，向大家娓娓道来，给大家展示了一个"爱智"的活生生的苏格拉底的形象。下面进入提问环节，在这儿我有两点要求：第一，问题一定要简短，直面问题本身；第二，不要提钻牛角尖的问题。

学生 1：苏格拉底是在神的指派下去做一些事情，所以在我看来苏格拉底的死就像下班一样。李老师您怎么觉得?

李朝东老师：下班是我们的一种日常行为，我们讲日出而作，日落而息，这都是在日常生活和经验的层次。今天我们讨论苏格拉底的死的部分很少，更多地讨论苏格拉底对别人控告他的两项罪名所做的辩护。关于苏格拉底之死，我们可以在之后的《克里同篇》里面再进行讨论。我之前就说过，苏格拉底之死和耶稣之死都是意义事件。你和我都会死，这是一个生理事件，具有经验性。苏格拉底之死是一个意义事件，把它和上下班相比，我想这之中还是有很大的区别的。上下班是日常的经验事件，而苏格拉底之死使西方人精神中凝结了苏格拉底的元素。比如说：对正义的追求、对邪恶的不妥协。如果你们能把上班下班上升为一种意义事件，从而进行形而上的思考，那也可以这么理解。当然你也可以做一种比喻，比如前段时间金庸先生去世了，我的学生于宝山说“金庸下班了”。

姜宗强老师：下面请大家提问。

学生 2：李老师好！我不是哲学专业的，但是挺喜欢读这方面的书。最近在读有关伦理学方面的一些书籍，康德在《道德形而上学奠基》里，强调道德动机的纯粹性，最后把他建立的这一套道德体系，设立了三个前提条件：上帝存在、灵魂不朽、意志自由。康德的道德哲学跟苏格拉底提倡的道德是否有一定的相关性？是否有一定的继承和发展？是不是李泽厚意义上的那种宗教性道德？然后还想请教的是就当下而言，李泽厚之前也提到的宗教性道德和社会性道德两种划分，在中国人本社会的这样一个背景下，这些道德理论对我们当下社会有哪些启发和借鉴意义？谢谢。

李朝东老师：同学你说你不是哲学专业的，那请问下你是哪个专业的？

学生 2：我是学教育学的。

李朝东老师：好，谢谢。你提的问题很有哲学味，而且有非常不错的哲学修养。康德和苏格拉底肯定不一样，苏格拉底应该是西方理性主义道德的建构。在他之前，人们的道德都是神话时代所赋予的那些自然而然的道德。那么苏格拉底开始使用了“约定”的方式，重新建构道德的开端。从这个意义上来说，苏格拉底的破坏性要大于他的建构性。在他之后，通过柏拉图和亚里士多德的努力，像亚里士多德就可以写出《尼各马可伦理学》，把前辈的探讨以理性的方式提出来。所以说与其比较康德和苏格拉底的道德，还不如比较康德和亚里士多德的道德。亚里士多德的道德，上上次讲座我们的朱海斌老师讲过一次，当然他是从海德格尔切入的。如果你想进一步地去做一些了解，我们的周红老师，她是做西方伦理的教授，你可以和他们多探讨。

在这里我想说的是亚里士多德的道德是德性伦理，而康德的道德是动机伦理，这二者的区别我们一时半会儿也讲不清楚。我跟你说一下后边一个问题，就是李泽厚，你可能更关心李泽厚的问题。

因为李泽厚和他那一代学者曾经提出了两种道德，一种叫作人义论道德，另一种叫作神义论道德。你刚才说的宗教性道德和社会性道德，这是一种表述方式，另一种表述方式叫人义论道德和神义论道德。神义论道德，简单地说就是听神的话，做一个有道德的人。人义论道德就是说听人的话，做一个有道德的人。简单地打个比方说“不许说谎”，这是一个道德命令，关键是这个道德命令是来自于《圣经》中的上帝，还是来自于《论语》中的孔子？孔子和神都会说不允许说谎，但是《圣经》中的“不许说谎”来自于神之口，《论语》中的“不许说谎”来自于人之口。我们就把这个称之为神义论道德和人义论道德，简单地说，就是道德命令由谁来担任？是由神来担任还是由人来担任？神义论道德或者宗教道德，在所有道德行为规范的背后，都有一个神来作为这些道德命令终极担保，比如神说“不许说谎”，那么神就会在我说谎的这一次行为上给我的灵魂记下一个污点；下次我又说谎了，不仅说谎，而且还做了其他违背道德的事情，那么我的污点就越来越多。所以一切宗教它都有个设定，就是人死了以后灵魂不死，一切宗教存在的前提是灵魂不死。既然灵魂不死，那么就要对灵魂进行审判。审判也不是一个一个审判，它是千年审判。就是说把灵魂先放在这儿，等到审判的时候，看你的灵魂是该下地狱，受十八层地狱的煎熬，还是进入天国。因为个人关心的是死了以后灵魂的归属问题，上天国还是下地狱，他就会很在意“我说谎”。每说一句话，每说一次谎言，每做一次道德上的坏事，上帝都是知道的，他都会给我记上污点。这就是我们说的神义论道德或者神言道德，每一个道德行为的背后都是由神来作为它的担保。天国和地狱并不是真实的存在，你不能用科学的方式证明它是存在的，它仅仅是一种文化设定，这种文化设定的目的是为了让你相信你的灵魂是有一个不同的归属的。正因为你操心自己死了以后灵魂到哪儿去的问题，你对自己今天说谎还是不说谎才特别地慎重，才特别地负责。这是神义论道德。人义论道德，把背后的这些终极担保都取消了，孔子说不许说谎，孟子也说不许说谎，圣人们都教导我们不去说谎。但是我说谎了，你能把我怎么样？在宗教道德里边，我说谎了，我要受到神的惩罚。在人义论道德里边，我说谎了，你最多说我这个人不诚实，道德坏了。

这就是李泽厚说的两种道德，人义论道德和神义论道德，是说我们的道德命令背后，究竟是谁在支撑着这个道德命令？这其中有一个庞大的文化设计。

好的，今天我就讲到这里。

姜宗强老师：第一点：苏格拉底为什么不逃跑？因为他尊重希腊法律的神圣性。第二点：为什么他尊重法律却又不认罪？因为他要捍卫个人思想的独立和自由，就像李老师《意志自由与责任承担》里面讲的，他捍卫了自己的意志自由，同时选择赴死也成就了他的责任承担。为什么苏格拉底要尊重希腊法律？这是李老师的讲座给我们的第一个启发。

李老师有一本著作叫《教育启蒙与公民人格建构》，我想问，苏格拉底之死对我们公民的人格教育有什么样的启发？西方有一个电影叫《一个警察局局长的自白》，里面的情节和苏格拉底的申辩几乎一模一样。公安局长杀死了一个大毒枭，然后法庭判处局长死刑，然后他就开始申辩。因为在民主制下，得搜集充分的证据才能将一个人处死，但是这个毒枭非常善于隐蔽自己，证据总是不足。现在这个局长快退休了，他有两个选择，第一是让这个毒枭继续逍遥法外，但这违背他的良知。第二是自己私下处死这个毒枭，但这违背了法律。所以苏格拉底之死也是个人良知与法律之间的冲突，苏格拉底的人格之所以伟大，他既坚持了个人的独立和良知，又成全了民主制下法律的神圣性。所以电影里面的警察局局长处死了毒枭，之后又向法院自首，愿意接受法律的惩罚。既尊重了法庭，同时又成就了个人的独立。警察局局长的事情，就是苏格拉底精神对西方人格的影响，这个局长并不是让毒枭逍遥法外，继续害更多的人，自己却去过安逸的退休生活，因为他的良知不允许他这么做。于是他坚持良知，杀了毒枭，同时又接受法律的制裁，成全了法律的神圣性。这就是苏格拉底在今天的公民人格建构中的作用。如果从中西文化比较方面来看，今天我们要问的是屈原的死、文天祥的死等等它们在我们今天公民的独立人格建构中提供了哪些思想？如果它们能提供一个借鉴的话，中西文化的区别是什么？我觉得这是我们需要进一步思考的问题。

李老师另一部著作叫《轻逸与沉重》，推荐大家去看一下。也就是说苏格拉底为什么不怕死？为什么要做出这个选择？“轻逸与沉重”，沉重的是肉体，飘逸的是灵魂。

第二讲

柏拉图《斐多》的听与说：隐喻的摆渡者

主持人师庭雄老师： 尊敬的各位领导、各位老师、各位同学，大家晚上好！由中和集团资助的我们这个“中和论道”，今晚邀请到的嘉宾是来自兰州大学的郭吉军教授。郭老师跟我们师大是颇有渊源的，他的硕士和博士都是在我们师大读的，他是我们师大的杰出校友。他今天给大家报告《柏拉图〈斐多〉的听与说》。给大家介绍一下郭老师，郭吉军博士，兰州大学哲学教授，主要讲授古希腊哲学，先后完成并出版了《理性与自在》《自然的信仰》《生命原情与精神还乡》《穿过复仇的神话与改写死亡的剑——〈眉间尺〉的死亡叙事》等学术作品，完成国家社科基金项目“现象学视野中的西北神话与华夏思想起源研究”。郭老师，还是诗人和作家，业余致力于文学创作，著有经典传奇武侠小说《天涯望客》《寻找慕容西》系列，古代玄幻小说《九城》《九原》《九歌》三部曲，等等。郭老师今天也是回到母校，给大家作这样的一个报告。那么作为主持人，我还得作一些简单的导言，这个《斐多篇》我还读了一下，《斐多篇》里头，涉及我们知道的听起来耳熟能详的一些柏拉图的主要思想，主要是说，他把哲学或者学习这回事情，当作向死之学，把我们的学习过程理解为回忆的过程。那么在《斐多篇》里面他最主要的就是探讨一个这样的问题，就是灵魂不朽的问题。他来论证灵魂的不朽，在《斐多篇》里我们发现柏拉图的论证方式跟其他篇目稍有不同，这里面是一个自相缠绕的很复杂的问题。

我从昨天读到现在总算读完了，读完之后作了一个笔记，我发现这里头很复杂，比如说他论述灵魂不朽的问题的时候，刚开始这种对话者的对话，不断达成一种共识，实际上灵魂是不朽的。但是当他的对话者提出反驳的时候，他突然间发现此前关于灵魂不朽的论述好像都是有问题的，然后他又把整个论述推倒重来，又重新确立另外一个论证方式和模式，再次在这个对话者之间达成一个灵魂不朽的共识。可以说，关于灵魂不朽的论证他有两个路向，这是一个非常繁难、自相缠绕的论证。这个很复杂，涉及一个最主要的问题，柏拉图强调灵魂在人出生之前、进入肉体之前处于理念世界，和诸多理念处在一起。当灵魂进入肉体之后，灵魂就忘记了生前的一切，所以学习的过程就是回忆。我们的灵魂在出生之前以各种方式跟理念打交道，所以学习的过程不是老师灌输的过程，而是我们不断地回忆生前的过程。当他讲了这一番的论述，这里有一个关键的论述点，自相矛盾的东西。他说相反的相成的东西，它自己彼此是一个并生关系，比如说善从恶里面生出来，恶又从善里面生出来，如此的，这个我们容易理解。但是再往后，他的对话者就提出另外一种观点，你柏拉图认为灵魂不朽跟这个琴弦的关系可以做一个对比，这个琴弦坏了，这个调音还在，你讲这个不就和我们毕达哥拉斯学派的观点一致了吗？但是我们知道，其实柏拉图本人是很抵制毕达哥拉斯学派的说法的。所以后来，柏拉图又换了一种说法来回答这个灵魂不朽的问题。

柏拉图又提出另外一个问题，他说我们要重新考察矛盾关系，他说对立性质本身是不转化的，怎么不转化？他举个简单例子，比如一片雪花，它加热的时候其实它不是转化，当它有一个矛盾的力量，它是保持这个状态，保持不了，它就撤退，它不是转化。他这里就把此前讲过的东西，又作了一个推倒重来的论述，总之这里面很复杂。这里我是作一个导言，郭教授一会儿给大家讲的时候，这些思辨性的东西会讲得很详细。刚才我还跟郭教授做了一个交流，我问他讲这个隐喻会不会是把重点放在《斐多篇》的最后一部分？《斐多篇》的最后一部分就是讲到人的灵魂摆脱肉体之后去往什么地方？一个地狱，一个天堂。在这里跟地狱天堂相关的具有隐喻性质的东西是不是他要论述的一个重点？这个我也不知道，反正就我学哲学的来讲，最感兴趣的就是他前面那些具有思辨性的东西，后来他关于这个地狱和天堂的描述，说实话我不是很感兴趣，所以我说的时候就把这一块省掉了。总之，思想的交锋是一个相互促进的过程，我也希望大家作为听讲者在接下来一个半小时里，能借助郭老师的讲述激发我们的思考，然后大家一同思考，一同提问，一同进步。好，下面我们以热烈的掌声欢迎郭教授演讲。

主讲人郭吉军老师：师老师你讲完了，最核心的母题已经被你抛出来了！非常感谢我的老师李朝东先生，我的英语老师赵老师今天也到场了。感谢洪先生长期地支持我们母校的这个哲学论坛！这个论坛，使年轻的我变得更加年轻，这令我非常激动，刚才还和我的先生李老师说我在任何地方都不紧张，但是回到师大紧张，因为这里面的一草一木都特别熟悉，仿佛干过的坏事都很昭然，所以，感觉到万物世界都在凝视你的到场，可以说，我是被这个围墙和这个草坪凝视着成长起来的。今天人多，我对你们的到来表示敬意，我稍微补充介绍一下自己。

今年 8 月份的时候，兰州雨多，我自己封闭在家里，写了一个作品，叫《爱在天堂和地狱之间》，又叫《归墟》。我们知道归墟是面朝大海之地，所有的水都流向大海，海平面还是这么的整范，还是那么平静，就是因为有"归墟"那么一个地方。日出日落，都在这里发生，它好像就是我们理解的一个物理学的黑洞，稀释了物理性的存在，不过不是一块能量，而是还原出的这个世界的平衡。那么，为什么要补充这一点？刚才庭雄老师讲到的《斐多》篇的核心内容与论证关系，前提论证是从一个对立的角度发出的，如有白天就有黑夜，有睡眠就有苏醒，那么用这个对立过程去谈论生和死的问题，是不是太过草率，太过浅显？事实上，真正哲学的这个临界点是关于生死对立面的这个现象本身，它的转化问题的能不能转化性？也就是生和死之间的这个通道，那是个思想空地，是作为思考者需要谈论的一个世界。庭雄老师说他最后阅读的时候，认为柏拉图撒了一个高贵的谎言，就是灵魂离开肉体以后到底何去何存？他到底凭依于一个什么样的事实？在这里，我讲的是一个回乡之路，灵魂的回乡之路，一幅归家的彩图。这个我们在文本阅读里面就能感觉到，像童话一样，用基本的文学描述就可以画出来。但是他到底写的是什么东西？感觉在天堂和地狱之间，人间有的他也有，人间没有的他也有，故而引发了我补充说到 8 月份写的那个作品《爱在天堂和地狱之间》。

为什么是在天堂和地狱之间？因为这个小说取了帕尔塞福涅的神话意境。帕尔塞福涅是谷物女神德墨忒尔与宙斯的女儿，在大地上游玩的时候，突然消失了，所以，母亲非常着急，开始寻找，最后在大地的裂口，世界的边缘，找到了女儿失踪的痕迹。大地为何在此处裂开过？大地裂开这个口子，乃因冥王看上了这个女儿，把她强占为自己的新娘。于是，她和宙斯去找冥王讨价还价。但是对冥王来说，爱战胜了他的理性，说我不能失去她，失去她就不能接受这个世界。作为地狱的主宰者，他可以让姑娘回去，但到萧瑟之际必须回来。所以每年，当春暖花开的时候，就是女儿回来的时候。这个小说就是按照这样一个原初的神话意向来写的。我之所以强调这一点，是因为我在长期的哲学努力中，最终还是回到了自己最初的文学爱好里面。但是，要让思想和原初意向站到写作里面，需要清澈生死边际，需要更大幅度的沉思跟踪到里面。那么，今天讲的《斐多》是和这个故事有关系的。希腊哲人，所传的东西，所说出来的东西，一定是聆听到的东西，但是聆听你听什么？你是用耳朵聆听，还是用心灵聆听？耳朵所展示的是个感性世界，而心灵而来的世界，是个灵魂世界。我们的聆听最终达到的这个世界的真相是什么？能否还原出世界的逻各斯轮廓？你比如说，两个人热恋，远隔千山万水，但是你想她的时候，她也正在想你，这是不是一种聆听？这是我简要的补充。

因为这个讲座，我做了一篇文章，今天就读这篇文章。在读这篇文章之前，我想把我这个 PPT 框架讲一下，框架看一下之后，以便大家对我的这个讲座有一个总体的把握。

我们讲柏拉图的作品，就是它具有非常明显的希腊悲剧的痕迹。希腊悲剧所阐释出来的结构，它已经被诗意化，被艺术化了，亚里士多德的诗学解释的就是这一点。你在柏拉图所有的作品里面，能够看到这一点的，比如刚才说的作为生死转化的对立张力，你放到戏剧演出里面，这个就是情节张力。但是当这个命题被否定，它有一个所谓的情景的突转，就是一个巨大的转折。作为戏剧，说是灵魂不朽，但是灵魂真的不朽吗？苏格拉底死了，学生们眼看他喝完了毒酒，然后他就挥一挥衣袖，这是一个完备的剧场效应。那么在这个剧场效果里面，我们才能读到西方哲学的语言，比如说我们今天说的隐喻。最初书写这个文本的时候，也在考虑一个命题关系，就是，写死亡的文章很多，为什么只有《斐多》是不朽的？杨绛先生，在钱先生去世的时候翻译了这个《斐多》，第一次将《斐多篇》翻译成《斐多》。她通过《斐多》的翻译，能够将这个看似没有灵魂的世界，启恻到灵魂的景象当中。我们可以说，她在演说死亡的时候，面对这个不可见的世界的时候，她的文本的力量，她的语言的这种张力，能够形成人对这个实体的承认的。相信这就是她在书写过程中，有非常独特的希腊元素，这个希腊元素一定是有个隐蔽的结构。希腊悲剧最精致的元素是事件之外的，这个导致事件发生的这么一个追问，或者说，一个隐形的结构，就是指向我们走向思想的这个灵魂之路。

按照现象学的阐述，就是现象学述谓关系的澄清，就是我们在进行逻辑表达。比如这个表达，师庭雄是一个老师，完成这个表达之前导致我说他是老师的所有可发生性，必须在这个逻辑格式之前完成。那么作为实践结构的完成，这个事件表达之外，师庭雄是个老师，这个逻辑表达的准确命题之外，你要听到郭吉军何以在这么多场合里面去说师庭雄是个老师，他是一个老师的逻辑表述里面，一定是有逻辑之外的东西。这个逻辑之外的东西，表现出我跟他持久的友谊，我和他潜在的思想较量。这个东西不是通过这个逻辑事件本身包含在语言结构里面的，你也分析不出来。但是，导致这个语言发生的事件情节，也就是霍金讲的时间界面里，你能够看到逻辑之外的星空的，我们把这个界定为可说的逻各斯，按照我们的语言来理解，就是物理世界。但是还有一种东西是什么，只有通过灵魂你才能认证，通过灵魂你才能指认，有一个神域的空间在内，那么只有在一个整体的思想语言表达中，思想的紧迫性才能溢出，否则我们只能在一个退潮的海平面上来回地复返。接下来，我主要说：说与听。说与听分下面几个节奏，一个是，借助情绪，借助绝望；一个是，谈话。谈话里面，有追问，有比喻，有隐喻；隐喻的摆渡，就是这个讲座的核心。我们在讲灵魂不朽的时候，你突然说灵魂不朽的这个命题它就像一个封闭的枷锁，怎么将灵魂不朽的问题指认到你整个语言阐述里面，它需要打开开关，所以隐喻、比喻，将一个隐含的东西说得清楚，用最朴素的生理感受引悟到你对这个世界的在场性，这就是隐喻的摆渡。我是整体陈述一下，你比如说灵魂不死，哲人的出场，隐喻的起航，说不可说，密托思语境，最后进入澄明之境，大概的框架是这样。我来读这个文本，尽量和大家分享。

这个事情发生是什么时候，是公元前 5 世纪刚刚过去一年，处死苏格拉底的时间到了，“斐多啊，苏格拉底在监狱里服毒那天，你和他在一起吗？……那么我问你，他临死说了些什么话？他是怎么死的？”这是我们最初阅读《斐多》篇看到的这个语境。雅典人信奉阿波罗，苏格拉底被判决后，应该是要处死的。但是，雅典的朝圣的船到这个岛屿了，进行朝圣，朝圣之前要进行净化，所以不能处人死刑，因此苏格拉底的死刑被推迟了一个月的时间。苏格拉底在监狱里就跟他的朋友们进行对话。柏拉图在苏格拉底去世后写作的文本里，除了这个《斐多》篇之外，还有《克里同》篇，就是写这个过程，就是写在监狱里面的对话。有人问当时处死苏格拉底在场的斐多，他临走的时候说了什么？问这个话的人，属于毕达哥拉斯学派。毕达哥拉斯学派，我们在思想史上知道他们坚持的哲学问题，一个就是灵魂的轮回，一个就是灵魂不朽。对苏格拉底的死的追问的原初回应，从灵魂不朽的思想格局来看，那么这就是一个问询。问询原初告知，你能不能原初地告诉我苏格拉底之死那天的景象？那么谁能告诉苏格拉底之死的景象？只有苏格拉底之死本身才能告诉。那么这个问题伴随着什么？也就是斐多准备陈述这个事实的时候，伴随着回忆，回忆就有非常浓厚的神谕背景。我们说，所有的歌唱都是缪斯来完成的，而缪斯女神的母亲则是回忆女神。所以斐多在对这个事情陈述的时候，他是基于回忆。在这里我们要澄清的一个事实是，回忆说并不是柏拉图的独创，在希腊的神话语本里面，它的《神谱》里面，回忆说已经祭奠出它古老的历史。

斐多说，他记得那天发生的事情："我这回没事，我会尽量仔仔细细讲给你听。因为，不论是我自己讲苏格拉底，还是听别人讲，借此能想起他，总是我莫大的快乐。"柏拉图的写作水平是非常高的。他的写作水平高，不是因为他是柏拉图我们就认为他的写作水平高，而是他因为写作水平高才成为柏拉图。那么斐多在这里面说的每句话，都是所谓的在进行思考训练，也在贴合斐多的回忆，就是灵魂不朽的主题。我们经过苏格拉底不在场的这件事情，想起苏格拉底。那么我们为什么要通过苏格拉底不在场的这件事情，想起苏格拉底？虽然苏格拉底死了，但是想起他不是因为一件痛苦的事情，而是能够让灵魂飞翔，能够幸福的事件，所以事件的当事人，愿意讲这件事情。如果说发生一次的事情是等于没有发生，那么如果是往来复返地发生呢？有时候我们的痛苦是说不出口的，一旦说出口等于把自己再杀了一遍，作为

“苏格拉底之死”如果成为雅典非常痛苦的记忆的话，那么斐多要不要再陈述这一件事情？“苏格拉底之死”在雅典形成思想的旋风，它给人昭示的是幸福和自由的回归。因此每个人讲起他的时候，都会感觉到灵魂的愉悦。所以陈述这件事情本身不是一个在悲旷的死亡的氛围之中去完成，它是在对一个有希望的、一个回向存在的事件里面说出来的。然后这时候斐多就讲了。

他们一早就来到了囚禁苏格拉底的监狱。克珊西帕早已出场，是她用她的声音接引了来者的到场：“苏格拉底你的朋友们来看你来了。”克珊西帕开始哭泣。克珊西帕是苏格拉底的夫人，苏格拉底在被审判的时候，法官说你能够用雅典古老的刑法，你能够请求法庭对你的饶恕，请求法庭对你的饶恕的一个环节就是你可以把老婆孩子抱过来，让孩子哭，老婆也哭，雅典法律的这种冷酷可能会被融化。但是在《申辩篇》里头，我们知道苏格拉底对此提议是拒绝了的。我们知道克珊西帕怀里面还抱着两岁的孩子，说苏格拉底处死的时候 72 岁，那 70 岁的时候儿子才两岁，可见这个哲人的生命力是多么的强大。苏格拉底长得丑，希腊人爱排座次。第一大英雄赫拉克勒斯死了之后，最后上了奥林匹斯山顶，最后宙斯重新给了他一个老婆。第二大英雄是阿喀琉斯。阿喀琉斯比较帅，他注重灵魂和肉体的一致。那么到了哲人这一块儿，苏格拉底他就改变了，人们对所谓高大上的这个形象的原初规划，我用灵魂之美，心灵之美，来取代人所谓对肉体的那种迷恋，希腊精神的风暴，思想的风暴，从这个层次开始席卷而来。而且世人对苏格拉底的评价是什么？说他比阿喀琉斯还要迷人，说什么苏格拉底就是阿喀琉斯的升级，言外之意就是如果阿喀琉斯作为一篇论文的话还有不完善的地方，如果再完善一点儿，就可以变成苏格拉底了。

苏格拉底马上就要被处死了，所以作为家属和孩子到场了，那么这个也是一个隐喻的传递。克珊西帕看到苏格拉底快死了，先哭，这是她告别苏格拉底的仪式。文本构造出这股气象，以让感觉接近。但苏格拉底能够让生命感情保持安静，这个安静就是他所谓的节制，驱逐情绪，剔除绝望。苏格拉底就说克里同啊你把她带走吧，她在这地方又哭又闹的，我们谈话的思路都被打破了。这里就传递出哲学的原初性来，哲学的原初表达实际上是指静观的，我们最早说的哲学，还不是在这里面讲的是爱智慧的意思，哲学家描述的是一类人，就讲运动场上，有运动员，有做买卖的，还有一部分人是看的，那么这个看，就将哲学的原初性给说出来了。看意味着什么？意味着有人表演。表演就是展示，就是表现，希腊人表现出什么，希腊人的气质就是什么样子，将人间的爱智慧也好，舍不得也好，生老病死也好，全部展示出来，展示就是被看，被看到，谁看，让诸神去看，所以，只有在这个意义上，哲学才不单是一个人间情致，它一定是传递出一个多维的在人和神之间张合的空间。

驱逐情绪是为了什么？为了剔除绝望。克珊西帕的哭会将哲人走向真理的路径变得绝望，所以克珊西帕就走了。这时候苏格拉底就和朋友们说，快乐和痛苦是双生的兄弟，是生长在一个身上的两颗头颅。苏格拉底在说这句话的时候，实际上流淌出他的幽默。我们不知道苏格拉底留下的文本是什么，但是我们知道他一定是完成过书写的。在监狱的这段时间，苏格拉底干了什么事？改了《伊索寓言》。我们现在读的《伊索寓言》，也就是说它和《神谱》等等这些是同等的伟大作品，它的古老性是不可否认的。

苏格拉底在这里面干了什么？把《伊索寓言》改变成抒情诗，这是他做的第一件事情；第二件事情他干什么，他在写《阿波罗之歌》的序曲，也就意味着如果不把他处死，他要是不死，可能会写一首长诗，歌赞阿波罗的长诗，这个文本可能是没有留下，但是柏拉图放在这里面是一个隐喻，还是对苏格拉底的一个缅怀？不得而知。这件令他人紧张的事情，他却很幽默，像看《伊索寓言》一样。痛苦和快乐是一个双首的兄弟，所以说这个问题诸神都解决不了，当快乐来临的时候，痛苦就隐退了，痛苦又忍耐不了很久，所以它就站出来重新干扰这个快乐的来临，所以这个是不能构建的话题。其实说到这里面的时候也说出了情绪，痛苦和快乐是我们传递出的最为直观的情绪，而且这是哲人的情绪，所以说话的处境，在这里面奇妙地生长，它要开放苏格拉底重新引发的可能性。所以这个时候，当苏格拉底开玩笑的时候，斐多开始哭了，但是这个哭，让人痛苦又有奇特的快乐，在场的人都和斐多一样在这奇特的情景之中，所以斐多说，我们一会儿哭一会儿笑，尤其阿波罗多洛斯。阿波罗多洛斯，意思是面向阿波罗的。我们知道阿波罗是理性之神，阿波罗之所以能成为理性之神，从阿波罗这个词的原生意义上就能看得出来。Απόλλων（阿波罗）这个词的原生意义是什么？将各种不同的东西聚齐在一起的力量，就叫阿波罗，它能够容纳差异，就像阳光一样，不能说你是坏人就不照你，它能够将你的界限给得很清楚，边界给得很清楚，但是它容纳的又是各种不同的东西，这就是阿波罗。所以，所谓的理性在阿波罗的这个气质里面，要理解到雅典对差异的容让，雅典自由度的崇高，与对差异的容让有关系。在所有的人里面，面对苏格拉底之死，他，阿波罗多洛斯，是哭得最热烈的，那么这种哭是文本后来提到的天鹅绝唱的一个暗示的回音，就是天鹅开始绝唱了，阿波罗的神鸟开始哭的时候意味着一位哲人已经迈向了永生之门，所以说伟大的对阿波罗朝敬的一个理性主义书写者，放任自己情绪的时候，就意味着他对这个情绪的释然，不是悲痛的。所以说斐多的体验是一会儿笑，一会儿哭，真是悲欣交集。斐多又哭又笑，显然在知性的层次得到了提升，他的这个情绪是通过知性来反映的，一会儿哭一会儿笑，那么这个知性层次的提升，在某种意义上，将感性的层次给下降了。这些出现在回忆中的片段，又怎么能够让人相信，这些是发生已久的往事？就是你读到这里的时候，这个故事跟你很近，知道吧，它不是发生在历史的事实困境中的一个很久远的故事，它就是一个灵魂风暴，就周旋在你自己身体的周围，它能够将你引进这个世界的发生之中。如此看来，柏拉图不在场又有什么问题？在写作里面，作者有意提及说柏拉图不在，柏拉图生病了，这个也像是一个隐喻。

作品的最后是苏格拉底将死之前，突然跟克里同说你给我杀一只公鸡，然后敬给医神。希腊的旧俗就是人的病好了，要杀一只公鸡感谢医神，柏拉图没到场是因为生病了，是一个灵魂之病，最后通过斐多，整个叙事的一个结构就是柏拉图的灵魂疗伤。所以柏拉图不在场会是什么问题？说话原初的景象被奇特地还原了之后，谁又能够阻挡作为可发生性的而自行发生？包括我们，不也一样！在那里有苏格拉底的朋友们，正在进行愉快的探讨，斐多因此而打开了自己的记忆，或者说发生的事情已经突破遗忘的地基，在他那里开花了，论证，也就是谈话开始了，谈话（dialogue）是在发声—聆听—回忆中绽示的。或者我们说，更原初的说来自更本源的听。

柏拉图为什么选择“说话”，作为书写的文体？施莱尔马赫说，他一方面让说话来接近高明的智者，一方面又用来拒绝平庸的读者。读《圣经》都知道耶稣讲话的时候经常用比喻，他的比喻就是给门徒听的，真正的教育的精华是通过他的比喻传递的，这就是说他一方面让说话来接近高明的智者，一方面又用来拒绝平庸的读者。柏拉图的对话就是这样的。这也许是苏格拉底为雅典找到的最好旋律。这个尼采说得比较深刻，说柏拉图的对话严格来说也是一种音乐，只不过是一种溢满伦理气息的音乐，所以说是苏格拉底的伦理杀死了悲剧。我们先不说尼采的评价，对话它是一个音乐形式，从提问到对问题的回答过程，是从高音段向低音段滑向的一个和弦的过程。这就是说在一个文本里面将原初的希腊悲剧的音乐也凝练进来了。这种音乐性，或者说这种剧场结构，从而使话题——提问与回答——回复到最初的场景里面。这时候他们开始对话。对话的时候，他们是约好次序的，就是一定要通过概念去说话。那么这个次序意味着什么，意味着节制，是对灵魂智慧的节制，既让灵魂苏醒，同时也让灵魂休眠。灵魂不能像个小孩子一样蹦出来，老是破坏这个原初的秩序，得让一切东西先安静下来，让存在的海平面慢慢地打开。对话是从“追问”或提问开始的。追问——乃思之虔诚。

谈话在仍然开朗的气氛中进入了提问。如果要肯定苏格拉底是以哲学家的方式抱定上路的态度，那么首先就得承认“人世间有没有死这一回事”。至此，人间有没有死这么一回事，在场的给出答案是肯定的。这是公认的常识，但是死又是什么？灵魂和肉体的分离。这里面有一个思想层次要搞清楚，我们不是学海德格尔嘛，经常讲存在嘛，但是你在海德格尔的阅读里面，你在讲存在问题的时候，先说有没有存在的问题？有，有了之后我们才能进而谈论哲学问题。同样在说到死之前，有没有死这么回事，是需要首先澄清的。那么死这个问题，哲人在这个问题上是怎么承认它的存在的？不是通过高强度的思想论证，而是通过一个非常普通的人间关怀，死就是这么回事。我爷爷死了不见了，就是埋在这个地方，那哲人为什么在这个意义上否定这个气氛，死是一个人间立场、人间概念，它一定是跟最普通的人性发生关系的一个事件，所以，作为公共基本的良知，和你的生命经验就可以去认可的。所以，在场就给出了肯定，死是公认的常识。可死又是什么？那就要进行思辨追问的。死又是什么？灵魂和肉体的分离。当这样去规定的时候，由死的规定性所支起的灵魂和肉体的对话开始走向自己的说话，就是死的规定性出来了。我们在哲学上讲规定，定义它，定义的时候就意味着你要对它命名，那么这个命名和这个定义本身，这个规定性本身，就要回归到我们理解的本体论问题当中，凡是走向规定的，凡是要命名它的，一定有一个更为原初的支架，或者是更为原初的坐标，支配着你，支撑着你，对它进行所谓定义或命名。所以，这个问题，有没有死和死是什么，是从普世的问题进行到思辨的问题的。

苏格拉底的平静和坦诚是来自哲学家的自信，作为哲学家的苏格拉底在论述来自肉体的意见时，灵魂的本体的可能性需要构建，灵魂在肉体当中能自由地思想，才能获得它原有的宁静。哲学家之所以成为哲学家的本质，就在于能够运用单纯的理智，尽可能将灵魂从肉体中解放出来，所以摆脱肉体拯救灵魂，就成为苏格拉底一生的死亡练习。

苏格拉底向朋友证实了他面临将死的平静："假如一个人一辈子一直在训练自己，活着要保持死的状态，他临死前却又苦恼，这不是荒谬吗？""真正的哲学家一直在练习死。在人世间，惟独他们最不怕死。"这里讲的是由死的规定性到哲学的本体性构建。但是这里面有一个问题，他必须要克服，比如说能否自杀？死能否自行决断！能否自杀，我们知道这是一个近现代命题。加缪说，所有的思想问题只有一个，即人能否自杀。对这个问题的追问，要放到对现代性的诠释当中。现代世界是意志语境中的世界。所谓意志世界，即承认意志的决断，你要归咎所谓的意志自由的话，这个世界就要由自我决定。这是古典精神与现代气息的强烈分野。意志决断的世界就意味着对有神的世界的告别，在诸神离开的现代性世界里，能否自杀成为考量人能否在自由的天空和大地成全自身的母体性神话。

但是到苏格拉底这里面，能不能成立？不能成立。那么苏格拉底说为什么不能自杀？是因为自杀受控于人的意志，是个意志决断问题，是对未来的筹划，它跟理性不一样，理性这个词的原初性是什么？寻求原意和根据，比如我今天来演讲是一个事实，我为什么来讲座是因为“中和论道”对哲学的一个长期的支持，那么这个原因就可以追溯到我讲座之前，所以它的时间追问是反的，是往溯的，它是被规定的，但是作为意志的决断来说，它总是在不可能性当中，寻找它的可能性。所以，在古典的世界里，自杀受控于人的理性，获允于更深度的原因和根据，即它的被规定性。面对这个哲人之死，用他更为完整的话来说，苏格拉底之所以在死亡的练习方案中，弃绝自杀，是因为没有神的命令，人切不可远离生命的前哨。就是没有神的命令，你还不能放弃。所以，在此得出一个什么东西，苏格拉底是甘愿去死的。甘愿去死的品质在哲人身上隆重抛出。关于肉体主题，都因为灵魂的离去而向肉体解除了。

在对死的意义探查中，我们发现灵魂对肉身的绝对优越性，但这种优越性还需要巩固，要巩固，就需要肯定灵魂不灭。但是，这需要论证：“要说人死了灵魂还存在，还有能力，还有灵性，那就还需要一番好的论证。”

所以，关于灵魂不朽的论证，需要从思辨的海洋中走向真理的海岸线。但思想的航行，还需要迎风破浪，稍有不慎就可能在精神探险中失足。显然，苏格拉底和他的朋友们，已经做好了探险的准备。这时候的文本阐述，依旧来自于斐多对这个世界的回忆，就是对原初陈述的回忆。苏格拉底说，一切东西都有相反的一面，比如说高贵与低贱，睡与醒，这是不言而喻的事实。但这仅仅是开始，需要论证的是，一切事物都有相反的一面，它一定是从相反的一面产生的，而且只能由相反的一面产生。大一点，是从小一点变来的，弱一点是从强一点产生的，慢一点是从快一点得出，更好从好产生，更公正从公正产生，一切东西都是从相反的东西中产生的。这就是他讲的相反的东西，在相反的空间也有两种变化，变过来，变过去，如果醒是睡的反面，那么生也该有个反面吧？生的反面是什么？死！既然醒是由睡产生的，睡是从醒而来的，那么，生会产生什么？产生死。那么死又从何而来？来自生。既然死能转化为生，这不是充分证明：死人的灵魂总有个地方待着，等候着生？

这就是他的一个初级论证。朋友们被共同谈话的一种热烈气氛打动了！面对苏格拉底这个将死的实体，这个结论可以令他们将活着的苏格拉底用理智的结论保持到希望当中。这个论证是积极的，是让人感到活跃的话题，人们看见苏格拉底的足迹，就能想起即将消失的苏格拉底。“回忆说”适时地现身了。但是这个问题和灵魂不朽有什么关系？看到一把七弦琴，就能够想起它心爱的主人，看到克贝的画像就能想起克贝，这与灵魂不死有什么关系？这就涉及哲学的世界关联性。我们看到一把琴，就想起琴的主人，这个琴和主人是不一样的，只有当他们联系到一起了，作为世界才能成立。克贝“是”琴的主人。苏格拉底“是”我们的朋友。在这些句子里，都有一个“是”作为连接。你现在想象一下，我们把这个“是”拿掉，没有这个“是”作为连接，这个世界就是破碎的。

“回忆说”解决的就是思想最深邃的问题，凭什么看见这把琴就能想起这把琴的主人？这又是怎么发生的？这个发出的原初性在哪里？就像我们理解康德问题的时候，你被打了一个巴掌之后你就“感觉”疼了，康德的原初质问是你凭什么疼？疼的感觉反应是怎么发生的？疼这是一个现象描述，你凭什么疼得受不了了？一个巴掌打到脸上，“巴掌”和“脸”是不一样的东西，打出来的第三个东西是“疼”，和这两个不一样，但是没有这两个的结合，你就“疼”不了，所以，这在康德那里就是先天综合判断何以成为可能的问题。先天综合判断讲的就是不同的东西产生一个不同的第三者，这个第三者成为确定的知识。这里面也是同样的问题，你凭什么看到这个茶杯就想起这个茶杯的主人，那么这个能力是谁给予的？这个世界的关联反应是怎么反映出来的？是什么力量来支配的？苏格拉底的反响还是来自于近乎常识的答应。我们之所以看到一把琴能够想起他的主人，那是因为我们应用了我们的肉体——我们看到了，也即感觉介入了。可问题是当我们的感觉介入其中时，感觉又凭借什么做出了它是与不是的根据？

当我们说阿波罗是这把琴的主人，或者说这张画像和克贝本人真像的时候，我们不是先行具有了给出它们是与不是、像与不像的判断力吗？判断力决定是或不是。我们所有的知识，都是为了决断一件事情，是与不是的问题是在追问，可否将不是的东西从是的东西中拿出来。当我们这样沉思的时候，发现知识是用来呈现判断的，知识让我们的判断力更强，而不是犹豫不决的，我们只有在是与不是、像与不像的判断中才能复活感觉。正是这个抽象的站立，才使我们走向感觉，显然这个东西就是理智。而它们就在我的灵魂深处，回到苏格拉底的命题表述就是我们在有感觉之前，已经有了观念，感觉是我们出生以后才有的，而在我们出生之前，已经有了某种知识，也就是有了某物是与不是的观念。假如我们生前所有的知识在我们出生的时候忘了，后来运用感觉的时候又找回了从前所有的知识，学到知识不就是找到我们原有的知识吗？我们把认识说成回忆，不是就有道理吗？

柏拉图为什么在这里说回忆说？他就是为了证明灵魂存在，所以灵魂在我们出生之前就已经存在，我们死了以后灵魂还会继续存在吗？这是他后来要问的问题。现在我们回到这个作品里，他这个作品读起来让人感到迷失。我们现在再追溯一下：他讲的是生可以产生死，死可以产生生，变来变去的一个对立面转化的过程。他又讲灵魂存在，现在需要综合了。既然灵魂在我们出生之前已经存在了，而一切（生命）都是从死亡里出生的，两个结论合到一起，不就是说：在我们出生之前已经存在的灵魂，在我们死了以后还会继续存在。这就是苏格拉底通过对话得出令人激动的灵魂不死的论证。然而这个论证能够让在场者对死亡场景不断地克服而感动吗？论证依然是未经论证的演说，得出结论是一回事，观念能够支配出绝对的行动吗？或者按中国人的话来说，智慧能够变成为常识吗？这个这么高深的灵魂不朽的观念，能够作为普世的情调吗？所以雅典城的围墙再厚，也促成不了人们对苏格拉底向死的信任，总有人会害怕，灵魂在转世的一刹那，被一股强风吹散。所以，苏格拉底的结论中又出现了新的问题。也就是说苏格拉底必须要回答，灵魂离开肉体后，会不会被一阵风吹散。

这时候灵魂面临的“风”的比喻，没有这个比喻话题是没有办法继续的，也就是说灵魂能保证对肉体的绝对胜利吗？问题被进一步抽象了。“什么东西生来是容易吹散的？什么东西的散失是我们当然担忧的？又有什么东西是不怕吹散的？”然后，我们进一步问：灵魂属于哪一类？

在展开的对话里，苏格拉底提供了一个单一与复合的概念，能够被吹散的东西一定是复合的，不能被吹散的东西一定是单一的。那么哲人要回答这个问题，一个是凭强大的思辨，强大的逻辑推论和对准确知识的把握；还有一个就是凭想象。作为推理的部分，苏格拉底构造了单一与复合。作为想象的则是与肉体对称的灵魂。因为灵魂不可见，所以只能处于对它的想象。不可见意味着什么？意味着对复合的摆脱，也就是说灵魂更像是不可见之物。既然是不可见之物，它就不可能像可见的复合之物那样被强风“吹散”。注意，这是介于想象与推理之间的论述，也就是说，苏格拉底的论证还没有强大到令人信服。姑且认为灵魂不可见，不会被“风”吹散，但灵魂事件中埋伏的问题，极有可能因为想象性介入而爆发了。这个问题会是什么？其实就是存在问题。我们把它还原到理性对神语世界的驱逐中，很快就会清晰，即诸神因为有家族，从而释放出诸神也是生出来的事件信息，进一步说，既然诸神也是出生的，那么活得再久，也是终究会朽的。这是一个神话悖论，或者说，是关于诸神的悖论，放在这里，极有可能形成灵魂不朽的悖论。所以，苏格拉底必须在这个谈话语境当中将它作为一次精神训练，引向克服。

果然，在文本中，我们可以体会到，大家很高兴啊，灵魂不朽、灵魂存在这个问题，通过从生到死这个辩证转化，是可以确认它的成立的。所以苏格拉底快死了，但是我们认为他是不朽的。大家很激动，但这时候有人突然发问：一件衣服穿得再久也会破的，灵魂最终会不会死灭？发问的原初性，还是涉及灵魂，灵魂通过想象指控的时候，灵魂是不可见的，这时候大家似乎找到了一个可以让不可见能可见的比喻，如音乐与琴的关系。音乐是灵魂，然后琴是身体，介于中间的东西是什么？是琴弦。音乐触到琴弦以后，琴和音乐才能成为一体，这时候才能发出所谓的和谐之音。可凭什么说灵魂和身体会和谐到一起，也就是说灵魂如何和谐地介入到肉体的？如果不和谐就会分离，这样灵魂就是可分的，不分离的时候就一定是和谐的。这个原初性是怎么发生的？灵魂寄宿在肉体中。如果说琴弦断了，那音乐还会和谐吗？如果是这样，哲人对灵魂的操控不就也像肉体一样失败了吗？

朋友们，原本被这热烈而又冷静的论证所鼓舞，谈话即问答，本可以守着原初的宁静。现在，这一切被打破了，这个打破就意味着道路的结束，每个人都重新显出沮丧的气氛，甚至比先前任何时候都感到悲壮，那么这简直是毁灭性的，是思想遇见的最可怕的风暴，每个人的论证都从论证中被还原出来，甚至斐多的热情，也在回忆中被浇灭了，苏格拉底真的要死了，他的灵魂迟早会走向腐朽。这在柏拉图的写作里面就是情节的突变，看似完美的论证，有人突然提出一个诡异的问题，从而将事件引向了转折。在这里灵魂与肉体的关系就被隐喻为，如果琴弦断了，灵魂的和谐，通过什么样的力量维持？这同时也体现出了，希腊人将问题推向极致，然后在寻求真正的过渡。希腊人写悲剧写得非常极致，杀父娶母，人间还有这样的事情吗？这些不可能的事情，考量着希腊人极致的思辨，进入绝境以后能不能跨越绝境？这就是为什么理性的力量是那么的强劲。

我们对存在问题的回应，都是对理性问题的回应，原因就在于它能支配绝望。我们前面讲驱逐情绪，剔除绝望，现在是道路结束，跨出绝境，然后，重新开一片天地，这就是神性。理性思考问题是这样，所以理性能否度过苦难、翻过绝境？在此，遇到真正的考验。苏格拉底依旧这么神奇，苏格拉底的镇静依旧那么神奇。他说，每个人都认为天鹅临死前的悲鸣是生命的绝唱，但作为阿波罗的神鸟，天鹅临死前的悲歌事实上是神圣的欢唱，因为它必须预见到更为神圣的归靠——存在的澄明之路。弦断了，音乐并没有消失，而是在它更为原始的存在中隐退了。死来临了，但生并没有消失，它只不过往自身的存在中回退了。雪遇到阳光后并没有消失，而是从光热当中自行隐匿了而已。天鹅的绝唱始终站在阿特拉斯高大的臂膀之上。事实上，并不存在生由死来、死由生起的命题假象。

这是讲的什么？白天完了是黑夜，黑夜之后是白天；你醒了之后睡觉，你睡觉之后醒；死了以后生，生了以后死。这是我们讲的一个辩证关系。这里面遇到了它的解构，不存在生由死来、死由生起的命题假象。先前的结论，就像一个先验的幻觉一样，被彻底地丢灭了，那么这个幻想的破灭，就是灵魂如此轻快地离开了肉体，音乐摆脱了琴弦的沉重，在场的人们没有受到完美的说服。苏格拉底的论证路线是什么？苏格拉底的论证不是从原初命题的成立当中逐渐奠基而来的，而是在原初命题不可颠破的基础上，突然将其颠覆，从而重新在绝境之中看到一条希望之路。所以不存在由生到死、由死到生的命题假象。雪遇到阳光，不是说雪消失了，而是雪隐退了，这就是天鹅的绝唱，看似是悲歌，其实是神圣的欢唱，而且这个欢唱是站在阿特拉斯的肩膀上的。阿特拉斯是希腊里面的大力神，阿特拉斯顶天立地不是随便选个地方，而是在天堂和地狱之间。所以这个天鹅的悲歌是在阿特拉斯的肩膀上唱的，是绝境之地，是从绝境中延伸出来的一条道路。所以，在场的人们从没有听过如此完美的说服，苏格拉底的论证从比喻中得到了比喻的真意。比喻的意义是什么？就是对那些虚无缥缈的东西给了命名和住址。它使不可言说之物走向了言说。死是不可言说的，但是，苏格拉底让其走上了言说，说不可说。哲学就是隐喻的诗。隐喻之死，就是哲学之死。

最后，苏格拉底给他的朋友们绘了一幅精美的图画，一副神话的景象，这个景象是灵魂离开肉体后回家的道路，是密托思（Μύθος）本质开启的精妙的言说。这说明什么？神话在此获得了逻各斯的胜利。

“逻各斯”这个词我们再说一下，我们现在讲的形式逻辑对现象的事件的描述，可以说清、可以表明的东西，一定是通过逻辑去表达出来的。那么逻各斯还不是这样，逻各斯里面还有一样东西，就像我们弹琴一样，把琴弦压下去的时候，它的完整性就变相反了，开始是半圆的，最后拉成圆的了，这个直线就变成了一个曲线，这时候就是说一变成二了，你自己就变成自己的反面了。所以逻各斯还有这个意思，就是弦，弦外之音，所以它的这个想象空间很大。所以在我们的理解认知中，常用来形容希腊悲剧的语言，希腊悲剧中有歌唱阶段，又有舞台，有演员，然后才涉及事件，希腊人在他的写作母体里面没有过多的空想，他们只是在编织已经存在的素材，这个悲剧可以演几百年，但看的时候还是这么引人入胜，感受到被它净化，所以这个星空展现了神话的飞翔，是恒星往恒星的过渡，光芒对光芒的灿亮。我们说在希腊里面有几个神谱，柏拉图也编织了自己的神谱。柏拉图所有的神话，如果你提炼出来，都会变成哲人的诗，哲人的神谱。所以他最后讲的这个高贵的谎言，灵魂的返乡之路，也算是柏拉图的神谕描述。

最后，就进入到我们的一个回溯、澄明之境。为啥讲澄明之境？我们对真理这个概念一直受到所谓的主体意识的主宰，在希腊人那里所谓真理就是澄清。澄清是指对事实真相的澄清。为什么说哲人他同时是勇敢的和危险的？是因为他识破过真相。为什么说他容易泄露秘仪？是因为他说出了人间真相，连诸神演义的事情，都被他释放出来了。

执行死刑的命令通过狱卒传递过来了。如何啜饮毒酒，也在柏拉图被唤醒的细节当中被静朗地昭示了出来。然而，作为死亡的提醒，并没有向先前——朝觐阿波罗圣船的归至那样给人以震撼、紧张和延绵无尽的惋惜、悲怆与痛苦，在这里倒像宁静中应对着的寓言故事的诗性画境。喝毒酒是一个感性提醒，不再从回忆中噬夺人的灵性，只需要心灵的承受。读过荷马史诗的人都知道，奥德修斯经常有一句话："心呀，承受吧，你难道没有承受比这更坏的事情吗？"通过这句诗我们就会明白，苏格拉底和他的朋友们通过精神训练实现了对死亡的承受。

存在在澄明中获得了持存，为什么？因为没有人怀疑：灵魂会腐朽。斐多、克里同他们共同看到了苏格拉底通过死亡的过程，他们看到了苏格拉底逐渐丧失知觉的肉体，当然，他们欣赏到的是灵魂如此庄严地摆脱了肉体！毒酒是促发死亡的言情之物，同时它也是药，它能治愈受伤的灵魂。柏拉图病了，可此时他的病——那受伤的灵魂，也似乎好了。苏格拉底最后说："克里同，别忘了向医神祭献一只公鸡！"病好了，就应当向医神献祭！这是神谕中授众的习俗。存在的黎明已经被理性的鸣叫唤醒了。真理（Αλήθεια）的光度已经在隐喻的鸡鸣声中悄然而至。这个在谈话中一直隐匿的影子，在被回忆兑现的生命的真实处境中，还会感觉到痛苦吗？

大概的文本梳理，跳跃性地就这么完了，就这么完成了，因为这个不好讲。为啥，一段一段地讲可以，大篇幅地讲这个东西拿过来说是说不了。为啥？是因为没这个能力，它是需要回应和被逼问的，这个思想情节太多了，所以我就最大可能地按照自己的理解历程来进行一个粗疏追溯。时间上差不多了，我的主讲就到这里吧。讲得的不到位的地方，请大家指正！谢谢大家！

讨论问答环节

师庭雄老师：好，那就进入到互动环节，要不把第一个问题留给大一的新生好不好，也是对他们的一个鼓励！好，你们来提一个问题。

学生 1：尊敬的各位老师，亲爱的各位学长，晚上好！我要问的是，由于《斐多》这本书联想到柏拉图，从而引起生与死的辩论，我想说一下我的感受，刚才讲的都是逻辑性的，听得不太懂。所以我对生死的看法是，有一句话说，一个人死了他还活着，一个人活着他已经死了，这是一个价值，他如何会有价值，是因为对社会的贡献，为人民谋幸福做出了巨大的贡献，推动历史车轮前进，所以人们记住了他。人生不过百年，我觉得肉体是基础，因为没有肉体，灵魂也就没有依附。鲁迅先生曾经说过，如果肉体消亡了，那爱情也就没有依附，所以我觉得身体也就是基础，因为没有身体，灵魂也就不会存在，这是辩证关系的，肉体要消逝了，精神也依然存在。我举两个例子啊。司马迁曾经说过，人固有一死，或重于泰山，或轻于鸿毛。岳飞被秦桧所害，岳飞是抗金英雄，岳飞是大英雄，最后被害死，这是什么精神？这是爱国精神，忠君爱国。所以我说的是精神与价值，因为这些是可以长存的，这种价值是一直不变的，这种精神为我们埋下了深深的种子。

师庭雄老师：好，好，非常好，大学新生的同学，从之前的高中阶段到现在，进入大学还是得有进一步的深化，进一步的训练。这个，希望你们能加强，现在有一个这样的问题，灵魂是否等同于精神价值？

郭吉军老师：死不是一件坏事，这个是柏拉图和整个希腊世界反思的共识，死亡是走向永生之门。那么这个问题在哲学中的一个问题是什么？苏格拉底问了，人死了以后，为什么就不回来了？这是个必然性留固，还是人不想回来了？然后苏格拉底回答得非常幽默，人不想回来了！这是希腊人对死的一个认知态度，哲人关于死的探讨，才有了我们今天关于死的讨论，死这个命题被提出来以后，希腊人就已经用自己的方式获得了解答。我用希腊的方式回答一下你的问题。意义和价值也不一样，价值，我们讲的是什么？是一个道德概念，意义是一个内涵，是一个关于存在的这个命题的内涵；价值，它是道德的一个变量；所以，概念上首先要做出严格的区分。

师庭雄老师：好，下一位。

李朝东老师：非常感谢吉军的精彩演讲啊！今天晚上是很火爆啊，我们“中和论道”一直以来是有一个传统，就是大家一起讨论。我们是靠演讲者个人的思想内容来演讲的，而不是把大家强迫到这来，这是我们“中和论道”的魅力之一吧！要说这个吉军教授的演讲，我发现今天晚上有很多一年级的新生，研究生也好，还是本科生也好，都是第一次到场。我在这儿向大家简单介绍一下，上学期的期末的“中和论道”是我讲的 *Eros*。我们有一个传统，请一些专家给大家演讲，我们这有一个博士点叫作中西经典诠释，我本人也有一个意向，希望我们对中国和西方的经典有所研究的专家学者，上这儿来给大家讲一讲，引起大家对经典的关注。胡塞尔有一个著名的理论叫作“回到事实本身”，我们希望大家到大学里头读书，还是要读一些经过千百年的选择、成为经典的东西。阅读经典，中国的老子、庄子、孔子、孟子、荀子、韩非子、孙子等，西方的苏格拉底、柏拉图、亚里士多德等；每一个思想家，每一本书都是为我们打开一扇窗户，让我们看到一个不同的思想世界。大学的人文教育就是这样完成的。

西方国家做过一个统计，在欧美大学里边，教授给学生阅读的必读书目排在第一位的永远是亚里士多德。要想认识西方文化，所有的人都必须要读亚里士多德。不读柏拉图、亚里士多德你就进入不到西方的思想世界中。但大家可能会说，我们中国人可以不接受西方思想，可以不读柏拉图和亚里士多德，但是不读柏拉图我们就应该去读孔子、老子、荀子。不管是读谁，不读经典，我们的精神世界就永远无法提升，这是我讲的为什么要读经典。

正好上学期我给大家讲的是柏拉图的《会饮篇》，这学期吉军老师正好给大家讲《斐多篇》。你们刚进大学门，来参加“中和论道”，就遇到生和死的问题讨论，可能讲柏拉图的另外一篇会更好些。我前边讲过《申辩篇》，指出苏格拉底面临判处死刑，在苏格拉底判处死刑的第二天，是敬神活动，他们搞一次隆重的敬神活动，这个活动从开始到回来，需要一个月，这一个月时间里是不能执行死刑的。苏格拉底就能在监狱里面多活一个月，在执行死刑前，发生了这一幕，柏拉图后来把他老师死前，朋友、家人这种对话记录下来，这就是《斐多篇》。

那么既然是临死的谈话主题，那就是和死亡有关，关于生与死的讨论，这里面有些希腊思想的专业词汇，大部分同学都不知道，这需要有一定的哲学基础才行。今天郭老师在演讲过程中，穿插了很多希腊神话，这些神话大家感觉到莫名其妙，这里面实质关涉到生与死关系的讨论。希腊神话不是在讲神话，每一个神话，都是一个概念，这些背景知识大家可能不清楚，但是，听懂听不懂不重要，借助柏拉图的一句话，重要的是：“我们一起走上这条路，进入哲学之门。”

师庭雄老师：好好，下一位。

王珅老师：郭老师，你好！听你的讲解，你把这个希腊神话讲得引人入胜，我们学习到了很多。其实柏拉图的理念论是西方哲学史中的一个重要范畴，一般和个别的关系也很重要，我想听听你是如何看待一般和个别范畴的哲学意义的，谢谢！

郭吉军老师：是这样的，我也想分享一下。就是我们说一般和个别，一定是基于一般。那么我说的不一定对，我们所说的一般和个别这个概念可能是个伪概念。在某种意义上来说，一般这个概念可能会消失。李老师做的是现象学，现象学说本质是现象，现象是本质；不是说本质变成现象了，把本质这个现象丢弃了，而是说对一般和现象区分的时候，这一问题就出现了。

这是我的一点见解。

师庭雄老师：好，下一位。

学生 2：郭老师好！我今年也是新生，但我是研一的。我想问一个问题，就是有一个概念叫自我的实现。苏格拉底这么伟大的哲学家，他在死的时候，因为外界的干预，他就死了；但是在某种意义上说，他也是自己想去死。海德格尔这里面，有一个自我完成实现。你说苏格拉底自己去死，属不属于这种圆满？还有一个问题，李老师曾经说过，苏格拉底也可以承认有罪而逃脱死罪，但是他选择了去面对，这里面有没有关于自杀的问题呢？

郭吉军老师：我经常用哲学的方式说问题，就是这个自我怎么去确定？也就是说我们在完成所谓的自我实现之前，对自我这个概念，有没有足够的认识？自我是什么？是一个普遍感受的肉体，还是人在世界的磨砺？你只确认自身的时候，自身认识的障碍会导致你对自身形象的一个还原，这才能确定自我的概念，自我就上升到一个更大的台阶。德国古典精神一直塑造这种精神。所以我想，所谓“实现”的这个概念，先要考量“自我”这个概念，也就是这个概念能不能成立，能不能作为一个命题，这是这个问题。

第二个问题，我还没说的自杀的问题。我本科是学法律的，我在给学生讲西方法理学。西方法理学里面有句话特别有意思，我们所有的法律，不是为人类制造什么智慧，而是只做一件事情，不要让人类变成一个自杀俱乐部。那言外之意，整个法学就是给人类建立希望的。希腊人的希望在哪里？我在前面表述过了。但是现代世界的困境和尴尬，是诸神的离开。也就是说，现代人的死，他的死是向死而在的，漫长的长跑人生，死是最终被交付的。在古代世界这有一个古典的情怀在里面，我们古代的人在说到人的时候，先不说人，只有在说到天地的时候再说到人，人的生死具有一个立体的层面；现代人则不是。

师庭雄老师：郭老师发言，用的都是神语，好，下一位。

朱海斌老师：请教郭老师，关于生和死，前面论证的时候，对我们现代主义者来说，听不清不构成一个很好的论证啊，它是一个明显的类比不当，通过白天黑夜，睡眠和醒来。所以，我想柏拉图在这里不是做文本的论证，而是你今天讲的隐喻的标准，而不是讲这个论证是否有效，是否公正。这个可能涉及古典的一种虔诚，一种试图去更好地理解这个论证的有效性。今天讲的这个题目，听与说是斐多的一种方式，就是说今天讲的最主要的是区分比喻和论证，隐喻就是一种高贵的谎言，你讲的是这些论证还是说它确实就是一种高贵的谎言？

郭吉军老师：谢谢！谢谢海斌老师对我的教导。我为什么要选择这样的形式，因为我们面临死亡，这种死亡引起我们的思考，所以我就用这种方式来说，不是回避也不是写故事，而是身临其境地去理解诠释。我们阅读柏拉图的时候，不能因为苏格拉底是一个老外，就认为和我们没有关系，可以置身事外，这是错误的。至少我读《斐多》的时候，不瞒你们说，我流泪了。苏格拉底喝毒药的时候，我哭了，当着学生的面哭的。

李朝东老师：米兰·昆德拉说："当别人面哭是煽情，只有自己一个人默默地哭才是发自内心的。"好，我最后再说一下柏拉图著作的由来。你看像我们国内，喜欢做哲学的人把柏拉图作品翻译的时候都加"篇"，《斐多篇》《会饮篇》，这个做文学的人翻译的时候就把这个篇去掉，《斐多》《会饮》，这是为什么？因为柏拉图著作你可以把它看作是哲学文本，也可以看作是文学文本，做哲学的爱文学，做文学的人爱艺术，做艺术的人爱哲学。柏拉图他本人最大的梦想就是做一个像荷马一样的诗人，但他写的诗怎么都达不到荷马这样的境界，他达不到，他就重新走哲学这条路。我接待过一个美国的学者，他是研究中国近现代政治的，他父亲是做胡塞尔现象学研究的，在美国属于数一数二的大学者。这个学者想他要做现象学肯定比不过父亲，所以就想怎么能超过父亲。当时他上学的时候，正好有个机会上中国采访，他就好奇，开始研究中国问题，这样他自己觉得研究中国问题，至少能超过父亲。柏拉图也是这样，他想超过荷马，但是他没有荷马的这种个人经历，后来家人把他送到苏格拉底这里学习。我讲这个例子大家都听明白了，荷马是一个文学家、诗人，柏拉图后来拜师的是一个哲学家，因此他的文本哲学中很多诗歌、希腊神话都是通过荷马史诗熏陶出来的。中国的学者做文学的偏向于把这些看作是文学作品，其实柏拉图《斐多》和早期的作品，依然是在解释理念。理念是一般，我们现在所看到的万事万物，就是一般和个别的关系问题。哲学上，用一般和个别的关系来讨论；《斐多》则是用生与死、灵魂和肉体分离的关系，从另外一个角度来解释理念。

我个人感觉，吉军具有一种天才的语言能力，这种天才的语言才能如果发挥得好，大家都听不懂，这就谈得跟神一样。我请他讲课的时候，我说请讲得让大家听懂。可是，如果限制他，他就不会讲了；一旦约束他的语言才能，他就不会说了；如果你能进入到他的语言世界，他会构造一个非常丰富的精神世界。我在此就谈谈自己的感受。

师庭雄老师：好，时间差不多了，我做一个简要的评述，这是主持人的工作。第一，他讲述的过程中，你要跟上他的节奏，跟不上的话你就发现他在说神语，听不懂。用了大量的希腊神话的东西，我们也从这里看到郭老师对古典学的熟悉，对柏拉图思想的杰出把握。那么，我就讲一点感想吧。我们从他讲的发现了一种阐述的能力，这个意义非常大，我们阐述文本的意义，郭老师就有强大的阐述文本的力量。但是我们要看到这是危险的，我们中国学者在做这样的一种阐述的时候，不管伟大不伟大，讲述得精彩不精彩，要尊重原文。所以，通过这样的讲述，要走向思想的灵动性，所以我们在解释的时候要有一种心怀愧敬，你一旦做了这样的一种阐释，可能走上的是一条不归之路。但是正因为走不通，所以我们才要走。

郭老师读《斐多》流泪，我读《斐多》是流汗，为什么流汗？就是因为不知道它说的是什么意思。刚才有位提问者问，苏格拉底勇敢喝毒酒这个叫不叫自杀？这个不叫自杀，为什么不叫自杀？我用文本中的原话来回答。他说我们是诸神的财产，我们人类是神的财产，如果你想要你的某个财产去死，但他没有得到你通知的时候就自我毁灭了，那么你还有什么办法？转换成最简单的话来讲就是，死不是出于自由意志，为什么，因为人是神的作品，人是神的财产，没有得到神的准许，这个财产是不能毁灭的。所以在这个地方，苏格拉底选择死，因为是遵从主人的召唤，就是神的召唤，所以不存在自杀的问题。

对话者提出反驳之后，苏格拉底已经发现他以前的论述是不成立的，所以他又建立另一个论证来证明最后的观点，灵魂是不朽的。但是在对方看来，你柏拉图在苏格拉底下的灵魂学说跟我毕达哥拉斯提出来的数的论证应该是不同的。数是无形的、神圣的、超越的；这个灵魂是存在的，有形的东西没用了，但是无形的这个灵魂存在。你看到此为止，苏格拉底的论述和毕达哥拉斯的论述很接近。在辩论对手看来，肉体由于热和冷，干与湿，其他对立面的种种组合而成，而我们的灵魂就是把这些对立面按照正确的比例做调整和调和，灵魂就是在对立面之间做一种调和的关系。如果你承认这种观点，就是灵魂不可能不消灭，灵魂是要消灭的。那么，显然我们身体的张力一旦降低或者减少，这个时候尽管灵魂存在，但一定会被摧毁。如果灵魂是在对立面之间一种调和的力量，那么调整对立面之间的张力，张力变小了，或者消失了，那么灵魂就没有存在的必要了。对立面的转换是在理论这里面是有一个空洞的，这是第一个对苏格拉底灵魂不朽理论的反驳。

另外还有一个反驳是苏格拉底谈到这种观点，灵魂每次进入肉体，多次进入肉体，灵魂每次进入人的肉体是它毁灭的开始，当你说另外一个反驳就是灵魂是会死的，为什么会死？因为灵魂每一次进入肉体，它就会在精神强度上有削减，你多次进入，最后的结果就是灵魂会死亡。这也是在反驳生死的灵魂转换。所以后来，为了回应这两种理论困难，苏格拉底重新建立理论，他把之前的理论推翻，他得出一个新的理论，现在不说对立的事物了，说对立的性质；我现在讲的是对立的性质，对立的性质不会变成自己的反面，灵魂不会在这种对立的性质中消亡。因此苏格拉底重新确立一种灵魂不朽的论证，在我看来苏格拉底的这种论证是有点儿理屈词穷！这个已经不具有思辨性了。郭老师的阐释，是创造性的阐释，创造性的思想文本。所以，我说他流泪，我流汗。当然最后一句话，苏格拉底喝下毒酒的最后一句话，“我去死，你们去活，谁的处境更好，只有神知道！”

好，今天的讲座就到此为止。

第三讲

柏拉图《蒂迈欧篇》释义

主持人姜宗强老师： 各位老师、同学好！今晚“中和论道”的演讲嘉宾是我们师大哲学系的师庭雄老师。他演讲的内容是柏拉图《蒂迈欧篇》释义，大家掌声欢迎！

主讲人师庭雄老师： 这是我第三次在这个讲台上作报告，这也是我准备最充分的一次，但是不知道为什么内心还是比较忐忑。我的题目是《从诠释学的角度来看〈蒂迈欧篇〉》。我为什么会研究《蒂迈欧篇》，并且今天给大家作这样的一个报告？也是因为我刚好在翻译《伽达默尔全集》第六卷的时候，里面有一篇3万多字的长文是伽达默尔专门来论述《蒂迈欧篇》，而且是逐句逐段地来理解。我对照了一些二手文献，他的这种解释，比较有开阔性，启发了我的深思。因此，我写了一篇论文，来作这个报告。为了让大家能听懂我所讲的，我把我讲座的内容分为三部分。

首先，是对《蒂迈欧篇》做一个整体性的介绍，让大家对《蒂迈欧篇》有个大体的理解；其次，是相关的二手资料；最后，伽达默尔在3万多字的长文中对《蒂迈欧篇》逐句逐段的阐释。伽达默尔在其《〈蒂迈欧篇〉中的理念与现实》一文中抛出了自己的独特理解。具体说来，《蒂迈欧篇》应该是柏拉图的“物理学”，《斐莱布篇》则是柏拉图的“实践哲学”，“两篇对话使得理念论直接地服务于对‘我们的’世界（说得更求确切些‘我们的’生活）的认识。”

《蒂迈欧篇》在柏拉图思想体系中似乎处于某种边缘状态。它通常被视为柏拉图式宇宙创生学的源发地。人们从他的宇宙构图法中读出的那些数学和物理学的前科学因素被一再地理解为科学的前史，有学者甚至把他关于数和几何学在柏拉图式的宇宙论中所起到的基础性作用想当然地延伸到对当代科学的当下解读中，柏拉图式的宇宙论似乎越过时代的藩篱，划出了一道长长的效果历史。不过，在伽达默尔生活的时代，针对柏拉图的阐释出现了新情况。

一、《蒂迈欧篇》所讲内容的整体介绍

现在，我们说第一部分，抓住主要的线索给大家讲，《蒂迈欧篇》所讲的内容是对柏拉图的《理想国》中的《国家篇》《政治篇》等等内容的继续探讨。如何组建国家？什么样的公民组成什么样的国家，智慧、勇敢、节制、正义，上述四种人各司其职，不僭越，那么最后就可以达成正义。这就是在《理想国》中我们读到的内容。那么《蒂迈欧篇》，就是接着谈。《蒂迈欧篇》谈的是人到宇宙的问题。有学者也认为，《蒂迈欧篇》谈论的正好是跟《理想国》相反的（在第二部分将结合二手文献来谈到这点）。对话主要是蒂迈欧在说，表面是蒂迈欧在谈，实际是柏拉图在说话。

文本中的发言顺序如下：蒂迈欧（最高明的天文学家）第一个发言，从宇宙的生成开始，一直讲到人的被造；然后，由克里底亚接着谈论被创造出来的人。

其实大家可以看到蒂迈欧的提问："什么是永恒存在没有生成的东西，什么是永恒生成无时存在的东西？"如果我们按照理念和现实的关系来理解这句话，那么就可以理解成：什么是理念世界，什么是现实世界（可变的、感性存在物）？那可由思想以推理来把握的是永恒自持的东西，而那作为意见之对象以非推理的感性来揣测的则是变动不居、无时真正存在的东西……柏拉图的理念论预设了一个可知世界和可感世界，只要对柏拉图哲学有了解，这个就是常识。

有些学者提到柏拉图的《蒂迈欧篇》里面，对柏拉图的理念论的两个模式都做了一个结合。然后需要注意的是下面这一段："当创造主用他的眼光注视那永恒自持者，并且用它作为模型，构造出事物的外形和性质，凡这样完成的作品必定是完美的，但若他注视的东西是被造的，他所使用的模型也是被造的，那么他的作品就不完美。"

有些注释者就认为这里面就提出一种模型论的观点，在这里面的创造主相当一个工匠，这个模型论有点像《理想国》里面的对于可见世界和可知世界的划分，可见世界的东西是被创造出来的。首先要盯着可知世界里面的理

念的原型，我考察了一下，原型有很多种理解，有些地方说成是原型，有些说成是摹本（模样）。但是这个地方的翻译种类比较多，翻译成摹本是个很大的问题，可能是后来的解释家，在解释的时候造成文本的错误，但是总体来说，这和柏拉图两个世界的划分是吻合的。这样他就得出一个结论：看得见、摸得着，并且有形体的天（整个宇宙）是被创造出来的。

蒂迈欧接着问：这位“工匠”在创造这个宇宙时用的是什么样的模型？大家只要关注如果这个宇宙确实应当是美的，而且这位创造者又是善的，那么他显然一定会注视那永恒者，倘若不是这样，那么他所注视的必然是被创造出来的模型……这跟前面讲的内容是类似的。

我们看到，这位从事创造的创造主与其说具有希腊诸神烟火气十足的禀性或是基督教上帝“无中生有”的伟力，倒不如说这位创造主是一位手艺高明的大匠师（Meister）。这位大匠师眼睛盯着原型（Urbild），通过制作行为来造出摹本（Abbild），这个过程与工匠的制作行为一般无二。“当创造主用他的眼光注视那永恒自持者，并且用它作为模型，构造出事物的外形和性质，凡这样完成的作品必定是完美的，但若他注视的东西是被造的，他所使用的模型也是被造的，那么他的作品就不完美。”就像每一个工匠总是要把自己的作品做得尽可能的尽善尽美那样，这位创造主在创造宇宙时也必定只会去注视那永恒者，从而创造出一个最美的宇宙。

蒂迈欧接着讲：“由于神想要万物皆善，尽量没有恶，因此，当他发现整个可见的世界不是静止的，而是处于紊乱无序的运动中时，他就想到有序无论如何要比无序好，就把它从无序变为有序。”没有一个无理智的生灵整个儿看来会比有理智的生灵更美，而理智不可能在缺乏灵魂的东西中出现。由于这个原因，当他建构这个宇宙时，就把理智放在灵魂里，而把灵魂放在身体里……我们可以说这个生成的宇宙是一个由神的旨意赋予灵魂和理智的生物。创造主创造出这个宇宙，要做到完美。不过，伽达默尔却认为，这位创造主还不是神学意义上某种先行设定好的存在；毋宁说，这位大神代表着的只不过是那种从无秩序的混乱状态到秩序井然的状态的转变。

那么蒂迈欧在谈到这个话题的时候，他是不是觉得，生物体、生物这种现象，应该是所有造物里面最完美的？所以在后面我们会看到，他直接说创造的宇宙是生物，我们知道生物身上的任何一个部件都是不可或缺的，但这里面也贯穿了目的论思想。

接下来，在蒂迈欧的讲述中，出于“善”的考虑，创造主把理智放在灵魂里，把灵魂放在肉体里，从而创造了有理智的生灵。就连宇宙也是一个在其中间部位放置了灵魂的球形生命体。

这里我希望大家注意的是，后面我要讲到关于“善”的问题，另一个是“美”的问题。在我看来伽达默尔就两个问题影响西方哲学的发展，“善”的问题，其实就是合规律性，另一个是“美”的问题，其实就是合目的性。后来伽达默尔在阐释的时候也有讲到（在之后我会进行展开）。康德也谈过这个话题，康德说：美是德性的象征。这个话题，我们一会再谈。

蒂迈欧口中的创世过程是这样开始的：创造主在创世时有三样东西必不可少——火，没有火就什么也看不见；土，没有固体，则无从触知；不过，要把两种东西结合起来，不能没有第三者，“最好的结合物乃是能够将它自身与它所结合之物最完全地融为一体的东西，而要达到这个目的，比例极为重要”。

在伽达默尔看来，潜藏在柏拉图思想深处的完美数论（Ideal Zahlenlehre）在创造主创造宇宙时起到基础性的支配作用；不过，近代物理学对《蒂迈欧篇》中这一数论的恣意褒扬则显得有些不合时宜——因为数学也是某种具有神性的东西，这已经成为古典学家们研究柏拉图哲学时所达成的共识。清华大学王晓朝在《柏拉图全集》第三卷译本中指出柏拉图的宇宙构图中，密托思和逻各斯这两种方式是交互出现，彼此缠绕的，但就讨论的内容主要涉及精神的自我运动和理智的自我成全而言，逻各斯的言说方式要稍胜一筹。在《蒂迈欧篇》接下来的论述中，就连灵魂也要按比例从诸元素中创造出来。那么接下来我就要介绍数学了，因为将会涉及一个数学的模型。

从我读的这些二手资料来看，柏拉图在这个地方提出的整个数学模型，到底对近现代的数学和后来的数学发展有多大贡献，这是个问题。其实，提出理性的数学理论，也是个问题，所以我就姑妄言之，大家姑妄听之吧。“因为任意三个数，无论是立方数还是平方数，都有中项，倘使其中项同末项的关系，正如首项同中项的关系一样，或者颠倒过来，其中项同首项的关系，正如末项同中项的关系一样，那么中项轮流成为首项和末项，而首项和末项轮流成为中项，结果必然是三者可以互换位置；既然可以互换位置，那么三者就是相同的。”

为什么要创造完美数论，把世界从无序变成有序，就是这个比例很重要。很多人，包括研究柏拉图的专业人士，也没有解决这个问题。我在翻译过程中对完美数论没有头绪，但是有次在关于康德的会议上，一位研究康德的学者说，你翻译成理想数论是不对的，懂数学的都知道你不能随便谈论的，在德语里面，根据词的翻译是理想、数、论。理想数论是由三个名词构成的。所以康德学者的建议是，翻译成关于理想数的学说或者关于理性数的学问，不要“论”，所以在这里我想请教一下大家，翻译成什么比较好？

蒂迈欧接着讲：“创世把四种元素中的每一种全都用上了……不让任何一种元素有一点儿微粒或能量遗漏在外……第一，要尽可能使这个生物（指宇宙）整体上完善，其部分也完善；第二，它应当是惟一的，因为没有剩下任何东西可以用来创造另一个宇宙，并且它也不会衰老，不受疾病侵袭……如果炎热和寒冷，还有其他一切强大的力量，包围着这些合成的物体，并且从外部向它进攻，结果就会使它们提前分解，加诸于它们的疾病和衰老也会使它们销蚀……创造主把宇宙造成一个整体，完全拥有每个部分，从而使宇宙完善，既不会衰老，也无病痛。他赋予宇宙适当而又自然的形体……他把宇宙造成圆形的，就像出自车床一样圆，从中心到任何方向的边距都相等。这个生物不需要眼睛，它也不需要耳朵，因为在它之外也没有什么东西要看和要听……在它之外也没有环绕的空气要呼吸，它也不需要使用什么器官来接受食物和排泄经过消化的东西。既没有什么东西会从它那里出来，也没有任何东西会进到它里面去，因为没有任何东西是在它之外的。出于神的设计，它被造成这个样子，它自身的排泄物就为它自己提供了食物，它所做的一切或承受的一切都发生在它内部，是它自身的行为。因为造物主明白，自给自足的事物胜过需要其他东西的事物……因此创造主认为没有必要给它安上双手，它也不需要脚或任何行走的器官。”

这个描述也很有趣。希腊人有个假设的前提，宇宙成为唯一旋转的圆球，卓越无比，能够与自己交谈，因此不需要其他的朋友和伙伴。怀着这些意图，他把这个宇宙造成了一个有福的神。“尽管我们刚才谈了物体以后再谈灵魂，但神并非在创造物体之后创造灵魂，因为当他把二者放在一起时，他绝不会允许幼者去管辖长者……他创造的灵魂在起源和优越性上都先于和优于物体，灵魂是统治者和主宰，而物体是它的下属。”这个神就变成宇宙了，就变成造物主了。

蒂迈欧接着讲：神以这样的方式从下述元素中把灵魂创造出来。他使用不可分、不变化的存在和分布在物体中的存在，组合成第三种中介性的存在：他以同样的方式处理相同者和相异者，亦即把每一种不可分的存在与按比例分布在物体中的存在调和在一起。具体的理解来看，上面谈论的是存在问题，这个自足的宇宙，是怎么运动起来的，是靠灵魂。第一次用数的比例创造宇宙的时候，已经用了一次数的意义了，现在创造灵魂的时候，再次用了数的意义。灵魂每一部分都是相同、相异和存在的混合体。

他的划分按下述方式进行：第一次，他从整体中取出一部分（1）；第二次，他取出第一部分的两倍（2）；第三次，他取出的部分是第二部分的二分之三倍、第一部分的三倍（3）；第四次，他取出第二部分的两倍（4）；第五次，他取出第三部分的三倍（9）；第六次，他取出第一部分的八倍（8）；第七次，他取出第一部分的二十七倍（27）。在此之后，他对上述二倍数（即1，2，4，8）和三倍数（即1，3，9，27）这两个系列中的间隔进行填补，从原初混合体中切割一些部分并将其置于这些间隔之中，这样一来每一间隔之间均有两个中项：一个中项是按照同样的比例或分数超过其一个端项同时又被另一个端项所超过的；另一中项则按照同样的整数超过其中一个端项同时又被另一个端项所超过。由于插入了这些中项，就在原来的间隔3:2和4:3和9:8之上又形成了新的间隔，于是他就用9:8的间隔填补所有4:3的间隔。可是每填一次，仍然留下一个分数，这个分数的间隔可以用256:243的比式来表示。这七个数字可以排列为左右两行，以表明下文所说的两个系列：

1（第一次）

2（第二次） 3（第三次）

4（第四次） 9（第五次）

8（第六次） 27（第七次）

左行所列包括“二倍数的系列”；右行所列包括“三倍数的系列”。第一次创世用的是数的知识，第二次用的是几何学的知识。但这里是不是有个暗示，创造灵魂比创造宇宙更为复杂？当然这是我的一个猜测。因为二手资料里面，大家数学都不好，大家也不讨论这个话题。

接着谈论灵魂问题。把整个混合体分裂成为两个长条，拿这两个长条在中点交叠起来，形成一个大“十”字，又将每个长条环成圆圈，在交叠点的对面自相结合，同时与另一长条互相结合。他给这两个圆圈配上运动，使其沿着一条中轴线不停地自转，一个圆圈为外圈，另一个圆圈为内圈。外圈的运动他称之为“相同”的运动，内圈的运动则表示“相异”或“他者”的运动。他使“相同”的运动循着外缘向右运转，而“相异”的运动则循着前者的对角线向左运转。灵魂是由两种存在组合起来的第三种存在，灵魂就有把两者结合起来的相同相异的这种能力。现在这个宇宙已经创造了，灵魂也创造了，创造主按自己的意愿造就灵魂以后，就在灵魂之中构造有形体的宇宙，并把二者放在一起，中心对中心。灵魂从宇宙中心扩散到各处，直抵宇宙的边缘，无处不在，又从宇宙的外缘包裹宇宙，而灵魂自身则不断运转，一个神圣的开端就从这里开始，这种有理性的生命永不休止，永世长存。

“鉴于灵魂乃出于‘相同’‘相异’和‘存在’三者的混合，又经过了按照特定比例进行的分割与联合，处于回归自身的旋转之中，所以它一接触到任何存在的事物，无论是分散成部分的还是完整的，灵魂都会自行启动并贯通整个存在，并且宣示这东西和什么相同，和什么相异，与什么事物相关，以什么样的关系、为了什么、在什么时间，同时作用于这个生成的世界和永恒不变的世界中的每一事物，并且受它们的影响。”创造主要把这个摹本造得更像那原型……鉴于那原型是一个永恒的生物，他也试着尽其所能使宇宙永恒。这种理想的性质是永恒，而要把这种性质圆满地归诸于一个生物是不可能的。因此，他改变主意，制造一个运动着的永恒的影像，于是他在整饬天宇的时候，为那留止于一的永恒造了依数运行的永恒影像，这个影像我们称之为时间。日、夜、月、年在天被造出来之前并不存在，但当他在建构天的时候把它们也给造了出来。时间和天在同一瞬间生成，一起被创造，神这样做为的是，如果它们也有解体的时候，那么它们也会一起分解。天是按照永恒的模型建构的，意在使之尽可能与永恒相似，这个模型是永恒的，所以被创造的天在过去、现在、将来的一切时间中都存在。这就是神在创造时间时的念头和想法。（接下来他创造了太阳、月亮，以及被称作行星的那五颗星辰，用来确定和保持时间方面的数。）

蒂迈欧接着讲：创造主就按照模型开始完成剩余的工作……一种是天上的诸神的族类（星辰）；第二种是飞翔在天上的鸟类；第三种是水族；第四种是在陆地上行走的生物。这个模式，跟基督教的创世学说还是很相近的，很奇怪，后来在第一个开端里面，就应该把所有该创造的都给创造出来，为什么又来一个开端？很奇怪，让人很费解。

那我接着讲了，（人类作为诸神后裔）俄刻阿诺和忒提斯是该亚和乌拉诺斯的子女；俄刻阿诺（大洋神）和忒提斯（海洋女神）生了福耳库斯（海神）、克洛诺斯（农业神）、瑞亚（土地女神），以及和他们同辈的一些神；克洛诺斯和瑞亚生了宙斯、赫拉，以及所有据说是他们的兄弟姐妹的那些神；再从这一辈衍生出其他许多后裔。人的性质有两种，具有如此这般较为优秀性质的人以后就被称作男人……一个人如果在他的寿限内善良地生活，那么死后会回到他原先生活过的星辰上去居住，幸福、惬意地生活在那里。如果他不能做到这一点，那么在他第二次降生时就会变成女人……如果在做女人期间他仍旧怙恶不悛，那么就会在转世时不断地变成与他恶性相近的野兽，他的劳苦和转化不会停止，直到他服从体内相同和相似的旋转运动，摆脱那些由火、水、土、气四种元素合成的混乱而又累赘的东西。

到此为止《蒂迈欧篇》创世论的前半本书已经结束了，《蒂迈欧篇》下半部分的讲述有了一个重大转折。

蒂迈欧这样讲："发布了这些命令以后，创造主就按以往习惯的方式过日子去了，而他的孩子们听了这些吩咐后就照着去办。他们从创造主那里接受了有关可朽生灵的不朽原则，模仿他们自己的创造者的办法，从宇宙中借取一定比例的火、土、水、气——这些元素今后是要归还的——取来之后就把它们结合在一起，不是借助用于他们自身的不可分解的纽带，而是使用许多微小得看不见的钉子，把不朽的灵魂钉在处于不断吸收和排泄状态中的形体上。"

造物主创造了宇宙这个生命体之后，宇宙紧接着来创造其他的存在者，这里面最明显的就是创造人。这个过程就好比流淌在一条大河中的水，既不制服别的东西，也不受别的东西制服，而是一味冲撞流转，结果就使整个生物移动前进。这种运动谈不上合理，也不能说不合理，只是漫无目的地朝着各个方向展开，把六种运动全用上了（再加上自转），既前进又后退，既向右又向左，既向上又向下（六种）。它像潮汐一样涌进排出，提供着营养，与外界的接触在身体内部引发更大的混乱——物体与外界的火、土块、流水相撞，或者被激荡的气流吹刮——这些冲突产生的运动都会经过身体传到灵魂。因此，这一类运动都被称作"感觉"。

这个创世过程就变得更加复杂了，蒂迈欧这样讲造人：诸神首先模仿宇宙的圆球形状，把两种神圣的运动包含在一个圆球形的物体中，亦即我们所说的头，它是人身上最神圣的部分，也是其他一切部分的主宰。考虑到头必须参与各种运动，诸神在组合人的身体时让所有肢体作头的仆从。为了让头部不至于在高低不平的地面上一路翻滚，或在向高处攀援和从低处爬出来时发生困难，所以神把躯干赋予头，作为头的运载工具，躯体有长度，同时又长出可以伸展和弯曲的四肢。神发明了这样一个物体作为运载工具，依靠四肢可以攀援和支撑，到处行走，使我们最圣洁的头高高在上。这就是腿和手的起源。由于这个原因，每个人都有了四肢。到此为止，我们都是在讲理智的运作，但我们还必须讨论通过必然性而生成的事物——因为这个宇宙的生成是必然性与心灵一道工作的结果。心灵是主导性的力量，它通过对必然性的劝说把大部分被造的事物引向至善，使必然性服从理性，并在创世之初以这种方式建构这个宇宙。但若要正确地说明这项工作得以完成的方式，那么还必须把变化的原因也包括在内，解释这种原因的影响。因此我们必须回过头来寻找另一个合适的起点讨论这些问题，就像我们前面的讨论一样。柏拉图作为创造者，只是寥寥几句，但是在伽达默尔这里却有很多的理解（在我讲到伽达默尔的时候，我会进一步介绍）。

为此，我们必须考虑在这个天、宇宙尚未被创造出来之前火、水、气、土的性质，考虑这些东西在原先的状态中会发生什么事，因为迄今为止还没有人解释过它们生成的方式，但我们却已经在谈论火和其他元素，就好像知道它们的性质似的。我们还把它们当作始基和构成整体的字母或元素，而实际上任何聪明人都无法把它们合理地比作音节或最初的复合物。

让我就这样说下去吧。我现在要讲的不是万物的始基或本原，不管我们用什么样的名称来称呼它们，这是因为，如果继续使用我们现在的讨论方式难以阐述我的意见。创造主在创造这个世界的时候，要有火和土，但没有解释怎么用，但现在在这里解释了，这是在第二开端里面谈到的新内容。

那么我接着讲：心灵和真实的意见是两类不同的东西……前者借助教化而植入我们体内，后者则是说服的结果；前者始终有真正的理性相伴，后者则无理性；前者不会被劝说（überreden）所征服，后者则能够被劝说所征服；还有，可以说每个人都分有真实的意见，但心灵只属于诸神和少数人。在宇宙产生之前，就有三种东西，存在、空间、生成。第一次创世的时候没有谈到空间和生成。火、土、水、气都是物体。任何物体都有体积，每一有体积之物必然都被表面所包裹，每一由直线构成的平面则由若干三角形组成，一切直角三角形从根本上来说只有两种，二者都有一个直角和两个锐角（等边直角三角形和不等边直角三角形；其他一切直角三角形都可以用这两种三角形来构成）。现在我们认为最美的三角形乃是同样的两个三角形相合后可以构成一个等边三角形的三角形，而其他形状的三角形都不用谈了……所以，让我们选定两种三角形作为构成火和其他元素的东西：一种是等边三角形，另一种三角形的长边的平方等于其短边平方的三倍。

柏拉图通过蒂迈欧想告诉我们，水、火、土、气的最基本的构成元素是三角形。蒂迈欧这样讲：我们原先想象所有四种元素都是相互生成的，这样的假设是错误的，因为四种元素都由我们所选择的基本三角形中生成，其中有三种元素来自不等边三角形，只有第四种元素由等边三角形构成。因此，它们不会全都相互化解成其他元素，由大量小物体结合成少量大物体，或者相反，由少量大物体分解成大量小物体。首先是最简单、最小的构造，其成分乃是斜边二倍长于较短一边的三角形。当两个这样的三角形沿其斜边相邻接，如此重复三次，诸斜边与短边均以同一个点为中心，那么一个等边三角形就从这六个三角形里产生出来了。如果将四个等边三角形放在一起，并且使其平面角相交于一点，就形成一个立体角，在最钝的平面角之后产生。当四个这样的立体角被造出来时，第一种立体（即四面体或棱锥形，火的分子）就构成了，它将整个表面分成相等和相似的各个部分。第二种立体（即八面体，气的分子）出于同样的三角形，却由八个等边三角形构成，它从四个平面造出一个立体角，而当六个这样的立体角形成时，第二种立体也就完成了。第三种立体（二十面体，水的分子）用 120 个基本三角形相互连接而成，有 12 个立体角，每个立体角都被五个等边三角形的平面所包含，还生有 20 个等边三角形的底面。在西方哲学史上第一次告诉我们，水、火、土、气最基本的构成元素是什么。等边三角形 ABC 以 A，B，C 三个顶点与其对边的中点即 D，E，F 构成之线分割，可以形成六个不等边三角形。每个三角形的斜边为最短边的两倍。同时，∠ FAO=1/3 直角；而∠ FOA=2/3 直角。因此“三个平面角”每一个为 60°，共为 180°，即“最钝的”平面角；而立体角则少一度，即 179°。

蒂迈欧这样讲：让我们把立体指定给土，因为在四种元素中土是最不活动的，又是最富有黏性的，而具有最稳定基础的东西必定要具有这样的性质。我们还把最小的形体指定给火，把最大的形体指定给水，把中等的形体指定给气，水、火、土、气，是由几何图构成的。这是在第二开端里面说的。土与火相遇，并且被锐利的火分解，这种分解无论发生在火白身还是发生在一定量的气或水中，都将继续运动，直至其微粒和谐地聚集，互相结合，重新变为土，因为土决不会变成另一种元素。但水就不一样了，当水被火或气所分解，就可以变成一份火的微粒和两份气的微粒，一个单位体积的气可以分解为两个单位体积的火。还有，当很小的火的形体被包含在很大的气、水、土的形体中，并且双方都在运动时，火就在斗争中被征服和分解，这时两个单位体积的火就会合并成一个单位体积的气，如果气被征服和分解，那么两个半单位体积的气会浓缩成一个单位体积的水。这是几个构成之间的相互作用。

蒂迈欧这样讲前面内容的应用：处于人体周围的较大的水的微粒进入人体，驱逐了较小的微粒，可是由于较大的微粒不能占据较小微粒的位置，所以挤压我们体内的水，我们体内的水原来是不平衡、不宁静的，由于受到挤压而进入静止状态，而静止的原因在于平衡和收缩。但是这种挤压是违反本性的，受到挤压的东西会起来抗争，迫使侵入者离开，颤抖和哆嗦这些名称指的就是这种抗争和震动，而整个感觉和引起这种感觉的原因都叫作冷。我们用硬这个词指称一切使我们的肉体退让的东西；用软这个词指称一切对我们的肉体退让的东西，事物亦因其相对的硬和软而被称作硬的或软的。这是很有趣的。

以上述方式，蒂迈欧阐述了味觉、视觉等等的产生。但蒂迈欧插进了一段类似综述的话：当一切事物处于无序状态时，神创造了每一事物与其自身的关系、一切事物相互之间的关系、事物所能接受的一切尺度与和谐。因为在那个时候，没有任何东西是有比例的，只有少数偶然的例外，也没有任何东西配得上我们现在使用的名称，例如火、水，或其他元素。创造主首先使这些元素有序，然后用这些元素建构这个宇宙。使之成为一个包含所有可朽的与不朽的生物于自身之中的生物。创造主自己创造了神圣事物，但把创造可朽事物的使命交给了他的儿子们。他的儿子们模仿他的做法，从他那里接受了灵魂的不朽本质，以此为中心塑造有生灭的形体，用这种形体来运载灵魂，又在形体内建造了一个具有可朽性质的灵魂，大家在这里可以看见很明显的开端。

二、相关二手资料中对《蒂迈欧篇》的评述

第一个方面：近代科学的数学性特征和实验性特征远溯到《蒂迈欧篇》的“数学设计”理论。但是据伽达默尔的说法，这有些过度阐释了，因为考证发现，那时候的数学是具有神性的东西，神按照数学创造了整个世界，但这个数不是我们现在意义上的数。

第二个方面：在基督教的“创世”理论与《蒂迈欧篇》中创造主的“创世”学说达成某种理论上的关联。大家知道在第一次创世的时候，造物主［柏拉图《蒂迈欧篇》中的（Demiurg）还没有基督教意义上“造物主”的意义，依照王晓朝先生的翻译，应翻译为“创造主”］是按照理念的模型来创造的摹本，在基督教里面，上帝是全知、全能、全善的，按照自己创造出整个世界，这里面是有差别的。这也是过度阐释。

第三个方面：也有学者认为《蒂迈欧篇》中杂糅了《理想国》中的模型论（paradigmatism）与后期作品如《巴门尼德篇》《泰阿泰德篇》《智者篇》和《斐莱布篇》中的“种—属概念论”或“多元范畴论”、“存在”与“生成”的关系类同于“模型论”中模型与摹本的（被模仿与模仿）关系；理念和现实世界的关系。很多柏拉图的学者研究，在柏拉图的理念与现实之间，有另一种关系，即种属关系。概念上的种属关系，一个范畴多元化的表述，理念和对应的对象是平行的，美的理念和善的理念按照模型论来解释是对的，美的理念必须按照种属概念或者多元范畴论，美的理念和美的事物之间，两者是平行的。伽达默尔提出一个观点：“美”作为真理的象征，这个观点也是从柏拉图的阐述里面得出来的。美的理念和美的实在事物之间没有高下之分、层级区分，美的事物实际上就等同于美的理念。说美的事物本身也是说美的理念。也有学者从《蒂迈欧篇》中读出了一种政治学的维度：认为蒂迈欧从宇宙的创生讲到人类的创造，以此阐明了宇宙和人的本性——指出什么是正义的秩序，这种秩序来源于何处，如何使其变成现实。由此《理想国》中灵魂的转向是一条上升之路，而《蒂迈欧篇》则是从一个绝对的起点开始的下降之路（解决的是合乎正义秩序的理想国家的现实性问题）。

学者潘中伟认为："如果说《国家篇》中的教育课程安排是从物质的基本构成到宇宙整体，再到支配物质存在的抽象的东西，乃至于不可见的理念世界，从而是从个别到整体、从知性认识到理性认识的上升过程的话，《蒂迈欧篇》恰好是从理念世界到物质世界、从不可见到可见、从整体到个别的下降过程。当然，上升之路与下降之路是一条路，它们同是理性灵魂主导下的秩序之路。"

三、伽达默尔对《蒂迈欧篇》逐句逐段的阐释

伽达默尔在其全集第六卷［（Hans-Georg Gadamer, Griechische Philo-sophie II, Gesammelte Werke Band 6, J.C.B Mohr（Paul Siebeck）Tübin-gen 1985］《〈蒂迈欧篇〉中的理念与现实》一文中给出了全然不同的理解。伽达默尔认为："《蒂迈欧篇》在柏拉图著作中处于边缘状态。" Altes Wissenschaften 也认为"数学也是一种具有神性的东西"。这不是伽达默尔一个人的看法，而是古代哲学家都这么看。

伽达默尔认为《蒂迈欧篇》应该是柏拉图的"物理学"，《斐莱布篇》则是柏拉图的"实践哲学"，"两篇对话使得理念论直接地服务于对'我们的'世界（说得更求确切些"我们的"生活）的认识"。从这个意义上说，柏拉图在《蒂迈欧篇》中所描述的创世过程表面上是神的所为，实质上却是人对待宇宙的态度。因为，"照蒂迈欧的说法，对人的行为有效的东西对神性行为同样有效"。伽达默尔这样谈的观点是说，《蒂迈欧篇》这个作品很难说它到底是不是一个神话版本，或者说是一个科学版本，或者是哲学版本。

密托思（Mytos，还不能译为"神话"）的话语方式与逻各斯（Logos）的言说方式在《蒂迈欧篇》中是一种相互缠绕的关系，很难泾渭分明地区别开来。不过，我们却可以从《蒂迈欧篇》的行文中发现一个转折——伽达默尔称之为新的开端——转折之前的话语以密托思和逻各斯相互协作的方式为主（其中逻各斯的地位更为突出），转折之后的话语以密托思向逻各斯的退让方式为主。伽达默尔眼中的《蒂迈欧篇》较少具有"宇宙论"的意义，柏拉图的这个文献已经以一种特有的方式跃入到"存在"的地形地貌中去：逻各斯

与密托思起初那种相互协作、相互支撑的关系渐次被“逻各斯话语的胜出”所取代；这一秘而不宣的思想事实恰好正是“存在”问题得以开显的方式。这两个阶段的不同，表明了“存在”问题在希腊人那里出现了差异，达成区分的可能性已经初步显现。这个转折就表现在柏拉图关于“空间”的那些特有的理解中，在这里，对“阿南刻（必然性）”的劝说成了一种特有的现象。

在创造宇宙的大匠师把接下来的创造工作委诸自己的孩子们（诸神，在这里指的是宇宙）之后，创造的进程出现了新情况。此前仅仅依靠逻各斯这种自足的精神力量就可以完成的创造工作遭遇了一个新的对手，那就是阿南刻（必然性）。阿南刻（Ανάγκη），字面意思是“必然性”，是希腊神话中代表“定数、必然”的神祇，众神必须服从定数与必然性。我在翻译《伽达默尔全集》第六卷的过程中，考虑到伽达默尔的论述还保留着对“密托思”言说方式的刻意遵守，没有把该词直译为“必然性”，而是以“阿南刻（必然性）”的形式标出。

伽达默尔在《〈蒂迈欧篇〉中的理念与现实》一文中用来表达“必然性”一词的是 Ananke，而非 Notwendigkeit——前者是希腊神话中代表“定数、必然”的神祇——可谓是别出心裁。他试图告诉我们：在接下来创造人和其他动物的过程中，以必然性来出现的肇造之因作为另一个原因介入到创生活动中，而诸神在这一过程中想要像此前那般仅靠创造主自身的逻各斯就成就一切已是不可能之事。必然性这个原因既无法被克服也无法被消除，所以，从事创造的诸神只能去“劝说”必然性（阿南刻）。

首先是关于人的创造过程。创造主的孩子们依照创造主创造出自己的方式，按照数的比例和“善”的原则创造出人的肉体和灵魂。但是在这个过程中却出现了新的情况，“到此为止……都是在讲理智的运作，但我们还必须讨论通过必然性（阿南刻）而生成的事物——因为这个宇宙的生成是必然性与心灵一道工作的结果……因此我们必须回过头来寻找另一个合适的起点讨论这些问题，就像我们前面的讨论一样”。这个新的开端（起点）把我们的视线一下子拉到了宇宙未被创造出来之际，去逐个考察火、水、气、土四种元素的基本构成和相关特性。很多阐释者把从这个地方开始的文字视为对此前宇宙论的一种增补，但在伽达默尔看来却是一个不容忽视的新的开端（或第二个开端）。在这个新的开端里，伴随着诸元素的本性和先行于诸元素而来的是与必然性的遭遇，“在这个规定一切的理性之外还有那个迥乎不同的缔造者，它作为必然性（ἀνάγκη 阿南刻）早已预告了自身的到临”。

伽达默尔认为：“必然性乃是这样的，没有它则与之相关的东西就不可能成立；而由神性所造成的东西则到处被用来服务于对幸福生活的攫取。”所以，必然性只能被劝说；对于人这种被造物来说，“心灵和真实的意见是两类不同的东西……前者借助教化而植入我们体内，后者则是说服的结果；前者始终有真正的理性相伴，后者则无理性；前者不会被劝说所征服，后者则能够被劝说所征服；还有，可以说每个人都分有真实的意见，但心灵只属于诸神和少数人”。也就是说，在创造人这种特殊的被造物之际，创造宇宙的进程被暂时打断；这主要是由人的特殊性造成的。

柏拉图似乎看到：此前的被造物都有一种主动接受和服从创造主的善良意志之整饬这样的内在机制；而在创造人的时候却出现了新情况——人有心灵和意见两部分，前者自动顺应创造主的意志，后者则只有通过“被劝说”才能纳入到整个宇宙构图中。颇有意思的是，美国学者 J. Wilbur 却认为，心灵并不见得比意见拥有更多的认知资源，它们二者都得通过“被劝说”的方式才能与理性直接关联在一起。

在伽达默尔看来，两次创世指向存在两个区分：第一个指向存在的区分乃是“存在”与“生成（Werden)”的区分。这个区分通常被我们理解为精神性的存在与感性的存在之间的区分，说得更直白一些，这个区分直接表现为单一的原型与多样的摹本之间的区分。“困难仅仅在于，在那里，‘生成’被认为是感官上可知的东西，处于其同一性之中的存在（Sein）则被认为只是在思想中才可以理解的东西；很自然地，‘精神’必不能被当作看得见的东西。”第二个存在的区分体现在：“‘经由理性’与‘经由必然性’的区分样式中，而世界的生成则被认为是二者的混合……在这里，理性劝说必然性去把大多数生成着的东西导向最好的状态，并因此使得必然性明确地从属于理性的劝说。”

人们越来越相信：创造主创造宇宙之际所遵守的原则就是理性本身，而人类正因为其可朽性和局限性则更需要理性的撑持。随着理性化特征的越来越明晰化，或者说随着“存在之神秘”的去神秘化，《蒂迈欧篇》那原本表现为诗性对话方式的言说变得越来越像是在论证一门学科的合法性，蒂迈欧本人也越来越像是一个学说的开创者而非宇宙创生的漫语者。与伽达默尔不同的是，学者宋继杰认为密托思话语与逻各斯话语的区别在于：前者是不可证伪的话语，而后者则是可证伪的话语。

蒂迈欧在第二次创世的时候，更像一个学科的开创者，这是伽达默尔的解释：“在《蒂迈欧篇》中展示出来的存在秩序（Seinsordnung）是一种在先的东西。这是（我的）整个阐释的目的之所在。”人们有必要去瞻望这个存在秩序的理由在于：绝不要高估了理念的超越性，同时放弃了现实的依据和必然性。理性与必然性之间的较量就体现在如何把柏拉图那些诗性对话中的“乌托邦”式的构思更好地服务于我们的世界，把我们的世界朝着“善”的目的和完美的秩序去导引。

在这里与一些二手资料重合。这就是柏拉图的“物理学”想要告诉我们的东西，这里的“物理学”还不是对“物理现象”的解释和研究，也谈不上给这个物理世界的来源提供一个合法的论证——毋宁说，柏拉图的“物理学”还处于密托思和逻各斯互为支撑的话语体系之下，这个话语体系的叙事力量有多宏大，“存在”的事业就有多厚重；这个话语体系的延伸方式有多繁复，“存在”的事情就有多神秘。同时，这个话语体系从密托思和逻各斯的交互关系中突围而出有了多少突然性，我们的思的准备就还有多少的猝不及防；这个话语体系向逻辑化表述方式的蜕变有了多少确定性，我们在思的事情上就还有多少的“尚未去思”。

我们至少可以从伽达默尔的解释中看出一个个案，希腊人如何从神话文本转到哲学文本，转换的过程是什么。

我想补充的是，伽达默尔的两个开端：两个开端中绽露出来的“合规律性”与“合目的性”的较量。第二个开端是否意味着形成意志、贯彻意志这一合目的性思考方式对于因果必然性思维这种合规律性的思考方式的退让？

伽达默尔给出了两种可能的回答：首先，“创造主为了建造宇宙而接纳了阿南刻（必然性）的劳绩，并利用其劳绩，但是在一切生成之物中，‘善的东西’却归因于创造主”，也就是说，必然性（阿南刻）即便是达成了“善的”或“好的”结果，它也不会以这个结果作为目的——因为必然性虽然也有朝向“善”的可能性，但也只是停留在“可能性”的层面而已；设定目的（朝向“幸福生活”）这回事只能发生在创造主那里。在达成“完美的”世界秩序这一大工程中，阿南刻（必然性）只能以被“劝说”的方式去担任自己的职司，它不会自愿地像创造主那般以毫无嫉妒之心，带着良好愿望，把所有造物造得与自己相类。

伽达默尔认为：“这是神话（密托思）言说方式对具有数学性质的理性真理的认可，前者已经在空间结构中揭示了同时代的数学成果。”如果说创造主在创造宇宙时表面上以密托思言说方式（主要是诗性言说）为特征，实质上则以逻各斯言说方式为基础；那么，在这里，密托思言说方式则公开承认了逻各斯言说方式的合法性与合理性。《蒂迈欧篇》可视为希腊神话向希腊哲学转渡的一个个案，这也一再让人联想起《蒂迈欧篇》中的阐述：“瞻望整个存在秩序（Seinsordnung）之际，人们要学会去整顿（ordnen）本己灵魂的运动。”

从柏拉图的《蒂迈欧篇》这里我们学到的是：作为终有一死者的使命乃是去观瞻“存在秩序”并从中撷取安顿自身灵魂的力量，从而也让自身躯体那个没有神性的部分有了朝向“善”的可能性，从而让“理念”与“现实”之间不是鸿沟相隔，而是咫尺为邻。如果没有对“存在”之事的预先观照，如果没有按照“存在秩序”来整顿理念与现实的内在需求，《蒂迈欧篇》就成了一个神话文本或是文学文本，而也正是有了“存在”问题的调校，思想本身的运动才在那即将破晓的希腊知识界划出了一条明显的天际线，让思的事情变得有迹可循。

在伽达默尔的《蒂迈欧篇》阐释中，“存在”的神秘性就在于密托思与逻各斯之关系的交织与相互让渡，所以，他才说我们重读此文的要义在于去“瞻望‘存在’的秩序”，由此，他也才说《蒂迈欧篇》中端呈给我们的“前秩序”就是“存在”的秩序。由此看来，伽达默尔以自己的特有的方式去重释《蒂迈欧篇》绝不只是某种“方法”的演示，而是给我们展示了“真理”的自然绽露，我们的阐释随着“存在”的敞开过程进入到了“存在”的真理中去。反过来，有了“存在”问题的调校，有了“存在之区分”的基本视野，思想本身的运动才能在那即将破晓的希腊知识界划出一条明显的天际线，让我们看清了各种思想的形态学是如何更替的，从而使得思的事情变得有迹可循，并且看清从神学文本如何转向哲学文本。这是我讲座的全部内容。

讨论问答环节

姜宗强老师：师老师给我们作了一个非常精彩的文本的诠释。听完师老师的讲座，我首先想到的是亚里士多德四因说：形式因、质料因、目的因、动力因。亚里士多德那里是一个完成型的哲学文本。关于《蒂迈欧篇》，师老师说得很清楚，就是神谕性文本和哲学性文本的交织。大家可以对师老师提问题，可以对神谕性文本提问题，也可以对哲学性文本提问题。现在欢迎大家提问。

张立恩老师：师老师，你好！我这里请教一个问题。我有些不理解的地方，你这个《蒂迈欧篇》里面的创造主，用了“神”这个词，那么造物主和神之间是一种规划逻辑关系。那么这个需要您解释一下：创造主在创造世界的时候，先是摹本，后是灵魂在运用。那么我在这里想问一下，水、火、土、气是哪里来的，并且和创造主之间是一种什么关系？何者是第一性？

还有一个问题，您刚才说时间是创造原型的影像，后面是永恒。影像对应的是创造者对应的现实世界，现实世界中的某物在时间当中是属于什么部分，与什么相对应？

柏拉图在《蒂迈欧篇》所展示的秩序，他的目的是在于引导世界的发展方向，而《蒂迈欧篇》所展示的是存在与秩序最重要的所代表的逻辑性，那么我想知道按照这种说法的话，感情的秩序应该是怎么样的？

师庭雄老师：首先我来回答你的问题，但是不一定回答得好呀！创造主和基督教里面的上帝是不是有关联，按照后来阐释者所说的，两者之间的联系是紧密的。只是说伽达默尔经过自己的加工发现，提出了另外一种观点，创造主，遵循的还是理念论的模型论，才能造出摹本，在这里等同于一个高超的工匠。但是不同的是，基督教里面的上帝，不需要看这些原型，只要按照自己的心意创造出来就可以了，这里的差异还是很明显的。那么水、火、土、气和创造主之间是一种什么关系？何者是第一性？我现在回答你，在第一个开端里面，文本并没有说明。这个问题确实不好回答，两者之间没有因果关系。在第二次开端里面，也不好回答这个问题。关于时间，需要从模型论里面来理解，但这个并没有多少关联。按照伽达默尔的理解，宇宙的整个前秩序，就是存在的秩序，构成宇宙前秩序，用来从混乱状态到有序状态。那么人的使命是什么？整顿自己的灵魂，符合创造宇宙的过程。情感的话，那里面没有谈到。我想情感在哲学里面是属于理性的。你服从存在的秩序，自然就符合理性的秩序。

李朝东老师：从亚里士多德时代起，已经对学科进行划分，科学划分为逻辑学、理论科学、实践科学等等。其中理论科学里面包括三个，形而上学、数学、物理学。形而上学包括两个部分，宇宙论、本体论。凡是从时间发生学来解释万物怎么来的，就是宇宙论。巴门尼德说这些研究宇宙起源的问题，我们都不考虑了，哲学要研究的是存在。存在从所有的这些问题分离出来，把存在作为研究对象就是本体论。西方哲学有从宇宙论向本体论转化的过程。今天，师庭雄博士解释的是柏拉图的《蒂迈欧篇》实际上讲的是宇宙论。神谕性就是指人借神的口说出对这个世界的看法。西方人有好些术语都来自神话系统里，人以神的方式来表达对世界的看法。在巴门尼德之前哲学存在的方式是宇宙论，在巴门尼德之后是本体论。哲学不再研究宇宙问题，而归于科学去研究。宇宙论不从哲学中的剥离，就不会有科学的独立。而科学，在每个时代的认识，都是有相对性的。

今天对同一个事物，科学是不断发展的。数学、物理学，不是我们今天所理解的，在古希腊都是人文学科，用三角形和比例关系来思考物的构成，在这时候提出原子、分子的构成，其实都是从人文学科角度提出来的。真正的数学、物理学，是由柏拉图的学生亚里士多德提出的。理想数论，我觉得理想观念更好，数就是一个观念，用一个观念性的数来解释宇宙的形成。德语中的科学比英语中的科学范围更大。我们现在知道分离出来的各种科学，在古希腊是交织在一起。柏拉图重要，重要在对西方哲学的影响。这个神指的是西方的神灵。希腊也有神的方面，不是单一的神，而是有很多神。西方文化的每一次变革，都是对古典文化的解释。每一次对西方神话概念解释，都是对西方文化的自我阐释。

师庭雄老师：关于李老师说的这个我补充一下。伽达默尔在这篇文章里面还谈到一个观点，大家认为亚里士多德对柏拉图反动，对《蒂迈欧篇》的解释，在我们看来是宇宙论，但是由于伽达默尔解释成为是物理学，从而把柏拉图的身份进行了一个转换，具有了亚里士多德的特点。因此，伽达默尔得出一个结论，其实亚里士多德就是一个彻底的柏拉图主义者。

李朝东老师：在柏拉图这个地方，谈到的物理学、数学都是融在一起的，到亚里士多德就明确地分开了。柏拉图创造了一个宝藏，亚里士多德就把它弄成分门别类的科学，真正原创性是柏拉图。到了近代，康德是原创性思想家，黑格尔使它系统化。我们不能把柏拉图和亚里士多德看成是对立关系，同样，也不能把康德和黑格尔看成是对立关系。

胡好老师：柏拉图的这些自然科学，到现在来看可能过时了。我想张立恩老师想问的问题，可能是时间和空间在柏拉图的理论中如何能自洽？其实把水、火、土、气都还原到三角形，有一个明显的倾向，把一切都空间化。张老师这个问题，时间本身是没有维度的，空间是有维度的。那么一个没有维度的东西怎么在有维度的东西中体现出来，这是最难回答的！如果按照柏拉图的说法，如果把一切东西都空间化，那么时间也可以空间化。如果按照柏拉图在《蒂迈欧篇》中的解释，时间也是由四种元素构成的（水、火、土、气），而水、火、土、气也是由三角形构成的，所以都是由四种元素构成的，都可以归于三角形。但这个理论现在过时了，而在他的这个理论中是自洽的。

我很赞同伽达默尔对《蒂迈欧篇》的一个定位，《蒂迈欧篇》其实就是柏拉图的物理学。其实物理学是一门不断发展的学科，直到现在也是不断发展的。宇宙的产生，人的创造，都可以解释。那么我的问题是作为当代的研究者，研究《蒂迈欧篇》的意义在哪里？伽达默尔说，其实在第一次创世的时候，创造者用火、土和数学比例，但是伽达默尔又继续说道，在这个基础上还有在先的东西，那就是秩序。在这里我不再清楚，火、土、数学比例，还有在先的东西，为什么一定要有一个在先的秩序在这里，他是怎么论述的？这里我不太懂。

师庭雄老师：刚刚张老师的问题，经过胡好老师的回答，我想起来，把时间问题归为空间问题，胡老师这样解释就更好了。我觉得研究《蒂迈欧篇》的意义在于合目的性和合规律性的区分。合目的性和合规律性是西方发展的两条主线。那么在《蒂迈欧篇》里面，数的模型代表合目的性的过程，几何学代表的是合规律性。

我们也知道，合规律性越来越成为西方哲学的理性主义路线。在前面讲的理想数论，这是神创造世界的时候，意志的外化，从这个角度来讲，这是合目的性。这是合目的性向合规律性的一种退让。我觉得对我们来讲，意义在于合规律性与合目的性。伽达默尔说存在的秩序是它的前结构，这个和伽达默尔的理解有关系。存在这个词，也是巴门尼德所讲的。存在这个东西，无法被思想的。存在的秩序被当作一个前提。在存在的世界里面，划定一种秩序，以此作为他所用来阐述的理论的前设。伽达默尔说存在是一种神秘性，是无法回答的。创造者在创造世界的时候，理想数比例置换成存在的秩序，是不是有这种考虑在里面？当然这是我的一种猜测，但是我们知道这里有一种主导思想，一切都是用存在来支持的。

陈克恭书记：逻各斯和密托思之间能不能找出一个关键词来说明它们之间的关系？

师庭雄老师：它们之间的区别是：逻各斯翻译成秩序、言说等等；密托思翻译成出神的状态，无法用理性的方式去描述这个东西。依据文本，密托思是诗人舞台的语言。

李朝东老师：通常我们是把密托思和哲学对应起来，密托思是神谕文本，哲学是人谕文本。密托思是人以神的角度、以神的眼光来看待世界的；逻各斯第一层含义是言说，第二层含义是秩序，第三层含义是聚集，第四层意思是思想，第五层含义是认识，第六层含义是思想，第七层含义是存在。

胡好老师：在逻各斯和密托思之外，还有另外一个词，努斯。逻辑（逻各斯）主要是言说和规律。在这里我作一个比喻，这就好比逻各斯是一个框子，努斯就是挣脱框子的，我觉得努斯也是重要的。

姜宗强老师：这个问题非常有挑战性，抓住了最根本的文本，这些物理学知识、数学知识都过时了，那么这个文本的价值在哪里？这个文本的价值在他的思维方式上。《蒂迈欧篇》最大的优势就是把神谕性文本和哲学性文本交织在一起。这种文本的特性决定了思考问题的方式，一定是结合在一起的思考，而不是分隔开的思考。密托思这个讨论方式要讨论什么？价值、目的、善。核心在于真的东西一定是善的吗？神谕性文本和哲学性文本结合在一起最大的优势，思维方式上要求我们考虑真的时候，一定要考虑目的和善，这就是交织在一起的真正价值。神谕性文本是没有把宇宙论和本体论分开，而逻各斯却分开了宇宙论和本体论。逻各斯和密托思的关系在价值层面是有多种可能性的。这是我的一个理解。

师庭雄老师：其实我认为还缺少一个东西，那就是美。你看数学比例也好，三角形构图也好，都有一种美。一个是善的秩序，一个是美的秩序，在西方美育是非常重要的，这是合目的性。密托思文本向逻各斯文本过渡的个案，可以当作一个个案来看待。

贺更粹老师：按照《蒂迈欧篇》的文本理解，创造主是善的，创造出美的东西，那么丑恶的东西是从哪里来的？美是善创造的，善是属于价值判断，美是一个价值判断和事实判断的结合。依据文本，创造主创造人类，那么我们人类也分善恶，那么善是由创造主创造的，那么恶是谁创造的？那么恶能不能创造出美来，恶能不能创造出善来？还是恶只能创造出美来？

师庭雄老师：丑恶是从哪里来的？我现在回答你这个问题。事实上，在我介绍《蒂迈欧篇》的时候，创造主在创造的时候盯着这个原型。如果这个原型是善的和美的，那么这个东西就是善的和美的；如果是不善的不美的，那么就是不善和不美的。

贺更粹老师：创造主本身是善的，那么恶怎么创造出来的，善创造出恶吗？

师庭雄老师：按照柏拉图的看法，盯着的这个原型不完美，创造就不完美，恶也是属于不完美的事物之一。

李朝东老师：恶是怎么来的？创造主或上帝也好，这个问题让宗强教授来回答。创造主是善的，从目的论角度来看，一切都是善的，那么恶是怎么来的？

姜宗强老师：这是一个伦理学的问题。在西方神学和哲学中，要解释这个问题，要到形而上学问题中解决，这是被造论的问题。上帝是一个创造者，是一个完满的存在，被造物被造出来是有限的。既然是有限的，那么就是不完善的。所以恶不是道德上的恶，而是相对于上帝的完全来说，被造物是不完全的。被造物不可能等同于创造者，创造者上帝是完善的，被创造者人是不完善的，这是西方神学或神哲学在理解人的一个逻辑先在性的定义，也是对人的"原罪"性质的一个逻辑先在性的定义。理解了这一点，这一层面是哲学形而上层面的界定：上帝是完全的，人是不完全的；上帝在本性上是"圆满"的，人在本性上是"圆缺"的。正是被造物在哲学形而上层面的"圆缺"才有可能导致次一级层面上的伦理层面或法律层面上的恶，或者说法律和伦理层面上的罪和恶。因为不完善的东西容易出错，容易犯错误；先在形而上学层面来抽象地说被造物的不完善，然后才是在法律和伦理层面上容易导致的具体的过失、错误或罪恶。总的来说，从西方文化角度考虑罪恶的问题，包含了这种形而上与形而下两个层面考量，从而也发展出一种对人的过错犯罪的宽恕性理解。人不是神，总会出错，甚至因一念之差而犯罪；因为人是有限的，人的本体性存在是不完善的。

李朝东老师：创造主是善的，用善的原型创造了世界上的善，用不完善的原型创造了世界上的恶，那么善和恶都是由不同的载体创造出来的。宗强的解释是基督教和宗教的解释。贺老师的问题是上帝是善的，创造出来的就是善的，那么世界上为什么有这么多恶？基督教对恶或罪有个定义，创造了我，本来是善的，但我是有限的，却表现出恶，恶不是上帝创造出来的，而是我们人自己创造出来的，是由于我们自己的缺陷，是被造物由于自己自由意志误用的缺陷，自己采取的行为。

贺更粹老师：这个被迫性是后天的吗？

李朝东老师：恶不是上帝创造的，是属于被创造物的。我们的意志是自由的，我可以选择善和恶，我们对自己的行为负责。有些自由选择又和必然性有关。善如果是来自上帝的创造，恶则是来自个人意志自由的缺陷。

贺更粹老师：我认为中国宋明理学家还是比较好的。天地之间有理气，理就是天理，形而上学的，气是形而下的，二者结合起来构成的理，这就解释了为什么有善和恶。人的躯体是由气构成的，人缺乏理就是无思想。气有好有坏，有善和恶。形而上学的理是善的，只不过是由于每个人的气是不同的，所以才会有恶。

姜宗强老师：你说的先天的理和后天的气的不同，两者之间搭配造成的善和恶?

贺更粹老师：这个理是形而上学的，理是本体性的，理和气有先后顺序。理是本原，气在后，但实际上两者是缺一不可的，如果缺一个就不能构成这个世界了。缺乏理就是无思想；缺乏气，你只有思想，没有躯体；这两个必须同时具备。但是在逻辑上来说，谁在先，谁在后?理在先，气在后。

姜宗强老师：非常感谢师老师给我们带来一个精彩的论道，感谢各位提供精彩的提问和发言，就是在不同的声音中，我们在不断推进我们的思考。这些问题是我们可以进一步思考的议题，也欢迎同学们的参与，你们的参与促成了这么热烈的讨论。那么下期“中和论道”，也欢迎大家来，共享智慧。好，谢谢大家！也谢谢洪总一直以来对我们的支持!

第四讲

寻找遗失的智慧

——《尼各马可伦理学》第六卷释义

主持人李朝东老师：今晚的主讲嘉宾是我们哲学系的朱海斌博士。海斌博士主要研究的领域是现象学。现象学是一个比较宽泛的概念，但至少应该包括海德格尔和胡塞尔。他主要的研究领域是海德格尔。今天晚上他的报告题目是《寻找遗失的智慧》，主要是对《尼各马可伦理学》第六卷进行解读。在海斌博士正式开讲之前，我首先做一点儿铺垫。

《尼各马可伦理学》是亚里士多德的一本著作。我以前多次在公众场合讲过，亚里士多德跟我们的孔子是同时代的人。我经常加以比较的是，亚里士多德的著作号称有千卷之多，而我们中国的孔子有奠基性的《论语》，由此也形成了中西两种不同的文化风格。中国人讲微言大义，用最少的话把最大的意思讲出来，西方人则至少从亚里士多德开始进行了细致精微的对事物研究和观察的传统。《尼各马可伦理学》是一本书，书里边包括十卷。古代人不像我们现在写出来一本书，然后交给出版社去校对、印刷。古代人写下来的东西就写下来了，完了以后，也没有出版社，但是留下来的这些书稿，通过他后世的学生或者传人进行校对并编辑整理。比如西方哲学的奠基之作——《形而上学》，大概就是不同时期或者讨论不同主题的一些著作，被后世人编辑在一起，命名为《形而上学》。《尼各马可伦理学》也是这样，它是亚里士多德讨论伦理的一部重要著作，后世编辑出来以后，以他儿子的名字尼各马可来命名。

在此我简单给大家讲一个希腊神话故事。柏拉图的著作都是以对话的形式写成的，他曾经写过一本书，书名叫作《普罗泰戈拉篇》。普罗泰戈拉是一个希腊哲学家。柏拉图的这本书，就像我们前面说的，它也不是写出来就出版了，只是他以对话的形式写出来以后，后来人编辑的时候，就以这里边的主要对话人——普罗泰戈拉——来命名，所以叫作《普罗泰戈拉篇》。

关于加“篇”和不加“篇”的问题，我们在以前论道的时候就讲过，一般的文艺文学理论很喜欢把柏拉图的著作直接翻译过来后把“篇”字去掉，表示它是一个文艺作品，或者文学作品。哲学界就喜欢给其著作加一个“篇”字，也专门指出它是一个哲学作品。那么在《普罗泰戈拉篇》这本著作中，苏格拉底和柏拉图让普罗泰戈拉讲了一个故事，这个故事也是一个很有名的希腊神话故事。说古希腊众神之王宙斯创造了整个人类以后，派普罗米修斯和他弟弟两个人到这个世上来，从神住的山上来到世上，把人类装备起来。他弟弟就自告奋勇给哥哥说："哥哥我来分配，完了以后你来检查。"哥哥说好。结果这个弟弟能力不够，他把善于奔跑、善于隐藏和伪装、善于飞翔等能力装备给了一些动物，但是唯独遗忘的是给人类留下一种能力。结果神指定人和动物一起出世的时刻已经到了，所以当人和动物一块儿来到这个世界上的时候，动物都是带着某种能力，而人是赤裸裸的，什么也没有。那么他怎么能够生活下去？这个时候神就派他的信使赫尔墨斯，给人类送去两样东西，一个是智慧，一个是火。人类实际上到这个世界上是带有某种先天能力的，是神给人类装备的一个外在的东西——火。其实我们说关于火在人类文明起源的过程中起的作用，不是我们今天晚上讨论的话题，我们可以后期再讨论。

但是还有一个就是"智慧"。这两样东西是恰好没有给动物装备的。赫尔墨斯问宙斯，我把这些智慧是平均地分给所有的人，还是分给他们中那些最优秀的人？宙斯告诉他说，把智慧平均分给所有的人。那么这也就是说，人到这个世界上来的时候，虽然一无所有，但是我们分享了或者分有了神给予我们的智慧。当然《普罗泰戈拉篇》里边，表明一切人都是可以教的。我可以教你，你也可以教我，因为我们每个人都分享了神赋予我们的智慧。人到这个世界上来以后，利用火，我们可以和自然和谐相处，或者从自然中生存下来并使自己得以进化。智慧慢慢使人接受了城邦，走向了群体，但问题是有了城邦以后人怎么能够生存下去？这就是包括柏拉图和亚里士多德等希腊哲学家要思考的问题。那么这个时候伦理和道德问题，也就是人和人怎么相处的规则和艺术，就成了这个时代——不管是中国的、西方的，还是印度的，也就是雅斯贝尔斯所说的文明的轴心时代——大思想家共同思考的问题。你看看印度的佛所教导给人们的佛教教育，其实也都是教给人们什么能做，什么不能做的道德训诫和道德命令。我们的孔子就更不用说了，他是我们的道德命令的创始人。亚里士多德和柏拉图这些人，他们也开始思考这些问题。亚里士多德是怎么思考和讨论伦理道德问题？我们待会请海斌博士来分享。

在古希腊之后，古罗马时期大多数哲学家就不再思考希腊人思考的问题，而更多的是偏向伦理和道德。接着就进入中世纪的神学阶段，再进入到了近代时期。近代出现了一个大思想家——康德。康德提出了一整套伦理学学说。一般说来，在西方有两种最主要的伦理学说，一个是义务论，一个是效果论。伦理学研究的基本问题是善恶问题，就像我们说哲学研究的基本问题是思维和存在的关系问题。伦理学研究的是善恶，究竟这个行为是善还是恶？西方有两大看法。一种主要是看动机。比如说，我救人去了，结果不小心把这个人治死了。我从某个地方拿药，但是因为我比较粗心或者方案不佳，本来应该把治病的药拿上，却不料把毒药给你了。我救人的动机是好，只想救人，结果效果不好，致人死亡。评价这种道德行为是善的，因为它看的是动机。还有一个，就是说，不管动机如何，我主要是看效果。不管动机有多善良，但是最后你让这个人死了，那你的这个行为就是恶的。当然还有情感说。后来康德就提出了义务论。康德基本上是看动机，但是在康德之后，西方许多思想家，尤其是伦理学家，也不太满意康德的伦理学说。比如说有些人就试图回到中世纪，还有一些人走得更远，要从古希腊寻找西方人的伦理和道德的思想资源。有些人找到了中世纪的旧约和新约——《圣经》，有些人找到了亚里士多德。西方人的伦理回归无非就是上帝或者是亚里士多德。

海斌老师的专业领域，主要是研究海德格尔哲学。海德格尔在给学生讲课的过程中，曾经专门讨论过《尼各马可伦理学》第六卷。第六卷里边主要讨论的有四个问题——技艺、明智、科学和智慧。实际上，我们发现，技艺、科学、智慧这三个问题都不属于伦理学讨论范畴，而明智大概是伦理学讨论的问题。那么海德格尔为什么要讨论这个问题？实际上他认为《尼各马可伦理学》第六卷与其说是伦理学著作和内容，还不如说它是哲学要讨论的内容，因为第六卷和亚里士多德《形而上学》联系最紧密。怎么把伦理智慧和哲学智慧结合在一起，这就是海德格尔讨论《尼各马可伦理学》第六卷的初衷。而且由于对《尼各马可伦理学》第六卷的讨论，使得海德格尔好多思想得以形成，并奠基了海德格尔的最主要的代表作——《存在与时间》。大家都知道哲学的含义就是爱智慧，智慧是思辨哲学追求的目标，而伦理学就是教人们怎么解决善恶问题，做善恶判断，扬善抑恶。但是海德格尔的解读使得现代人进一步认识到原来伦理学至少在亚里士多德那个地方，伦理学的善恶问题和哲学的智慧问题其实如此紧密地联系在一起。我就在这儿做一些铺垫和引导，下面我们掌声有请海斌博士来给大家做演讲。

主讲人朱海斌老师：非常感谢李老师刚才的介绍，非常好的一个铺垫。我今天要讲的是《尼各马可伦理学》第六卷，我给它起的标题是《寻找遗失的智慧》。遗失的智慧其实是《尼各马可伦理学》第六卷中谈到的实践智慧。为什么是遗失的智慧？其实，实践智慧在我们学界并没有遗失，在 20 世纪我们可以看到大规模地对亚里士多德实践智慧思想的复兴，不管是在哲学还是伦理学，还是在政治学等方面都是如此。之所以讲遗失，指的是今天由于对制度至上理念的极度信赖而导致的在医疗、法律、教育等实践层面对实践智慧的遗忘。

我的讲述从一个例子开始。这个例子的主角是一位医院的清洁工，他的名字叫卢克，每天的工作是为医院的病房打扫卫生。在他打扫卫生的时候发现有一间病房，里面住着一位跟别人打架而被打得很惨的儿子，很久都没有醒来，看护他的是他的父亲。他的父亲有个习惯，就是每天早上会出去抽一会儿烟，这段时间卢克也会去打扫他儿子的病房。这件事看起来没有什么故事，但是突然有一天早上，当卢克刚刚打扫完病房出来，碰到这位从外面归来的父亲。这位父亲见到卢克后马上变得怒不可遏，他质问卢克：“你为什么没有打扫我儿子的房间？”

现在问题就来了，如果你是卢克，你会怎么回应？我们通常会想到几种方式。第一种可能是大多数人会采用的据理力争的方式，就是要告诉他，这里有一个是非曲直的问题。我想，特别是我们哲学系的同学，一定是以真理为目标，一定要讲这里谁对谁错。你可能会对那位父亲说，如果你不信，你可以进去看看，如果有半片垃圾算我输；如果再不信，你可以再看看监控，我到底卫生搞了没有。

当然也有些人认为，现在医患矛盾这么紧张，我要跟他吵起来很麻烦，说不定会闹到院长那里去，所以多一事不如少一事。于是就说，那好吧，我就去把它搞定。

这是个真实的故事，那么他是怎么回应的？他回应得很简单，他说："好，我这就去搞。"

这样一个简单的回应以及他的行为，实际上却包含着一种智慧。这个智慧来自哪里？这个智慧显然和我们讲的对命令、对规则的严格执行是无关的。比如说我们今天可以看到医院的保洁员、清洁工，他们基本上都有他的各种岗位职责。但是按照这些岗位职责，按照规章，完全不能够产生某种智慧性的东西。规章可能造成一种平庸，而很难让我们把事情做得更加出色。规章有两个方面，一个方面就是规则和监管。我们今天被教导的是一种制度至上的理念，任何事情归根结底就是制度问题。我们似乎觉得，只有制度更健全更细致，好像所有的问题才会解决。所以一方面我们用更多的规则，更细致的制度去监管，去控制。另一方面，仅仅有规则也不够，这样会缺乏动力，也需要激励，给他更多的钱，给他更多的报酬，以此让他更好地去工作。

我想这是今天我们非常熟悉的场景，胡萝卜加大棒。在各个行当，各个领域，都是这样。一方面用各种各样的规则去限制，甚至这种规则越来越细致，尽可能把你发挥的空间或者说把你犯错的空间都堵死。另一方面，不仅是管死，还要鼓励一下，搞各种项目、各种计划，这是激励机制。我们不能说制度方面的健全、细化是有问题的，但是它不足以让我们把事情做得更加出色。如果仅仅按照制度，那么卢克应该怎么做？如果他想的是，做事情就是按照章程去做，那么他应该做的，可能会是怎么才能不扣钱。所以这种规则给他带来的就是让他思考怎么会不被扣钱，怎么才能得到奖金，或者说获得更多的薪水。

但是一个清洁工做的工作只是因为这两方面吗？恐怕不是。一个清洁工被要求的工作，应该是合乎他工作本身的一种工作。在卢克简单地回应说"好，我这就去做"的时候，其实这里面就包含着实践智慧。

卢克的行动理由我想有两个最基本的方面。第一个方面，他知道他工作的目的是什么。这个目的，我们更准确地应该把它叫终极目的。卢克的目的是什么？是为了清洁。但是清洁背后还有目的，清洁的目的又是什么？清洁的目的是为了创造一个良好的环境。创造良好环境的目的又是什么？它的目的是为了让病人有一个更好的恢复环境，让他能够健康。所以归根结底，他知道清洁工的目的和医院的目的是一致的，他们都是以健康为中心。所以卢克在这时候知道，在章程上，在这些规则上，他只是做清洁工作。但是他知道他的终极目的其实并不仅仅是清洁，终极目的和医术的目的是一致的，是为了健康。

其次，卢克在这里有一个非常好的感知，他每天在打扫房间的时候，其实他对病人、对家属是有所了解的。因此他知道其实这位父亲当时在说“你为什么没有打扫我儿子房间”的时候，他在真正表达什么。儿子跟别人打架，很不争气，然后又被打得昏迷不醒，生死未卜，所以他又很焦心；也许还有高昂的医疗费用在压迫着他。所以当那位父亲在质问卢克的时候，卢克知道那位父亲所要说的真正意思：我现在好像什么都做不了，唯一能为儿子做的，也许就是把房间保持清洁。所以卢克一方面知道自己的终极目的是什么，另一方面他会感知具体的情境，他知道那句话意味着什么。然后他做了一个抉择，一个行动，说“我现在就去”。可以想象，当那位父亲跟着卢克来到病房以后，他会看到完全是干净的，没有任何垃圾，所以他也会觉得自己是错的。

我刚刚讲的这个例子来自于一本书，叫《遗失的智慧》。我今天演讲的题目也和它有关。这本书的作者是巴里·施瓦茨。他在这本书里面讲了很多例子来说明我们今天在各个层面其实都遗失了本应该有的实践智慧。而这个实践智慧就是来自亚里士多德的《尼各马可伦理学》。

当然巴里·施瓦茨在书里面讲了很多例子，比如说医生和患者之间的关系。今天我们去医院很多时候有一种非常糟糕的体验。比如说你去看病，有的三甲医院是很难排队的，好不容易排到队，等到该你了，然后医生问你怎么了，你说一下情况，然后他马上要你去做检查，检查完以后他一开药就结束了。你跟医生的交流超不过三分钟。总之就是被看成了流水线上的一个产品而已。当然更为麻烦的事情是，如果你是大病，要去做手术。做手术的时候，现在的医生基本上都会告诉你，这个手术面临什么样的风险，它会有哪些问题。然后把所有的自主权交给了你，让你自己选择要不要做手术。你说我是一个学哲学的，我怎么会懂医学，我真的不知道该怎么做。然后你会问他，假如你是我，你会怎么做？他可能会说："不好意思，我们的价值观可能很不一样，所以我没办法替你做选择。"所以他其实就是为了避免责任。本来应该有一种更好的更灵活的需要我们的判断在里面起作用的机制，现在完全被抹除了。

所以我讲遗失的时候，表现在今天各个方面。我们在施瓦茨的这本书里真的会看到，他的这种描述是如此的贴切。在银行，在医院，在学校，特别是在审判中，在法官对案件的判定上更是如此，这就是我们所说的遗失的智慧。而今天我们当然要寻找遗失的智慧，而遗失的智慧就是来自亚里士多德，也就是亚里士多德讲的实践智慧。

前面李老师也讲到《尼各马可伦理学》的来源，今天我们还是很不确定到底为什么叫《尼各马可伦理学》。《尼各马可伦理学》有十卷，我们今天要关注的是第六卷。第六卷有十三章内容，就它的论证结构而言，我们可以把它划分为四个部分。第一个部分是引论，它主要论述了理智的部分，灵魂的部分，这是在一二章处。在三、四章处理的问题是灵魂切中真理的五种能力。第三部分是明智，也就是实践智慧以及属于明智的三种德性，这是十至十二章。最后一部分是对明智无用论的反驳，已经讨论智慧与明智的关系。我下面的讲述也跟这个是合拍的，但并不是完全复述。

在亚里士多德哲学中，我们都知道最基本的区分：形式和质料。在他看来，任何事物都是由形式和质料两方面构成，比如说他自己举的建筑的例子。建筑房子的过程中，砖块本身有它的形式和质料区分。当然亚里士多德是讲万事万物，任何事物都是由形式和质料两方面构成的。可能我们刚刚讲这些名词性的东西，它比较简单，而有一些动态的东西，考虑它的形式和质料就比较复杂了。亚里士多德以形式和质料作为事物构成的最基本原则，所有的事物都可以如此做分析，有生命的事物当然也是如此。对于有生命的事物来说，它的质料无疑就是它的躯体，而它的形式就是灵魂。

有生命的事物大概分为三种，第一种是植物，第二种是动物，第三种是人。虽然它们的形式都是灵魂，但形式其实是不一样的。植物的灵魂只是营养。我们看到它在生长，是因为植物在进行光合作用，是它在进行吸收消化等等。动物的灵魂，它除了营养之外，还有感觉欲望。而人的灵魂除了植物以及动物所具有的感觉欲望之外，它具有的最特殊的就是思想。我们讲人是万物之灵，这个灵就在于他有思想。有思想是因为人的灵魂中有逻各斯。

什么是逻各斯？它有很多复杂的含义，我们这里可以把它简单的理解为理性。我们讲人是万物之灵，这个“灵”灵在哪里？只有人才能思考，能运用自己的理性，而动物当然也有感觉，它们也能看能听，但是它们却没有逻各斯。感觉欲望是非理性的，不是逻各斯的，但存在它是否要听从逻各斯的问题。就是说，欲望要听从理性，还是说欲望不听从理性的问题。当然我们的灵魂中也有营养部分，我们的营养部分当然也是非理性的，也是和逻各斯无关的。但营养根本就无所谓是不是要听从理性的问题。

希腊人谈到一个观念叫作德性，也有人将它翻译成美德。希腊人讲的德性是什么意思？它是指任何事物的功用发挥出色。这跟我们今天汉语中所讲的德性是很不一样的，我们讲的德性就是道德。在目的论和功能论意义上，任何事物都可以拥有自己的德性。比如说一把刀，它也可以有自己的德性。刀的德性就是锋利。如果这把刀吹毛即断，是杨志卖的那把刀，那它就是一把有德性的刀，就是一个真正能够发挥自己功能，充分实现了刀的本性的这样的一把刀。任何事物都有德性，这个德性就是很好地发挥它们的功能。既然任何事物都有德性，人也概莫能外，他的灵魂也同样如此。那么，与灵魂的构成相应的人的德性就包括两方面，也就是理智德性和伦理德性。这是和灵魂的构成相对应的，因为灵魂的构成我们讲有两部分。第一部分是逻各斯的，第二部分就是感觉欲望。和感觉欲望相对的，这就是伦理德性，而与逻各斯相对的，就是理智德性。

我们先讲伦理德性。伦理德性和感觉欲望有关。人的感觉欲望的状态分为三个层面。第一个是感情，包括各种喜怒哀乐等等。第二种是能力，就是感到喜怒哀乐的能力。第三个就是品质，是对待喜怒哀乐的态度和方式。喜怒哀乐我们人人都有，至于感知喜怒哀乐的能力，我想大家也都是有的。但是这些东西如此普通，这些东西完全没有一个好坏的问题。人人都有喜怒哀乐，人人也都能够感到喜怒哀乐，它并没有一个对错之分。有对错之分的就是品质问题。品质就是你怎么对待喜怒哀乐。这有点儿像我们中国哲学讲的，“喜怒哀乐之未发，谓之中；发而皆中节，谓之和”。比如说愤怒，要不要愤怒？你怎么愤怒？愤怒到什么程度上？

在该愤怒的时候你要愤怒，这恰恰就是一种品质，好的品质！人的品质当然存在着三种可能；一种是过，一种是不及，第三种就是中道。我们所说的中庸、中道，就是做到恰到好处，就叫作有德性，这就是伦理德性。也就是说，一件事做得非常得体，这就是伦理德性，这和品质相关，会被称赞。而过与不及，就会受到指责。那么这些伦理德性，它又包括了像温和、勇敢、谦逊、节制、公正、慷慨、友爱等十四种。而这些都是习惯所成，修养所致。

伦理德性是怎么培养的？它是靠教育。我们今天要培养一个人温和、勇敢、谦逊、公正等，更多的就是靠教育。除了教育之外，其他的因素我觉得都是非常微弱的。比如说，我们有时候在校园中也会遇到一些很不舒服的事，去上卫生间发现有人就不冲水，就是他的习惯问题。如果从小没有养成一个好的习惯，没有在公共空间处理事务和对待人的这种习惯，可能会导致他所有的时候都是我行我素。这要靠习惯去养成，靠修养素质。至于让他上多少伦理学课程，好像用处都不大。

伦理德性要合乎中道，或者说合乎中道才会有伦理德性。但问题在于，怎么才叫作合乎中道？比如说，我们举勇敢的例子，什么是勇敢？亚里士多德说，如果过了的话就是鲁莽；如果不及，那就是一种怯懦或者说胆小怕事。但是我怎么判断什么时候就不是鲁莽，什么时候不是胆小，什么时候就是勇敢？比如说，今天在街上我们看到有暴徒在行凶，我们会怎么做？如果我们冲上前就跟他搏斗起来，这可能就是鲁莽。因为说不定他们团伙作案，双拳难敌四手。你可能面临的问题是，不但救不了人，你自己也可能会搭进去。所以这时显然它是一个鲁莽的行为。相反，你看到他行凶的时候你就绕过去，反正跟我没关系，千万别打着我，这就是怯懦或者胆小怕事。

问题是，到底怎么具体判断是不是勇敢，这需要更深层次的理性部分去考虑。实际上，这个就成了理智的问题而不是伦理的问题。所以亚里士多德说，不理智，人不可能在真正意义上有德性。也就是说，就算有某种伦理德性，但如果缺乏理智德性的支持的话，那么就只是表面上看起来具有伦理行为，就只是因为某种偶然的机会导致看起来很勇敢，而不是说真正有一个对勇敢的判断。

理智德性要提供相应的理智判断，让伦理德性知道什么才是中道。不然的话，如果只是学习伦理德性，学了再多遍，老师也是告诉你要学会中庸之道，要不偏不倚！但是说了跟没说没什么区别，因为每个人都知道做事情要恰到好处，要得体，但是什么程度才是得体，一定要靠理智德性去回答。所以亚里士多德说实践智慧就是伦理品德的正确的逻各斯。除了伦理德性，还要加上正确的逻各斯，正确地思考以后，才会有一个伦理德性出来。伦理德性是人的灵魂中感觉欲望部分的善，是和感觉欲望相关的善，而理智德性是我们灵魂中理性的部分，逻各斯的善，它们其实都是狭义上的人们的行为所追求的目的，它们并不是我们最根本的目的。

整个人生的最终目的，亚里士多德认为它就是生活的总体善，也就是今天我们往往会翻译成“幸福”的这个词。这个词今天翻译也有很多争议，因为它确实和我们讲的 happiness 不是一个意思。它有两个层面，一个是过得好，另一个方面是做得好。如果仅仅过得好的话，比如每天发各种朋友圈晒一些胡吃海喝，各种“世界那么大，到处去看看”的照片，当然是过得好。但是这还称不上亚里士多德意义上的“好”，因为你还要做得好，而且是因为做得好才过得好，这才是他讲的幸福。那么真正来说，人的幸福在他看来就是人所能获得的各种善的总汇与和谐，而不仅仅是一种外在物质上的满足。他讲的这种“善”主要有三方面，这三方面的善合起来才是亚里士多德所讲的幸福。第一个就是灵魂的善，就是我们讲的理智德性和伦理德性。这两方面合起来，就是灵魂的善。

除了灵魂的善，还有身体的善，比如说健康、美貌、运动技能，这对我们的幸福来说是很重要的。比如美貌，今天是一个看脸的世界，所以亚里士多德讲的可能很多人会觉得有道理。运动技能和我们身体的健康也是相关的，是更好的一种健康。

外在善包括像财富、友谊、家世、子孙、荣誉、好运等，这些都很重要，但也都是可遇而不可求的。比如财富，未必我们每个人都会有财富。那么友谊？友谊当然也很重要，它对我们整体性来说很重要，但是也并不是说每个人都能得到最好的友谊。还有家世，这个就更具有偶然性了。你是在什么样的一个家庭，它对你追求幸福来说当然很重要。有一个好的子孙，也是很重要的事情。你说大概这个不需要考虑，甚至可以说，我死了以后，我的子孙到底怎么样，现在跟我没关系。但是你想想，你死了以后，你的子孙真的和你就毫无关系了吗？你的子孙如果过得很惨，或者说，你自己死后被千千万万的人唾骂，你会是什么感觉？我们还是希望我们死后会给别人留下一个好的印象，应该是这样，对吧？如果你死后，你的遗体被别人到处当球踢，恐怕你也觉得不是很好，对吧？所以它其实和你死后也是相关的。荣誉当然也是很偶然的事情，所以希腊人尽管很注重对荣誉的追求，但是亚里士多德说，这是一个具有偶然性的事情。比如关于你是一个好老师，还是不是一个好老师的评价，学校可能会给某些老师授予某种荣誉，但是能不能授予你这种荣誉，这是偶然的事情。而你真正做的当然并不是为了追求它。还有像好的运气，我之前在“中和论道”讲过俄狄浦斯，俄狄浦斯的故事讲的就是关于命运的问题。其实整个希腊悲剧所探讨的问题和哲学是一致的：什么是美好生活？什么是幸福？美好生活需要哪些东西？我们哲学家当然以哲学的方式去探讨。但是那些悲剧作家，他们所探讨的也是这些问题，只不过它是以悲剧的方式来进行。所以要获得幸福，要获得美好生活、良善生活，就需要这些善的总汇。而我们今天要讲的理智德性，它和伦理的德性共同构成了灵魂的善。

好，现在我们正式进入到《尼各马可伦理学》第六卷的内容。

第六卷的第一句话是这样的：“前已说到，我们应当选择适度，避免过度与不及。而适度是由逻各斯来确定的。”我们现在就来考察逻各斯的概念。“前面已说到”这句话指的是第六卷之前的第五卷的内容，主要是在探讨伦理德性，伦理德性的标准是什么？中道就是要做到适度，避免过度与不及。所以，在第六卷开头亚里士多德接着说，适度是由逻各斯来确定，由理智、由思考来确定。到底什么是中道，一定要靠思考，而不是说，掌握一个抽象的原则就可以确定是不是中道。所以他一上来就要告诉我们伦理德性与逻各斯的关系是什么，即伦理德性的职责要靠逻各斯为它做一个基础，然后要探讨逻各斯的概念。那么在探讨了逻各斯的概念之后，或者说理智的概念之后，他就区分了两种理智德性。

我今天会用很多原文，我们来看一下。他说："沉思的理智同实践与制作没有关系，它的状态的好坏只在于它所获得的东西是真是假，获得真其实是理智的每个部分的活动。但是实践的理智的活动是获得相应于遵循着逻各斯的欲求的真，选择是实践的始因，选择自欲求和指向某种目的的逻各斯开始。"这一段当然主要讲的就是沉思的理智和实践的理智。沉思的理智是什么？它相当于我们讲的理论理性。实践的理智就是实践理性。理智德性有两种，一种是沉思的，它根本不考虑实际中实践的东西；实践理智就实践德性，它要考虑实践中的真。所以两种理智德性都是思考，一种是思考抽象的数学式的一种东西；另一种思考实践的东西，但是它们都是思考的真。理论有理论的真，它有一个命题的判断思想；然后实践有实践的真，实践的真和欲求有关，和目的有关。所以两种理智德性类似于我们讲的理论理性和实践理性，它们都有各自的真。

然后亚里士多德说："获得真是两个部分的活动，因而他们的品质就是使它能获得真的那种性质。"所以伦理德性的基础是什么，那就是理智的德性。理智德性又分为两块，一块仅仅思考那些抽象的东西，另一块和实践、和我们的感觉欲求相关。当然我们的理智一定是求真的。理智的这种求真，有五种方式，他说："我们假定灵魂求真的方式在数目上是五种，即技艺、科学、明智、智慧和努斯。"我下面就围绕着它们一一展开。当然我并不是按照亚里士多德讲的顺序来进行的。

首先第一个是科学。当然我们也可以翻译成知识、认识。亚里士多德怎么看科学？"科学的品质我们可以作如下表述。我们必须在准确的意义上使用科学这个词，而不理会其派生的意义。我们以科学方式知道的事物不会变化，变化的事物不在处于观察的范围之外，我们无法知道它们是存在还是不存在。所以，科学的对象是由于必然性而存在的。因此，它是永恒的。因为，每种由于必然性而存在的事物都是永恒的。而永恒的事物就既不生成也不毁灭。”

亚里士多德这里讲的科学，类似于在进行学科分类的时候讲的理论学科、理论知识这些内容，包括第一哲学、第二哲学，也包括数学。科学的研究对象就是不变化的，它不会随着时间的变化而变化。比如毕达哥拉斯定理几千年之前到今天都是一致的，它是一种普遍的定理。

“一切科学看来都是可传授的，凡是能被科学认识的东西都是可以学习的。”也就是说，以数学为代表的这些理论学科，它是可传授的。“一切传授都须从一个前在的知识出发，有时要通过归纳，有时要通过演绎，而归纳所得到的东西是开始之点和普遍者，演绎则从普遍出发，普遍是演绎由之出发的始点，它自身则不是来自演绎，而是来自归纳。科学是我们可以凭借它来作证明的那种品质。”所以科学就是证明，相当于我们今天讲的数学证明的体系。这是第一种求真的方式。

第二种是技术，或者叫技艺。“技术所涉及的既不是必然存在或生存的东西，也不是那种其生成是由于自然作用的东西。因为这些东西在自身之内有其存在的根据，所以其对象都是可改变的事物。”什么意思？技术所涉及的“不是必然存在的东西”，数学研究的是必然存在的东西，技术不研究这些。它也不是那种它的存在是由于自然的作用。

什么是自然的作用？比如说，我们讲床是怎么来的？当然是人工打造的，但是树是怎么来的，它是自然而然的，它属于自然，而不是我们的技术把树打造成一棵树。所以一方面它要和科学相区别，它的对象不是那些普遍的东西，另一方面它和自然也相区别，它不是自本自根的，它是一种制造化。所以技术的本质就是制造。“可变化的事物中包括被制作的事物和被实践的事物。……实践不是一种制作，制作也不是一种实践。例如，建筑术是一种技艺，是一种与制作相关的、合乎逻各斯的品质。如果没有与制作相关的品质，就没有技艺；如果没有技艺，也就没有这种品质。所以，技艺和与真实的制作相关的合乎逻各斯的品质是一回事。”建筑当然是一种技术，但是好的建筑一定是合乎逻各斯的，就是说，没有思考，没有逻各斯的介入，就不会建造出一个好的东西来，所以建筑术一定是和制作相关的合乎逻各斯的品质。

“所有的技艺都使某种事物生成。学习一种技艺就是学习使一种可以存在也可以不存在的事物生成的方法。技艺的有效原因在于制作者而不是被制作物。”所有的技艺都使某种事物生产，所以技艺就是一种生产，即制造出某个东西，让某个东西得以存在起来，让它从潜能变到实现。所以亚里士多德的思考模型，除了形式与质料之外，就是潜能到实现。一个事物总是从潜能到实现，从质料获得它的形式。技艺也是这样。比如说，亚里士多德经常说，“赫尔墨斯在木头中”，这是什么意思？赫尔墨斯在木头中的意思是说，工匠看到这块木头，这块木头的形状可以被雕刻成赫尔墨斯的形象，所以在木头中。当然这仅仅是有潜能，而最后只有通过工匠的打造，赫尔墨斯的形象才会出现，这时候就从潜能到了现实。然后他也就是给这堆质料（木头）赋予了它的形式（赫尔墨斯）的外观。当然更为重要的是，亚里士多德认为制作在自身之外尚有别的目的。技艺的本质就是一种制作，而制作和实践不一样，实践的目的在哪里？在自身之中，以自身为目的。相反，制作一定是在自身之外有别的目的。比如说我们制造某个东西，一定不是说为了制造而制造，而一定是为了别的目的而制造。比如说制造电脑。制造电脑的目的并不是说为了制造电脑本身，而是为了提供给别人用，让他用来娱乐或者学习等等，这是制作的一个关键之处。

然后我们来看努斯。我们刚刚讲的这些东西，除了在《尼各马可伦理学》中之外，还有《后分析篇》。在《后分析篇》里面亚里士多德也谈到了努斯，认为它作为一种直观，是对起点的一种直观。我们今天说的“思辨”这个词，其实就是来自努斯。希腊人的努斯，我们把它翻译成一种理智的直观，或者玄思冥想等等，到了最后就变成了一种所谓的思辨。亚里士多德讲，最幸福的生活是玄思冥想。然后这种玄思冥想，后来就是一种思辨的成果，它是不考虑现实的，只是思辨而已。努斯除了思想之外，它一定是直观，是一种直观着的思想，或者叫思想性的直观。

在《尼各马可伦理学》中，亚里士多德说："努斯也从两端来把握终极的事务。因为，把握起点和终极的是努斯而不是逻各斯。在证明中，努斯把握那些起点，在实践事务中，努斯把握终极的、可变的事实和小前提。这些就是构成目的的始点，因为普遍的东西就出于具体。所以，我们必定有对于这些具体事务的感觉，这种感觉也就是努斯。"

逻各斯只是推论，思考，但是起点，比如我们要做任何一个三段论的证明，做一个推论，做一种思考，它需要有某个起点，需要前提，这个前提是从哪里来的？是通过努斯的直观而来。我们后面还会进一步地讲努斯。

然后是智慧。前面我也说了，智慧和实践智慧的区别在于，实践智慧只是就实践中的智慧来讲，而智慧就是它本身。他说："智慧显然是各种科学中的最为完善者。有智慧的人不仅知道从始点推出的结论，而且真切地知晓那些始点。所以，智慧必定是努斯与科学的结合，必定是关于最高等的题材的、居首位的科学。"努斯所带来的起点，是通过直观获得的。直观到了这个前提，它是一个什么样的状况。然后再加上科学。科学就是一个像数学似的严格的一种推论计算，所以起点我们完全知晓，然后推论的正确性就得到了保证。

最后，当然要看的就是实践智慧，也就是明智。明智的特点在哪里？

第一，亚里士多德说："实践智慧所研讨的对象是可改变的事务，具有实践智慧的人就是善于正确考虑的人，谁也不会去考虑那些不可改变的事务或他无能为力去做到的事务。实践的领域是可以改变的。"如果这件事情完全没有办法去改变，这不是实践智慧要考虑的。实践智慧是要改变我们的行动。

第二，实践智慧的本质不同于制作，它以自身为目的。我们讲制作、讲技艺的时候，已经说到，明智不同于科学，因为实践的题材包含着变化，它可改变。而明智也不同于技艺，因为实践与制作在始因上不同。什么意思？实践的目的是以自身为目的，而制作的目的在自身之外，它是为了另一个目的而制作某一个东西。所以明智是一种同善恶相关的、合乎逻各斯的求真的实践品质。

第三，实践智慧考虑的是对人的整体生活有益的事。亚里士多德说，所谓具有实践智慧的人，就是能正确考虑对自身的善或有益的事，但不是就部分意义而言，而是就整个意义而言，是对于整个善良而幸福的生活而言。这一点我觉得是最重要的一点。

比如，康德在他的《道德形而上学奠基》里面，一开始分析到假言命令的时候，他说古代的这种哲学、伦理学，是“精明的伦理学”。什么是精明？就是你知道怎么去做这件事能做得恰如其分，做得刚刚好，这都是聪明。就是说，只考虑通过一个什么样的好的手段，获得一个目的，而这个目的本身他不去考虑。但是亚里士多德明确说，实践智慧当然要考虑目的，而且这种目的是对人的整个生活有意义的事。所以他不是说，仅仅考虑个别的一种有益，而是整体的有益。而在这一点上，康德所批评的那种精明的、聪明的伦理学，其实并不是亚里士多德的这种意义上的伦理学。

这一点后来在海德格尔那里得到了很好的一个发挥。我们怎么理解世界？在理解世界的时候，就如亚里士多德所讲的，它是以一种目的论的方式关联起来的。举个简单例子，比如说你去理发，理发这件事目的是什么？你说是为了有一个好的仪容。亚里士多德要问，好的仪容的目的又是什么？好的仪容的目的是为了获得别人的好感。那你获得好感的目的又是什么？为了谈对象。谈对象的目的是什么？谈对象的目的就是追求爱情。追求爱情的目的是什么？为了幸福。所以幸福是最后的目的，幸福是以自身为目的的目的。所以亚里士多德讲，你的事情一定是和整个世界相关联的，是和整个生活有一定相关的，它不仅仅是考虑做某件事情的正确的手段而已。

第四，实践智慧不只是对普遍事物的知识，而更重要的是对待特殊的知识，并且经验在其中起了重要作用。亚里士多德说：“实践智慧不是只同普遍的东西相关，它也要考虑具体的事实。因为，明智是与实践相关的，而实践就是要处理具体的事情。所以，不知晓普遍的人有时比知晓的人在实践上做得更好。比如，如果一个人知道鸡胸容易消化、有益健康，却不知道何为鸡胸，他就还不如一个只知道鸡肉容易消化、有益健康的人更能帮助别人恢复健康。”

这听起来很奇怪，是吧？已经说如果你知道得更多，那应该是你更加明智才对，更能知道什么对你有好处，但是亚里士多德说不是，刚好相反，恰恰是那些有经验的而不是有科学知识的人，他们会做得很好。为什么？他举个例子，比如说鸡胸肉容易消化有益健康，但是你不知道什么是鸡胸，你对具体的什么是鸡胸肉，你根本不知道，你每天跟我们一样在书斋里面，想想各种很玄妙的事情，你真的很难判断这是不是鸡胸肉？所以我们如果没有经验，只拥有普遍性的科学知识的话，可能在很多事情上是做不好的。所以这也是一个关键。

亚里士多德也讲过，青年人可以在很短时间里面数学学得非常好，他可以成为数学家，因为数学完全是一种抽象的、一种推论式的科学知识。但是真正和实践相关的，它一定和经验相关，一定需要年龄。所以，为什么拥有实践智慧的人，需要年龄，需要经验，需要磨炼？因为他要判断的不是抽象的、一般性的东西，而是具体的东西。

怎么去实现实践智慧？实践智慧怎么成就？亚里士多德谈到了三点。第一个叫善谋。什么是善谋？就是反复考虑。你要做事之前三思，反复考虑。"善谋属于反复考虑。确实，反复考虑就意味着还没有定论，而意见则相反，不多思索却已有了定论。一个在权谋的人，他也可能做得好，也可能做得坏，但他在琢磨，在想计谋。"一个善谋的人，他也可能做得好，也可能做得坏。但是他在琢磨，他在想如何布局，如何去谋划这件事情。我们做任何事，它都需要你的考虑，需要逻各斯在里面。但是实践智慧所说的这种善谋，一定是要保证这种目的的善，如果目的不善的话，你可能很多事情上就变成了一个狡猾的人。因为做任何事情，都需要逻各斯，都需要谋划，但是如果我们谋划错了方向，可能就有问题了。比如说，我们假设有人去抢银行，抢银行需不需要谋划？需要。需要很静心地去布局，需要考虑各种因素。如果你考虑不周全，那可能就失败。比如说你选择的日子，正好是警察集体到银行去领工资的时间，你刚进去可能就被这些带枪的警察包围了。或者，假如你抢完银行，你发现现在是下午五点多，然后一出来就堵在路上了，因为晚高峰。所以这也需要谋划，需要布局，但这不是实践智慧。

实践智慧所说的善谋，一定是和目的的善有关。不同的人对自己的善可以有不同的谋划，坏人认为是正确的谋划，实际上可能为他带来的是恶而不是善。所以你要去抢银行，它很可能给你带来的只是恶而不是善。所以只有以真正的善，而不是自己认为的善为目的的谋划，才是实践智慧。另外，亚里士多德还谈到了两点。第一点是，经由错误的推理来达到的正确，也不是善。就是说，我们推理的时候会有一个错误的推理，但是最后瞎猫碰上死耗子，恰好最后的结论是对的。虽然你的推理是错误的，但是恰好就凑巧得到一个正确的机会，但是他说这不是善的，因为这不是你的好的谋划做到的事情。另外，谋划的快和慢不重要，重要的是要有好的目的、好的方式和适当的时间。所以你想得快一点儿、慢一点儿，无关紧要。重要的是你的目的是什么？你的方式是什么？好的目的，肯定不能是抢银行之类的，好的方式肯定也要考虑到它怎么做的。还有适当的时间，这些都是实践智慧需要考虑的。

善谋其实讲得很笼统，亚里士多德在讲完善谋之后讲到了善解。善解就是善于理解，好的理解。“理解的对象不是永恒存在而不改变的事物，也不是所有生成的事物，而只是那些引起怀疑和考虑的事物。”所以不同于科学的对象，永恒不变，也不是生成的自然的东西，而是引起怀疑和考虑的事物。你要去理解它，前提是它让你觉得困惑。其实这里面最根本的问题，就是要回答一般和特殊的问题。

怎么从一般到特殊，这是哲学中最古老的永恒问题之一。理解就是要做判断，怎么做判断？就是考虑我在当下该怎么做，我怎么以正确的方式做正确的事情。比如说，我如果不知道具体境况的话，我真的没有办法去行动，因为判断一定需要具体的境况，只有掌握了具体的境况，才能够从一般进到特殊，才能够做正确的事情。“善谋”只是告诉我们要善于谋划，善于思考，要有好的目的。你要关注目的、方式、时间等等。“善解”是告诉我们，这是一个应用的问题，这需要我们去进行判断。而只有到了“善谅”（这个善谅当然是我自己的翻译，善谅的意思就是善于体谅），才触着了最根本的问题。

我们把前面说到努斯的时候的那段话重新拿过来，这下我们可以认真看一看这段话在讲什么。“努斯也从两端来把握终极的事务。因为，把握起点和终极的是努斯而不是逻各斯。在证明中，努斯把握那些起点，在实践事务中，努斯把握终极的、可变的事实和小前提。这些就是构成目的的始点，因为普遍的东西就出于具体。所以，我们必定有对于这些具体事务的感觉，这种感觉也就是努斯。由于这个原因，我们认为这些品质是人生来就有的：尽管不是生来就有智慧，一个人却生来就会体谅、理解，也生来就具有努斯。”

在证明中，努斯把握那些起点。你要做一个证明，要做一个三段论，你的前提，是努斯来提供的。在实践事务中，努斯把握终极的、可变的事实和小前提，所以它要把握的是可变的事实，是具体的情况，是终极的、最后的那个东西。也就是说，在推理之中，努斯通过直观给你小前提，这些就是构成目的的始点。因为普遍的东西就出于具体，所以我们必定有对于这些具体事物的感觉，这种感觉也就是努斯提供的。所以“善谅”是什么意思？就是要运用我们的努斯。

我们要理解小前提，要把握终极的最后的可变的事实，也就是推论中的小前提。推论中的小前提是什么意思？这就涉及亚里士多德讲的实践三段论。我们都熟悉他的理论三段论，知道它的格与式。亚里士多德也提出了实践三段论：它的大前提提供一个普遍性的理由，小前提指出一个特定的情况，结论就是行动，该怎么做。尽管三段论的结论必须从两个前提得出，但对实践三段论来说，结论就意味着行动，而能够引起行动的力量则来源于小前提。所以他所说的小前提是什么？就是具体的情况。具体的情况到底怎么判断？我们举个例子。比如说有一天你坐公交车的时候，突然上来了一个父亲，带着两个孩子，然后这位父亲就坐在你旁边，一言不发，那两个孩子就在那里乱吵乱闹乱扔东西，甚至会抢别人的报纸。你觉得这有点儿问题，然后你跟旁边这位父亲说：“你是不是应该需要去管教一下你的孩子？”然后这位父亲对你说：“我们刚刚从医院回来，一个小时之前他们的母亲去世了，我现在真的也不知道该怎么做。”我想这会完全改变你的行动或改变你的看法。

所以，这其实就是一个实践三段论。大前提是说：任何一个人不应该在公共场合，比如在公交车上，做一些非常不礼貌的、不符合我们规范的行动。这大前提基本上大家都公认，所有人都认为公共场合不应该这样。然后关键就是小前提。小前提是什么？如果小前提说，这两个孩子是无理取闹，最后的行动是什么？那就是这位父亲应该去管教自己的孩子。但是如果这个小前提变成了：在一个小时之前，他们的母亲刚刚去世，我们可能就完全会改变看法，你可能觉得这位父亲真的没有必要去管教。所以实践三段论很重要的就是小前提，而这个小前提恰恰就是努斯要确定的东西，是努斯通过感觉所感知到的东西。

如果跟理论三段论做一个比较的话，实践三段论有这样几个特点。第一，它不讲普遍主义，它更讲的是个别的人、个别的事、个别的物的境况和行为，是在一个什么样的具体情况之中做了什么样的事情。第二，大前提一定是关于人的，因为它是和人的行动相关。第三，小前提只有两个，它陈述特定的行为以及陈述特定的事情。第四，中词有两个：连接普遍的人（事）和特定的行为者（事）。这和理论三段论一样，中项至少要周延一次，不周延一次就没法推论了。中项连接普遍的人和特定的行为者，或者连接普遍的事和特定事情，因为这样才能够进行推论。最后，结论是特定的行为者和事之间的关联，并表现为实际的行动，也就是表现为实际的行动应该怎样去做。

所以他讲的善谅，最根本就是要回到努斯的这种感觉上，只有回到这种感觉，我们才能判断如何去做，这种判断才会形成选择。所以最核心的东西就是努斯。

我们可以分析出努斯里面的这样几重含义。一个是感知。你如何正确去感知处境。第二，如何去想象。其实想象也属于我们讲直观的一部分，去想象一个事物，是属于直观的部分。最后是共情。我们要善谅，就要共情。这三点是努斯的根本。

如果我们现在回过头来看，这三点在一开始讲了的关于清洁工卢克的事情中都有体现。我们现在回过头来再分析一下卢克。卢克说："好的，我现在就去打扫。"在这样一个回应之中包含着实践智慧，而这个实践智慧恰恰最核心的问题就和努斯相关。一方面，要学会感知。卢克每天在打扫病房的时候，他在感知，他知道这位父亲遇到了什么情况，儿子是什么情况，他知道他们现在在说什么。然后，他还有想象，想象力是蛮重要的。就是说，我们要有一种叙事的存在，你要知道他的故事，你才能够真正地去理解他。比如说，如果仅仅是看到小孩子在车上无理地打闹、抢别人的报纸，那你肯定很生气，但是如果你进入这个故事，你发现有另一个故事，而在一个悲伤的故事之后，你对他的看法就会改变。最后是共情，共情意味着能够进入情境之中，能够知道他在想什么。卢克具有一种共情能力，他知道那位父亲的气愤，他知道他对儿子的着急，对儿子的不满，对高昂费用的抱怨，以及他现在到底要做什么。所以他能够进入处境，就能够产生共情。有了这些努斯的直观，我们才能有正确的行动。直观之所以如此重要，就是因为它能产生小前提，而只有通过小前提和大前提的结合，我们才能进行实践三段论推理。有了实践三段论推理，我们才能进行选择，进行行动。

亚里士多德最后还提到了一个蛮有意思的问题——明智和聪明。其实前面也讲过明智和聪明，康德会觉得其实亚里士多德他们这些古代哲学家讲的都是一些聪明的东西，但实际上亚里士多德讲的明智和聪明不一样。实践智慧或者明智，作为对一个高尚的善的目的的手段，当然要考虑怎么去达到最后的目的，但它是对高尚的善的手段，而聪明离开了核心，只是作为对任何一个确定的目的的手段。比如说抢银行也需要聪明——我们先不说它的对错与否——但是这个聪明一定离开了目的。如果跟它相反，就变成了狡猾，狡猾就是成为实现恶的目的的聪明。

最后，我来谈一下个人的一点想法。《尼各马可伦理学》第六卷，其实在我看来，最核心的问题就是一般与个别的问题。个别和一般不是仅仅意味着，将一般的规则放置于个别之上，将个别纳入到一般之中，这大概是我们讲的“技艺”的一种方式。这种技艺的方式其实就是符合，个别要符合一般，所有的东西都被一般所统治。我觉得这就像李朝东老师以前讲现代（modern），模式、模板就是一个流水线上的东西，它就是取消个别的特别性。特殊性完全听从一般性，以一般去命令，去统治个别，个别一定要符合一般，这样的后果只能是取消了个体差异。

但是以实践智慧来说，我们在实践过程之中，真的只是把一般的规则应用在个别之上吗？不是，我们更多的可能会想到它是一种真实，是一种对峙。伽达默尔说，他的全部哲学就是实践智慧。所以伽达默尔讲解释学，他讲了半天就是讲实践智慧，就是把亚里士多德的这个东西复活了起来。比如说我们看《真理与方法》，他讲到的共同感、趣味、游戏等等，这些东西它其实都是在处理个别和一般的问题。个别到底怎么能够将自己显现出来，保持自己的这种特性，而不是被纳入到一般的普遍性之中。也就是说，个别和一般的关系，并不是符合，并不是一般要统治个别，个别要适合一般，而是说它们处在一种争执、对峙的关系之中。

可以想想我们在做事的时候是怎么做的。首先不可能把规则完全应用在某件事上，但是它又不是说什么规则都没有，它肯定会有某些模糊的规则，就类似于康德讲的图式。然后，有了这个大致的规则，我们会试着应用一下，这时你发现有时候未必合适，所以它需要你去改进，需要你去选择，需要你去补充。所以伽达默尔认为，比如说音乐和演出，每一次音乐会和每一次演出都不是重复，而是在每一次的演出中，它都是一种新生，它都是有新的东西出来，它都是在创造。我们的法律也是这样，它不是说仅仅把那些法条应用在这个案例之中，其实很难有那种完全严丝合缝的应用，它一定是在争执当中。所以伽达默尔讲精神科学的真理，它的方法和自然科学不一样。自然科学当然很简单，就是科学那一套严格的演绎系统。但是人文科学不一样，人文科学要处理真正的个别。要怎么去处理个别，这是精神科学要思考的。比如说，狄尔泰讲“说明”和“解释”的区分，到了胡塞尔的描述的现象学，通过描述而不是规定，回到直观上去，到了海德格尔更是这样。他们都是在回答这个问题——个别和一般是什么关系？是个别符合一般，还是像伽达默尔和海德格尔讲的，个别和一般处在互相争执之中，在互相的争执游戏之中有新的东西出现？

前面我也提到了海德格尔，那么《存在与时间》和《尼各马可伦理学》有什么关系吗？有一个意大利学者叫作弗朗克·伏尔皮，他说《存在与时间》乃是《尼各马可伦理学》的现代改写版。如果你读懂了《尼各马可伦理学》，那你读《存在与时间》就相当容易了，你知道海德格尔在干什么，他在哪里变换了这些语词，它在哪里又变换了某些问题。海德格尔成为海德格尔，确实是和《尼各马可伦理学》相关的。海德格尔在马尔堡待了十年，而这十年为他赢得声誉的当然不是《存在与时间》，而是对亚里士多德思想的阐释。学生们都听说在马尔堡有一个隐秘年轻的哲学国王，他有一个非常神奇的本领，能让亚里士多德复活。海德格尔之所以成为海德格尔，如果离开《尼各马可伦理学》，如果离开实践智慧，这当然是无法想象的。

当然他和伽达默尔不一样，而我选择的思路也是从伽达默尔又返回到海德格尔，为什么？因为海德格尔在这里讲的不仅仅是精神科学的方法，而是讲存在本身。感觉、记忆、经验、技艺、科学、智慧，如果读过《形而上学》第一卷的人应该知道，亚里士多德在一开始就讲到了知识的这样一个进程，从感觉开始，然后记忆、经验、技艺、科学、智慧。在《尼各马可伦理学》第六卷中，我们前面讲到，亚里士多德谈到了求真的五种方式：科学、技艺、实践智慧、努斯，还有智慧。然后我们可以把这两个序列比较一下，你可以发现这两者中其实最重要的区别在于有没有实践智慧。科学、技艺、智慧到努斯，这其实和《形而上学》第一卷中讲到的知识的进展是一个东西，而只有实践智慧和它不同。

所以亚里士多德肯定实践智慧，他根本上其实是要把实践智慧独立出来。把实践智慧独立出来的，是要把怎么做事和怎么做人区分开来。更重要的，我想是一种存在论上的考虑。也就是说，我们可以看到在亚里士多德的实践智慧的序列里面，最根本的其实就是技艺和实践智慧的区分。

从感觉开始一步一步上升到科学，最后到智慧，这是一个“技艺”的序列。这个序列可能我们中国传统是缺乏的。技艺，它其实代表整个科学的这套产生的系统，而和整个科学产生的系统相对立的就是实践智慧。所以亚里士多德在讲实践智慧的时候，他是要从存在上，从自然存在的秩序上去划分两种不同的东西，一种是技艺，和制造相关；另一种是和实践智慧相关。那么这一点当然也和海德格尔是有关的。海德格尔认为我们对存在的理解今天其实是被技艺控制的，这种技艺其实代表了它背后的从感觉上升到科学，最后到智慧的这套东西，我们今天的存在理解就是这样。技艺的本质就是制造，以制作作为模式。亚里士多德谈论自然，自然也是制作，只不过就是自己造自己。它和人造不一样，但是还是归属于技艺制作这种模式。但是实践智慧就和它不同，它是完全不适合于这套体系的，它不是对个别的一种一般化，而恰恰是要回到个别，再从个别出发，从具体的经历出发，然后关联到一般。

所以，根本上，我想技艺所代表的就是从一般到个别的这种命令式的方式，而实践智慧所代表的就是从个别到一般这种关联式的方式。那么在存在上说，它恰恰就是说告诉我们如何存在。存在的秩序本身，它不仅仅是由技艺所带来的这套系统所确定，它同时要给实践智慧留有地盘。

好，这就是我今天的演讲，谢谢大家！

讨论问答环节

李朝东老师：来喝杯咖啡！我不知道大家有何感受？亚里士多德我应该还是有一定的基础。多年以前我也曾经当过几年伦理学专业的研究生导师，但是今天晚上听海斌的演讲，其实我也很努力去听、去理解，很努力去消化。海斌的演讲，没有激情，但是条理非常清晰。我们现在有一个经典诠释研究中心，也是省上的人文社科基地，我们也有经典诠释学的博士学位点，也招博士研究生。海斌今晚的演讲，给我们展示了一堂非常规范的、非常典范的经典诠释。当然因为时间的原因，或者讲演的特殊性，我们在具体的研究过程中要诠释得比这个更仔细、要更细致一些。那么下面我们就进入到今天论道的第二个环节，大家有什么问题和海斌老师进行交流，可以质疑，可以补充，也可以反驳。庭雄先带个头吧。

师庭雄老师：感谢海斌带给我们这样一场非常精彩的讲座，我对讲座过程中涉及的一个问题向海斌求证。中庸之道跟亚里士多德讲的中道到底有什么区别？就我上学期读的书的观点来说，亚里士多德讲的中道跟我们的中庸之道是不一样的。比如具体来讲，勇敢、怯懦和鲁莽，在这三者中，其实作为中道的勇敢也是一个极端。如果说这种观点成立的话，一切关于中道和中庸之间的关系的讨论，没有任何可比性。另外还有个问题，刚才你讲到科学，说这个里头是以数学作为它的描述的基础。那么在《形而上学》里面，亚里士多德提出实体分三个：神学是研究这样一个实体，自身不动，但却是推动万物的始基。作为科学之代表的，物理学研究的是自身运动，但是自身身上并没有运动之根源的实体，而数学研究的是自身不动也不被推动的实体。所以在这个地方，它是做了这样一种条分缕析的区分的。何以在刚才你讲的地方，他又把这个东西混合在一块儿，混同是为什么？就这两个问题。

朱海斌老师：好，谢谢。第一个问题是中庸之道和中道的问题。中道，比如勇敢本身又有三端，我想这个问题和无穷倒退的问题有关。如果勇敢三分，然后三分之后，每一个再三分，可以无穷下去。我想，亚里士多德讲的中道还不是这个东西，他讲的还不在于无穷倒退的问题，而就是在讲本身恰到好处，本身在两种不同之间的一个合适与合体。至于你说中国哲学的中庸和亚里士多德的中道的争论会不会消解，我不太清楚。因为按照我的理解，好像他们还是蛮相似的。至于能否把它不断进行具体再分，我觉得并不重要，因为其实它本身的原则是不变的。这是第一个问题。

第二个问题关于数学的对象、神学的对象以及物理学的对象。这些对象本身是不同的。我在讲的时候说，科学是以数学为典范，然后我也讲到它是以理论科学作为出发点的，而理论科学就包括了数学，包括了物理学，包括了第一哲学，第一哲学也可能就是神学或者本体论之类的。数学的对象它本身就是不变的，神学的也是这样，至于物理学的对象就稍微有点儿问题，因为物理学它有好多对象。在这里面，我想根本上《尼各马可伦理学》是要肯定，它们作为科学，物理学也好，神学也好，还是数学也好，它本身的过程是一个推论式的东西，它不是一个具体的、一个需要实践的技术。它是作为理论科学本身，是从正确的前提到结论，它遵循这样一个规则。至于这些对象之间可能会稍有差异，但是基本上都是以永恒的不动的对象作为对象。

李朝东老师：刚才海斌老师在演讲的过程中涉及两个外语词，一个叫逻各斯，一个叫努斯。逻各斯的拼写是 Logos，努斯是 Nous，为什么这两个词都是音译？是因为这是古希腊哲学中两个非常重要的哲学概念。但是很遗憾，我们中国哲学或者中国文化中没有相应的概念和词汇来翻译它。以至于到今天，我们在用它的时候，还只能用读音来把这个概念读出来。你比如说mataphysics，我们今天就可以把它翻译成形而上学，管它翻译得对还是不对，我至少先找到一个词，把它硬译过来。那么逻各斯和努斯我们基本上就找不到一个对应的词译过来。我想今天晚上，如果我们相当一部分同学听起来比较困惑的地方，关键就是这两个非常重要的概念。这两个概念我们在脑子里边没有建立起关于它的知识，可能会理解起来有点儿困难。简单地给大家提示一下，逻各斯概念的最初提出者是赫拉克利特，努斯的提出者是阿纳克萨戈拉。邓晓芒写了一本书叫《思辨的张力》，这本书的前半部分就讲到努斯和逻各斯是西方哲学的两大原则，或者是西方人认识这个世界的两大基本原则。刚才海斌老师的报告中给出了一种解释，一种感觉或者直观，但这仅仅是一种，如果说我们读一读别的哲学家，比如说，阿纳克萨戈拉本人就认为努斯就是支配整个宇宙的一种理性法则，它和感知就有关系了。好，我把这两个概念给大家说一下。同学们还有啥问题大家继续讨论。

蒋世强老师：非常受启发，实践智慧三段论，让我联想到一个问题，就是说在当代分析哲学当中，我们喜欢谈一个问题，是规范性的问题。我们经常谈论有几个规范性的判断，跟它的行动之间是一种什么样的关系。比如说社会有一个必然性的关系，那么我这里就联想到你说的实践三段论问题，它后面得出的是一个行动。而那些小前提，实际上我们也需要一个判断，所以这之间是否也存在着一个道德判断跟行动之间的关系？它和分析哲学讨论之间的相似性有多少？

朱海斌老师：你讲的当代分析哲学中关于这个问题的讨论我不是很清楚。亚里士多德思想的一个大规模的、高强度的复兴在各个领域都有，我仅仅讲到了伽达默尔和海德格尔两个人，当然除了他们，更重要的是麦金太尔。美德伦理学是整体性地在向亚里士多德靠拢。再比如说像其他人，后现代的利奥塔他们等等，或者说从《新科学》开始，都是在做这方面的一个扩展。至于他和分析哲学，和你讲的讨论的相似性有多少，我确实不太了解。

学生 1：海斌老师好！刚刚听了很受启发。我是教育学的，不太专业。康德有一句话，就是说他好像要为人类理性划定边界，然后为道德留下空间，类似的这样一句话，具体他怎么说的我记得不是太清楚。

李朝东老师：这句话是："我为知识划定界限是为了给信仰保留地盘"，不是给道德，是给信仰，就是给上帝留地盘。

学生 1：所以说就想结合这一块儿，想追问老师，刚刚你说关于实践理性最后还是要背靠于人类的理论理性，不知道背靠是不是纯粹的理论理性，实践理性与理论理性到底有没有区别？

朱海斌老师：它们的区分当然是很明显的。理论理性只是做一个一般性的思考，就像做数学一样，实践理性与我们的行动有关。它们两个当然还是要统一起来，统一起来还是要回到存在本身上去，回到整个人与世界的这种不可分割的结构上去，然后在这个里面可能理论的和实践的会有一个结合。它们之间其实首先本身是一体的，而不是说我们一上来就把它一刀砍断，就把它分开。所以我的看法是它们本身是一体的，后来被区分，这是一方面。另一方面，如果和我们的存在相关的话，一定是通过我们的存在把它们本身关联起来，就是说既在起点上它们是关联的，又在终点上能够获得一种两者的成全。

郑绍婷老师：我是音乐系毕业的，在这儿来听您的讲座，我的感受是内容艰深难懂。刚才李校长也说到，在听的过程中需要下去自己再学习一些基础的哲学知识，我觉得确实是需要的。所以我问这个问题特别简单，我看到这个题目，我不太理解，这个题目是寻找遗失的智慧，为什么你认为它是遗失的智慧？我们现在社会的这一套伦理学已经不被认可了，还是现在我们没人去研究了？为什么它是遗失的？

李朝东老师：好，真正的挑战来自哲学之外，能把这个问题讲清楚，就看你的解释力了！

朱海斌老师：其实我准备得非常匆忙，我在昨天夜里大概才有了一个比较明确的思路，知道大概要怎么讲，之前思路不是很清晰。我想大概有这么几根线。一根线就是说从一个大家能入手的、愿意接受的东西，就是从卢克的例子开始，卢克的例子就是要告诉我们实践智慧到底怎么用，因为很多人他可能关心的就是实践智慧怎么用的问题。大概卢克的例子可以帮助我们在这个方面获得一些东西。当然我讲的主线就是以第六卷，以它的一个文本，它的论证为主线。我在一开始讲的，今天我们好像除了抱怨制度，真的其他好像都不知道该怎么做，就是抱怨制度不够健全啊怎么样，但实际上除了这些之外，我们还需要知道我们到底该怎么做。因为制度它不可能完全细化，完全细化到每一个角落，产生一个人们没有任何行动自由的空间。一旦有自由的空间，它需要我们用智慧去做。所以我想大概有一部分听众他可以满足于这一方面，就是你听一听到底卢克怎么做的，然后你按照他的做。亚里士多德说，你怎么做有道德的人，你就按照这个有德行的人，看他怎么做，你去学习就好了。所以这是一个层面。我不知道我今天有没有说清楚。

然后更重要的那个，我想可能真的就比较麻烦了。我认为它最根本的问题是超出伦理学的，它是对一般和个别的问题的回答，而这个东西为什么对实践智慧有这么大的影响，就是因为它对根本性问题的回应，而这个回应我通过伽达默尔的《真理与方法》做了一个解释，但是我认为更重要的也许是要回到海德格尔上去，是对整个存在秩序的一种判定，以及对于这种个别性的一种保留，对它权利的一种捍卫。所以这是我今天讲的整个的思路，前面也没有做一个总结。

然后郑老师讲的就是为什么说是遗失的智慧，我一开始说，这个“遗失”，和我们今天的学术界其实关系不大。我们学术界里面，亚里士多德复兴得很厉害，亚里士多德很火。当然可能你在哲学圈外，不了解我们圈子里面亚里士多德很火这个情况。比如在康德之后，作为对绝对命令的反叛，大家在找，有没有一种新的东西？那就找到了亚里士多德的伦理学，用它来对抗康德。康德讲的就是一种绝对主义，说难听一点儿，它就是一根筋。亚里士多德会觉得更重要的是，在思考该怎么做这个事之前，我应该回到更根本的问题——做一个什么样的人。成为什么样的人，有什么样德行的人，这要先于应然规则。就是说，亚里士多德伦理学它会最终告诉你，到底这些规则你怎么用它，而康德的是告诉你什么叫真正实践理性为自身提出来的规则。

之所以说“遗失”，主要是我们平时在学校里钟爱制度至上这个理念，要么把什么东西都卡死，让你没有任何犯错的可能。比如说我们讲课，标准化的教材对不对？标准化的讲述，这可能是一个很多人想要的东西，这样你就不会犯错了是吧？另一方面，除了用这种制度把你管起来，还要给你一点儿奖励，就是给一些项目计划，给你一点儿钱，调动你的积极性。我们今天存在着普遍性的制度至上，用制度去解决一切问题。我们遗忘了，其实在这个制度之上，其实还需要实践智慧。制度不可能把所有事情都搞完。比如说我举的那个例子，一个癌症病人，医生到底要不要告诉他他的病情、他的实情？我们今天看到更多人支持要告诉病人实情，我们之前说不要告诉，是吧？因为你如果告诉他得了癌症，他没几天活了，这会打消他的求生的希望和他的意志力，可能是摧毁性的！所以我们用善意的谎言告诉他，其实就是一些小病。但是，今天可能更多人觉得我们要尊重他的知情权，要告诉他，因为你如果不告诉他他得了癌症的话，很多事情他没办法料理，他不知道怎么料理后事，不知道怎么去让别人照顾自己，遗嘱怎么写，这些也都没办法安排。所以今天更多的都选择是让他有知情权。但是医生到底要不要告诉他？我们今天往往是什么东西流行就做什么，对吧？以前流行不告诉病人实情保护他，那我们就不告诉他；现在流行的就是说反正要有知情权，要尊重患者，以这个尊重患者为名义，就把所有的事情都告诉他。如此，我们自己就完全不会进行判断，不会运用自己的努斯，不会在具体的处境之中应用你的想象力、你的感知、你的这种共同情感去做这件事，所以变成了一种偷懒，反正什么东西越简单越好。所以我讲之所以我们遗失智慧，就是今天的这种制度至上所导致的我们对自身判断任务的取消。

李莉老师：海斌，你好！我也是门外汉。第一次听伦理学的专题讲座，我有点自己的思考，我觉得凡是牵扯到伦理的话，就牵扯到人性。那么人性的善与恶，伦理的坚守，你觉得跟受教育的程度是否有关系？也就是说，我们在现实生活中往往看到一些受过高等教育的人，反而会做出一些违背伦理道德的、丧失底线的甚至是更丑恶的事情。也就是我们现在说的“两面人”，他有很光鲜的很漂亮的一面，但是他又会干出一些让人很嗤之以鼻的事情。反而在生活中，一些非常普通的百姓，也许他没有受过什么好的教育，但是他发自人心的这种善良所做出的那些虽然感觉平凡，但是能够深深打动人心的一些行为，我就觉得这是一个矛盾体。所以我想问你，伦理学到底对人的品性、品行、品格、品质能够起到一个什么样的作用？如果普通大众不学伦理学，他不了解这些哲学知识，你从哲学的角度来怎么样解释这些行为和现象？

朱海斌老师：的确今天我们发现很多有很高的教育背景的人，他恰恰无法在实践中做到一个好的选择和好的行为。当然一方面是因为他可能本身就缺乏这种对理智德性的思考，他本身不具有伦理德行，这就是习惯养成的，他没那个习惯。他可能学历很高，但可能就真的没有教养，没有教过，没有养过，没有很好地严格要求过自己，反正什么事都随大流，没有思考过。习惯的养成，我觉得这是很重要的一个方面。另一个方面就和理智德性本身的特点相关。理智德性一定和自身的经验有关，那些没有经验的、缺乏经验的人，他就是真的不懂得如何去做。因为经验和知识不一样，学历高的人、文化高的人，他只是在非经验的、在科学层面拥有知识，而经验这个层次，它确实需要每天锻炼，需要日常的实践，它才能够得来。所以为什么卢克虽然是个清洁工，但一个清洁工能做出非常得体的判断，他知道怎么去做，这是有智慧的。而恰恰是我们这些很有知识的人，很可能选择据理力争，让这个事情越来越闹大，让这个事情变得越来越麻烦。所以我想对你讲的现象的解释大概就这两方面，一方面他可能缺乏伦理德性的习惯的培养，另一方面就是理智德性本身的培养需要经验，需要思考。也就说，伦理学你学得再多，它根本不能保证你是一个有伦理有道德的人。我们的伦理学干嘛？它只是对这些伦理规则进行一种反思，伦理学家又不是制定伦理规则的，对吧？也不是什么道德楷模，他只是从学理上比普通人更清楚伦理是怎么回事而已。

李朝东老师：李老师这个问题我做一个补充回答。我先举个例子，大概三十多年以前，就是改革开放以前，那时候农村的孩子考上大学，在社会上流传一句话，叫作“一年土，二年洋，三年不认爹和娘”。在没考上大学之前，他和他农村的父母兄弟姊妹相处得很好，情感也很自然很朴实。上了大学以后，二年洋，三年不认爹和娘。但是如果说他大学毕业了，有一份体面的工作，在工作中也很有成就，并且赢得了自己和别人的尊重，那么这个时候他可能会对他的父母兄弟姐妹建立起一种更加真诚的情感关系。那么用这个例子我们来分析人的道德也是一样的。比如说知识程度不太高，或者说是相对比较低的这些人，他们可能有一种真诚的道德品行，用哲学上的一句话来解释，这种道德品行、道德行为是自发的，它是经不起考验。比如说一个文化程度不高的人，受时代的影响，说我捡了一块钱，我把它交给警察叔叔手里边，捡了五块钱，我也交，捡了十块钱我也交，道德行为上还算是比较高尚，但他这种行为是自发的。如果捡了十万块钱，交不交？他就要衡量一下，利益的诱惑太大了。所以说有些有知识的人，或者说知识层次在逐渐提高的人，为什么反倒有时候变得德性或者德行不如那些文化程度比较低的人。因为这个时候他产生了一种自我分裂，自己不认同自己了。那么也就是说，他在亚里士多德的语境中，它在努斯和逻各斯的牵引下还没有达到自为的程度。如果是达到自为的程度，那么这个时候它才能够真正地做出他的道德行为，它是通过选择的，是经过判断的，是有理性支持的。也就是说，文化程度比较低的人，他的道德品行是自发的。很多的时候出自于环境，甚至于家庭的影响，甚至于本能，甚至于这个来自于我们所说的社会遗传，也就是在他生长的环境里边，从小到大社会环境、他人、父母就是这样要求的，所以他看上去比较有道德感，也有道德行为。但是一旦他的知识等等发生变化，他面对的是一个更加复杂的世界，各种利益和诱惑，使得他的道德发生扭曲和变异，道德行为发生扭曲和变异。就是因为第一个阶段没有一种明确的理性判断来支撑他的道德品行。

第二个阶段，到了有一定的知识的时候，这种知识还不足以作出明智的判断，就是今天晚上海斌所讲的明智，或者叫作实践理性，还没达到实践理性。海斌今晚给我们讲的实践理性就是我前面提到的那两个核心概念——逻各斯和努斯，他还没达到这个情况。用黑格尔的话来说，小时候的朴素道德只是一种三段式——肯定、否定、否定之否定——的第一个肯定阶段。有了一定知识以后，他的道德还没有达到自为，只不过是对自己朴素的直接性的一种否定。然后到第三个否定之否定阶段，就是新的肯定阶段才是真正的在理性和判断的支持下，或者在实践理性的支持下所作出的道德行为选择。那么李莉教授提的问题，只涉及了前两个阶段，但是亚里士多德的实践理性告诉我们人的理性道德行为还要向明智层次去提升，这就是道德行为的第三个阶段。

周红老师：刚才海斌提到的两个概念，一个是伦理德性，一个是理智德性。其实亚里士多德在这部著作里面，他把德性本来就划分为这两个部分。伦理德性实际上就是相应于非理性灵魂部分当中的欲望和情感的充分体现。然后理智德性是理性灵魂当中的体现，理性灵魂又包括实践理性和理论理性，那么实践理性指的实际上就是实践理性部分的德性，就叫作他今天讲的实践智慧，然后理论理性部分的德性就叫作理论智慧。然后海斌前面一开始就讲到了，他今天讲的寻找遗失的智慧，特别指的是实践智慧。我估计今天晚上可能同学们听完之后还是不太明白实践智慧究竟讲的是什么，其实简单说，实践智慧应该说它就是在伦理的行为和实践上能够作出正确判断，并采取正确行为的一种理智状态。也可以说，拥有实践智慧的人主要有两个特点，一个就是聪明，这种聪明又是用在好的目标或者说好的目的上，或者说拥有实践智慧的人，他既是聪明的又是能够把这个聪明用在好的目的上。那么就拿刚才海斌在开始讲的青年卢克的故事来讲，我觉得卢克其实他身上可能应该说就体现了这种实践智慧，好比说儿子的父亲抱怨他为什么没有搞卫生，他不是说发火而是去做，去做实际上是一种非常聪明的选择。那么这个说明你的选择还是一个最好的目标，那就是我不想丢掉这份工作，我其实还是想要保住这份工作，对吧？所以把这两者加起来，我们是不是可以理解成清洁工他还是拥有实践智慧。总之，拥有实践智慧的人应该说他不会做坏的事情，然后说明他一定是用在好的目标或者说好的目的上。但是实践智慧它实际上涉及的是关于人类事务的理论智慧，因为是涉及人类事务，而亚里士多德的《尼各马可伦理学》这部著作本身它探讨的是关于人类的幸福，对吧？那么既然拥有实践智慧的人能够不做坏事，这是不是也是亚里士多德这部著作里面，他想要追求的一个目标？我们怎么样获得并且拥有实践智慧，这样我们可能就不去做一些坏的事情，然后就可能让我们的生活可以获得幸福。所以我们需要思考和探讨这个问题，其实就是说怎么样让我们每一个人都能拥有实践智慧？可能有的人理论智慧比较强的，他善于抽象或者思辨的思考，但也有可能他实践智慧相对比较弱，或者说在处理人际关系上可能都比较差，是吧？他总是容易把事情搞糟，可能就是说他欠缺的是这样一种实践智慧。其实这个概念真的是挺深奥的一个概念，但是我理解它其实主要把握两点，一个就是说有实践智慧的人一定是一个聪明的人，然后这种聪明不是耍小聪明，一定是用在正确的好的目标上。把握这两点，应该就是领悟了实践智慧概念的深度内涵，我觉得是这样。

朱海斌老师：周老师总结得非常好，就是里面我稍有一点不太同意，亚里士多德讲的目标其实根本上是一种终极目标，它一定是和整体的人的生活和他的幸福是相关联的。包括前面讲卢克的例子，卢克并不是因为害怕丢了这份工作，害怕被扣奖金、害怕麻烦，出于这些原因而告诉他——“好，我现在去做”，而是因为他知道他的工作本身的终极目的就是工作的美德。工作的德性是什么？这份清洁的工作是和医疗的目的、医术健康的目的是统一的，所以他考虑到自己所有的目的就是为了让病人更好地恢复健康，所以它和整个目的系统要关联起来。在这一点上，他对康德的批评也是免疫的。

周红老师：但是终极目标我觉得也是通过具体的生活的实践，它不可能说就是一个抽象物，对吧？你像亚里士多德他想的这个系统，你看首先是心灵和体验的活动，然后是包括内在和外在，而且还要持续完成一生，但这一生肯定是一个阶段一个阶段的完成的，对吧？所以终极目标肯定不是一个抽象的概念，它肯定是有阶段性的。所以我觉得这个关键是怎么拥有实践智慧，一个人有了实践智慧之后，他怎么去做出自己的判断，这可能让他少走些弯路。

李朝东老师：可能还有同学举手要提问发言，最后给我一点儿时间做一个简单的小结。朱海斌老师一开始讲到任何事物都是由质料和形式构成的，那么最后他讲第六卷要处理的核心问题是一般和个别，我们大概可以把形式和质料的关系归结于他最后的一般和个别的关系。亚里士多德说我们不仅要关心纯形式问题，我们还要追问质料，还要追问个别。这就是他们两个在一般和个别问题上的差异。我们说亚里士多德那个时候不像我们今天有学科分类，我们通常都说，亚里士多德是一个百科全书式的人物，什么都懂，他研究过很多。20 岁到柏拉图学院，学了 17 年，37 岁柏拉图去世以后，他离开的时候，我们大家都知道他到马其顿去做国王亚历山大的教师。其实他在做教师之前，在死海这个地方住过三四年，专门研究过海洋植物和海洋动物。所以这个人是古希腊掌握具体科学知识的人，又是哲学的奠基人，又是逻辑学的创始人。现在西方学问的训练，你首先就要从亚里士多德开始。亚里士多德的书不读，或者没读好，没读懂，我们做后边的西方哲学基本上就没办法做下去。所以在亚里士多德这个地方不存在，比如说我们今天命名为《尼各马可伦理学》是不是哲学的问题。因为那个时候就没有什么哲学、伦理学或者其他的划分，在亚里士多德那地方最多只有这几个名称。比如说像科学，

“科学”这个词，希腊语的科学更像德语，而不像英语。德语中的科学读作 wissenschaft，英语中的科学读作了 science，但是英语中的 science 它的含义要比德语中的 wissenschaft 要小得多，德语中的科学几乎等于哲学。亚里士多德在这个意义上，如果把他的这些所有的学术做一个分类的话，理论科学就相当于理论哲学，实践科学也就相当于实践哲学，创制科学就相当于创制哲学。因为那时候没有学科的划分，到了古罗马的时候，学者们把人类的知识体系分作三个部分：逻辑学、伦理学和哲学。这三个部分是并列的，由此可见，至少在古罗马的时候，一些学者们并不认为伦理学就属于哲学。在西方人那里，是谁把伦理学和哲学放在一起而共同归属于哲学范畴的？严格说，应该是康德。

康德写了三大批判，《纯粹理性批判》《实践理性批判》《判断力批判》。我们通常认为《纯粹理性批判》讲我们如何获得知识，并进一步获得真知识，所谓真知识就是获得真理性的知识。《实践理性判断》是讲我们如何获得伦理上的善。《判断力批判》是讲我们如何能够运用审美鉴赏能力。所以这三大批判合在一起，康德就建立了一个真善美的理论体系。既然是一个真善美的理论体系，我们又把它统称为康德哲学，所以美学和伦理学自然也就和它合在一起统称为哲学。“美”我们先放在一边不说，就亚里士多德和康德作一个比较，显然他们都提出来了理论理性和实践理性问题。如果说在康德这个地方，理论理性是由纯粹理性来完成的，实践理性是由实践理性批判来完成的，那么在亚里士多德《尼各马可伦理学》里边，只是在这一本书里边，把人的理性区分为实践理性和理智理性，或者实践智慧和理智智慧。那么它们二者之间是什么关系？

刚才有一个同学向海斌提这个问题，我个人认为海斌解释得很好，但是我觉得还有做点儿补充的必要。实践理性和纯粹理性之间的关系在于，它们两个是两种不同的判断式，纯粹理性的判断式是“是不是”，就是我要对一个事物获得真知识。比如说我经常举的一个例子，李莉老师现在我要对她做两个判断。我说李莉老师她不应该受苦，那么不应该受苦，或者她应该受苦，这就是在做价值判断。价值判断的判断式是该与不该。但是在做该不该判断之前，首先要做一个事实判断。就是说在做这个善良的女人不应该受苦这个判断之前，要先做一个事实判断，这个善良的女人在受苦。你首先要对一个事实作出陈述，然后再对这个事实做出价值判断。这就是为什么康德要先写《纯粹理性批判》，然后才能去写《实践理性批判》，实践理性批判的“该不该”必须建立在纯粹理性批判所建立起来的“是不是”的基础上。在亚里士多德那个地方，在他奠定西方文化的源头的时候，就已经做出来了理论理性做事实判断和实践理性做该不该判断、做价值判断的这么两个区分。并且在第六章里边，他为什么把明智要引到形而上学那个地方去，因为形而上学就是属于纯粹理性，属于理论理性，它就是用来教给我们人类或者个体怎么做出事实判断。在这个事实判断的基础上，就要诉诸努斯和逻各斯。那么在这样一个努斯和逻各斯的基础上，我们做出事实判断以后，然后我们再对它做该不该的判断。西方后来的从亚里士多德到康德，哲学和伦理学二者之间的关系基本上就是这样发展下来的。

但是相比较而言，我们中国的孔子写了一本《论语》，如果相当于康德的《实践理性批判》，他教给我们人怎么做价值判断，比如说非礼勿视，不符合礼的你就不要看，非礼勿言，不符合礼的你就别说，非礼勿听，不符合礼仪规定的你就别听。但是我为什么不能听？他并没有一个纯粹理性的论证。那么我们做价值判断的时候，价值判断的根据来自于何处？这就很重要了，在做价值判断之前，我们有没有承认事实的能力？我觉得这一直是我们需要解决的问题。海斌说，上级的命令可能来自于普遍性、一般、本质，因为他们认为代表的是本质。但是作为个别，作为你和我的个人的主体性在什么地方？所以说到这里，我们就可以比较一下，为什么对康德人们不满意，因为康德认为从动机论的角度出发，人的一切道德行为都必须遵从于道德命令。人们为什么愿意返回到亚里士多德去，因为亚里士多德说应该从我们的个人的生活、个性、气质和我们的做事的经验中，来做出对某种行为的选择和判断，它充分尊重个别性。我们都来听这场报告，但是海斌的一些观点，我们未必都能够理解得很清楚。他为什么最后把这个问题归结为一般和个别？一般如果是代表普遍、代表本质，那么个别代表的就是，个人怎么在理性和普遍绝对本质的笼罩下来争得判断和选择的权利。

我也对海斌的问题做一点回应，我并不是非常认同回到亚里士多德，因为大家都知道，在现在西方社会有一个概念：后现代主义。后现代主义就是要以解构主义的利器挖掘普遍性绝对性的基础。当我们更多地给个人在道德方面给出更多的选择的权利的时候，那么我们究竟能不能够达到亚里士多德所说的那种努斯，设定我们判断的起点。三段论中那个判断的起点，不是我们每个人都能做到。因此我们用逻各斯的整个推论过程是不是就符合必然性？像周红老师讲到的，我们能不能够每个个人能够把握到绝对和极端的目的？终极目的是不是就绝对是善？如果这些都做不到，我们又给每个个人太多的在道德上的选择权的话，那么就变成了时有时无的道德。所以后现代主义的道德再回到亚里士多德的同时，我们又回不到亚里士多德那种完整的思想和理论体系。因此，后现代主义的道德基本上也同样陷入了困境。因为没有一个绝对的标准作为我们道德的依据。所以我对回到亚里士多德是持保留态度的。

最后一点，刚才海斌有一段回应，我觉得讲得特别好，就是说事实上我们每个人道德行为，一般地说来都是一种道德命令。比如说用孟子的一句话，“孺子将入于井”，一个几个月的小孩在地上爬，快爬到井边了，将要掉到井里边去。小孩将要掉到井里边去，那么你救人不救人，儒家伦理告诉我们应该救。但是孟子说是应该救，但并非取决于这三点：第一，非所以内交于孺子之父母也；第二，非所以要誉于乡党朋友也；第三，非恶其声而然也。就是说救人不能是为了在乡党中在同事朋友们中获得一个好名声，也不能是因为向被救的家长获取某种报酬，你如果带有这些目的的话，你这个人的行为都不属于伦理道德行为。那么我救人是因为什么？是因为发自于人的恻隐之心，当我看到那个小孩要掉到井里边的话，我就会产生一种撕心裂肺的痛。为了防止这种我个人撕心裂肺的痛的发生，我才去救这个小孩，不让他掉到井里边。孟子说这才是道德行为。

西方的道德思想发展，有一个非常重要的阶段，就是中世纪。在古希腊神话传说中，宙斯让赫尔墨斯把火和智慧带给人以后，人结成了社团，结成了社会，结成了城邦。但是，在城邦里边就有利益纷争，为了不至于在利益纷争中使城邦和个人都陷于毁灭，宙斯同时把智慧也带给人，就是为了解决这些人和人相处的问题，使我们过一种美好的生活。那么这种智慧亚里士多德就把它区分为理论智慧和实践智慧。其中实践智慧主要就是解决我们人和人相处的规则和艺术，我们也可以称之为伦理学。但他调整好了没有？也不见得调整好了。中世纪的时候，一切人的道德行为都来自于神的命令，哪个行为是善的，哪个行为是恶的，完全取决于圣经中上帝是否允许！凡是上帝期许的都是善的行为，凡是上帝禁止的都是恶的行为。

那么到了文艺复兴以后，虽然神被打倒了，但是西方人并没有完全脱离他的道德生活，道德的命令、道德标准来自于上帝，来自于《圣经》，因为他们还是去教堂的，只不过已经开始弱化了。这个时候伦理学家们就开始对各种各样的道德规则做一些理论上的阐述。但是这些理论上的阐述，它只不过是一个道德命令的一种理论解释，以便给我们在道德命令下做出某种伦理选择的时候，让我们从明智的角度，知道做什么选择是善的，做什么选择是不善的，所以一切伦理学说都不构成道德命令，而只是构成对道德命令的解释、论证和说明。这两者的区别需分清楚。西方的道德命令，源头来自于上帝，来自于《圣经》；我们中国文化中孔子、孟子这些儒家们给我们留下来的基本上都是一些道德著作，这些道德著作，原则上充当了道德命令的角色。中西文化的不同，仍然是一个值得比较研究的有意义的问题。

以上纯粹是个人的一点思考，说得不对的地方，也请大家批评。好了，我们今天晚上的论道就到这里，最后我们再次感谢海斌博士。好，我们两周以后再会。谢谢大家！

第五讲

芝诺悖论及其效应

主持人李朝东老师：今晚的主讲嘉宾是我们哲学学院的胡好教授。胡好教授主要研究的领域是康德哲学。今天晚上他的报告题目是《芝诺悖论及其效应》，主要是对古希腊的芝诺悖论进行解读。在胡好教授正式开讲之前，我首先做一点儿铺垫。

关于芝诺的生平，缺少可靠的文字记载。柏拉图在他的对话《巴门尼德篇》中，记叙了芝诺和巴门尼德于公元前5世纪中叶去雅典的一次访问。那时巴门尼德年事已高，大概65岁，头发很白，但仪表堂堂。那时芝诺大概40岁，身材魁梧而美观，已是巴门尼德的爱徒。芝诺的著作久已失传，他的主要思想保留在今天流传下来的一系列关于运动的不可分性的哲学悖论中。这些悖论由于被记录在亚里士多德的《物理学》一书中而为后人所知。他的悖论在亚里士多德的《物理学》里被概括为以下四个：二分法、阿喀琉斯、飞矢不动、运动场。这些悖论中最著名的则是："阿喀琉斯跑不过乌龟。"芝诺之所以提出这些悖论，实际上是为了支持他的老师巴门尼德关于"存在"不动的学说。但是不像他的老师那样企图从正面去证明存在是"一"不是"多"，是"静"不是"动"，他常常用归谬法从反面去证明："如果事物是多数的，将要比是'一'的假设得出更可笑的结果。"

有意思的是，据说久居木桶的隐士哲学家第欧根尼听到芝诺的命题后，一反常态，走出木桶，一言不发地走来走去——他是在用运动的事实反驳芝诺的论断。他的学生悟出老师的寓意，不禁手舞足蹈，觉得老师太智慧了，站起来轻轻地一走，就把巴门尼德的存在是不动的观点否定了，驳斥了。但是第欧根尼马上批评他的学生说，巴门尼德及他的学生芝诺关于存在是唯一的和存在是不动的，是用逻辑来论证，所以就不能通过感性的"一走"来驳斥它，你要驳斥它也必须要用逻辑。人家的"存在"是唯一、存在不动是用逻辑来论证的，你要驳斥它，必须要用逻辑来论证存在不是一而是多，存在不是静止的，而是运动的。

芝诺关于存在是不动的论证，有一个非常有意思的特点，这也是希腊人的特点。我们知道他们在很早的时候，就已经有一个后来被亚里士多德概括为"同一律"的一个思维规律，或者不矛盾律。简单地说，就是不承认矛盾。

比如说芝诺就是通过提出四个命题，通过这四个命题的讨论，最后导致的矛盾，矛盾是不真实的，所以存在是不动的。四个被动的内容的具体讨论，胡好博士待会儿给我们会具体地涉及。那么更主要的是芝诺的这四个悖论，以及它论证存在是唯一的和存在是不动的这种思维方式，对西方后来的哲学，尤其是科学发展产生了非常重要的影响。下面我们有请胡好博士来分享他关于芝诺悖论以及对后世影响的看法。

主讲人胡好老师：尊敬的李老师、洪总、各位老师、各位同学，大家晚上好！我今天讲座的题目是《芝诺悖论及其效应》，可能重点在于“效应”两个字，芝诺悖论当然会讲到，但是这不是主要的。我们从一个问题来切入——物体是运动的吗？对于这个问题，我想大家应该有一个明确的回答：这还用说！当然是运动了，对不对？宇宙银河，日月星辰，山川大地，哪一个不动？在座的各位摸摸自己的脉搏，摸自己的心跳，哪一个不动，对不对？然后比如胡好，胡好的手在挥舞，嘴巴在张开、闭合，他说出来的声音通过空气的介质传到你耳朵里，都在动。

所以我们大部分人都会觉得物体运动是一个不可否认的事实，而我们今天接下来的一个任务，或者一个目的，就是来跟大家介绍一下关于看待物体运动的不同角度。也就是说，可能你们听完讲座以后，对于物体是否运动这个问题可能没有那么确信，可能觉得没有那么不容置疑，它可能是个幻象。OK，这是我们今天的一个任务。

接下来我的讲座分为五个部分，先把提纲给大家列出来。第一个部分“芝诺悖论”，第二个部分“四维主义”，第三个部分“全局怀疑论”，第四个部分“外部关系怀疑论”，第五个部分“观察渗透理论”，大概分五个部分。接下来我们从第一部分开始，芝诺悖论。

关于芝诺悖论，李老师已经讲过了。首先是有芝诺这么一个人，他是古希腊的一个哲学家。然后他提出了一系列的悖论，于是我们把这些悖论就统称为芝诺悖论。接下来我们先定义一下运动，什么叫运动？运动大概就是物体位置的移动，这里面我们就排除一种现象，就是有一种球体，它有一个支点，然后它绕这个支点进行不同的旋转，这是不是运动？是运动，但是这种运动我们今天不讨论，我们讨论的是什么？我们讨论的是物体从这个地方到那个地方有位置的移动，我们讨论的是这种运动，我们先做一个限定。

在哲学史上对物体运动的一个质疑，大概可以追溯到巴门尼德——芝诺的老师。巴门尼德，他有很多观点，他提出了著名的两条道路，一个是真理的道路，一个是意见的道路。说起来是相当烦绕，没关系，我们看一下。真理道路是存在者存在，非存在者不存在；意见的道路是存在不存在、非存在存在。简单地讲就是存在的东西它存在，这是对的，存在的东西如果说它不存在，这当然是错的。所以真理之路是对的道路、正确的道路，而意见之路是错误的，谬误之路，大概是这么个意思。

然后根据这两条路的一个区分，巴门尼德推出了第一个推论，他说存在是不变的，也就是说存在的一些东西它不能变化，他认为它如果能够变化，它就会有一种存在不存在的嫌疑。就比如说有些东西，如果它变化的话，它有出生，所谓它有出生，从无到有，然后它可能有死亡、毁灭，从有到无，如果这个世界是有变化的话，那么一个东西就从不存在变为存在或者从存在变为不存在，也可能，对不对？

如果是这样的话，那就显然就一个东西，一个存在的东西它可能不存在，而一个存在的东西可能不存在，那巴门尼德说这是意见之路，这个不对，所以存在的东西一定是不变，这是第一个推论。

第二个推论，存在的东西它还是要不动。如果说我们第一个推论是从时间上来讲，那么第二个推论大概是从空间上来讲，就是说如果它运动的话会怎么样？如果它运动，它就可能从存在这个位置，比如说 A 位置，移动到 B 位置，如果它移动到 B 位置以后，这意味着在 A 位置那个地方，它就变得不存在。

一个存在的东西，如果它在一个位置上不存在，这就又陷入到了意见之路，存在不存在的一种嫌疑。所以巴门尼德从他的两条道路其实也给出了一个论证，或者一个推理。既然存在的东西不存在是错的，所以存在的东西它不能动。这是巴门尼德最开始对物体运动的一种质疑。他有一次在年老的时候，带着自己的学生芝诺跑到雅典去，当他跟别人讲这个世界是一没有多，这个世界是不动的，没有运动，跟雅典人这么讲的时候，雅典人都在讥笑他："你怎么这样说，我们现在运动太多了，我们怎么可能没有运动？"于是他的学生芝诺就帮助他做一个辩护，这就有了我们接下来讲的几个悖论。

刚才李老师也讲到了，其实芝诺的悖论很多，他有反对多的悖论，也有反对运动的悖论。今天我们不讨论多的问题，我们只讨论运动。而讨论运动的悖论里面，其实有四个，今天我们只讲其中三个。第一个叫二分法，第二个叫阿喀琉斯，第三个是飞矢不动。我们先讲这三个，第四个还有运动场，今天不讲。

先看第一个"二分法的悖论"。什么叫二分法？它的一个论证，或者它的一个结论，就是我们永远到达不了目的地，你比如说那里的门口，然后二分法这个论证完的时候，他说我永远走不出去这个门口。

为什么走不出去？他是这么说的。他说，物体在到达目的地之前，必须先让它完成一半，而该原则可以无限地进行下去，所以它根本到不了目的地。什么意思？就是比如说我要到达门口还有一段距离，而我又到了这段距离，它必须先到达距离的一半，要到一半，我先到了一半的一半，我到了一半的一半，我必须先到一半的一半的一半，这样可以无限地切分下去。而无限的切分下去之后，芝诺说我们永远都到达不了终点，为什么无限地切分下去到达不了终点？是因为它是一个超级任务。那什么叫超级任务？超级任务的意思是说，在有限的时间内要完成无限的动作。就好比我们说我们要走出教师发展中心的二楼报告厅，它肯定有一个有限的时间可以走出去，而在这有限的时间里面，你先要经过 1/2 那个点，再要经过 1/4 那个点，再要经过 1/8 这个点，再经过 1/16 这个点然后无限地走下去，你发现你在有限的时间你要经过无限的点，而每经过一个点，我们把它叫作一个动作。所以这就是一个超级任务，我们在有限的时间内需要完成无限的动作。而很遗憾，超级任务是不可能完成的。为什么这样？

我们先讲为什么超级任务不可能完成之前，我们先回顾一下高中学的一些数学知识，所以不知道大家还记不记得？ 1/2 加 1/4 加 1/8 加一直加到 2

的N次方分之一，N是自然数，那当N趋近于无穷大的时候，请问这个连加最后的结果是多少？ 1/2 加 1/4 加 1/8，一直加，加到二的N次方分之一，然后N趋于无穷大。结论是多少？结论是 1，对不对？因为我们可以想象一下，就是有一个边长为一的正方形，你先拿掉的就是它的一半，然后拿掉它一半的一半，再拿掉它一半的一半的一半，你不停地拿下去、不停拿下去拿到最后这个正方形就可以弄完。所有这些东西相加，加到最后，它的结果就是什么？就是 1。好，我们先回顾到这里。

然后我们做一个思想实验：我们做个假设，假设有一个无限灵敏的灯，它无限地灵敏，它无限灵敏度到什么程度？我们去开它的时候，几乎不需要时间，我们假设有这么一个灯泡。好了，那接下来我们就想一想，比方说我们做一个这样的实验，我们在经过 1/2 秒的时候，我开灯，然后再过 1/4 秒，我关灯，再过 1/8 秒，我再开，再过 1/16 秒，我再关，然后这个秒钟我们按 2 的N次方分之一去走，开关开关它的时间间隔越来越短。这没有问题。接下来我想问大家一个小问题，当时间到 1 秒的时候，请问灯它是开的还是关的？

我们再看一下，其实这个问题在问什么，就这个问题，我们其实问到一秒开灯的时候，它的序号到底是奇数还是偶数，是不是这个意思？就是这个意思。到底是奇数偶数，大家可能还不太能够明确地回答。我们可以猜一下。认为是开的请举手，大概是 4 个人；认为是关的请举手，请放下；那认为开的和关的人都很少。实际上这里指它的讯号是奇数还是偶数。我们再看一下，这个问题在问什么。其实答案是不知道，所以大家没举手都对了，凡是举手都错。为什么？因为在序列里面在 1/2、1/4、1/8、1/16 等序列里面，它没有最后一项。没有最后一项，我就不知道这里的一秒钟，它到底是一个开还是一个关。你如果要给出一个明确的回答，你必须把它关闭，你必须找到最后一项，才有明确的回答。但是由于不到一秒钟的时候，它是处于一个未完成的状态，所以你既不能说它是开，也不能说它是关，它是个不确定的状态，这才是正确答案。

好了，这意味着什么？这意味着超级任务最终是不可能完成。为什么？

因为超级任务就是一个无穷的序列，它是找不到任何一项，它找不到最后一项就不可能把它完成。要完成要怎么样？要完成就必须要找到最后一项。换句话说，我们得找一个闭区间，而不能是个开区间。开区间永远完不成。

这是二分法的一个论证。到底二分法怎么反驳运动？利用归谬法。假设有运动，会推出一个矛盾的结果，所以假设错误，他的思路就是一个归谬法的思路。假设物体有运动怎么样，那物体既能够到达终点，又不能到终点，从而陷入矛盾，所以没有运动，这就是他的整体思路。前提一因为是常识是对的，前提二是我们用逻辑推出来的是对的，所以假设有运动，同时矛盾，陷入一种荒谬的结论，所以假设错误。这是第一个论证，或者第一个悖论叫二分法。

然后我们看第二个，阿喀琉斯。阿喀琉斯是一个人，又可以把他翻译为阿基里斯。都可以，因为是同一个人。他是特洛伊战争里面的一个英雄，一个勇士，刀枪不入，但是很可惜，他最后被阿波罗神用一箭射中他脚后跟，然后死掉。所以我们有个典故叫阿喀琉斯之踵，有没有听过？或者阿基里斯之踵，就是这个意思，它表示什么？它就是表示一个人致命的缺点或者弱点，是这个意思。这个人他是勇士，而且他跑得很快，这个悖论的全名其实还可以加几个字，就是阿喀琉斯追不上乌龟。阿喀琉斯跑得很快。乌龟，我们都知道跑得很慢，对不对？其实这个悖论最终想说的意思就是——跑得快的他永远追不上跑得慢的乌龟。当然有两个条件，第一个条件就是最开始的时候跑得快的与跑得慢的相差一个距离，这第一个条件。第二条就是他们同向运动，同向奔跑。只要有这两个条件，那芝诺就说永远追不上，不是现在追不上，不是在一定时间内追不上，而是永远追不上。

我们看一下他的论证。他说，快跑者永远追不上慢跑者，因为最初快跑者与慢跑者相差一段距离，他们同向奔跑。快跑者要赶上慢跑者，必须先到达被追者的出发点，而途中必定要花费一段时间，而被追者利用这段时间会往前走一段路程，于是追赶者又必须要跑到下一个出发点，如此类推，以至无穷。什么意思？就是好比这里有一个快跑者，这里有一个慢跑者，他们之间相差一段距离，相差距离之后同向奔跑。当快跑者要追上慢跑者，肯定要到达他的出发点，对不对？这没有问题。但是一旦他到达出发点，它一定要有一段时间。而在同样一段时间里面，那个慢跑的人，他不管再慢，他总要往前走一点儿，对不对？这就有下一个他的追赶点。追赶者到达那个点的时候，又要花一段时间，对不对？而那个慢跑者又在这同样的一段时间里面又往前走了一点点，走一段，又往前推进，所以你按照这个思路走下去的话，你会发现，当快跑者赶上慢跑者的出发点之后，总是后面跟着那么一小段，这一小段可能很小很小，但是总有那么一小段。为什么？最主要的原因就是他总是要花一定的时间，而那个慢跑者是在同样一个时间里面，他往前走一点儿，他速度再慢他也往前走一点儿，快跑者和慢跑者永远有一段距离，这是这个论证的一个核心，所以换句话说，对任意一段距离差，快跑者总经过它，并且跟着一个新的距离差，而新的距离差永远大于零，所以永远追不上。这是芝诺的第二个悖论，阿喀琉斯永远追不上乌龟，或者说，快跑者永远追不上那个慢跑者。对于这个悖论我们想大家的感觉是什么？可能觉得有道理，但一定是诡辩，对不对？一定是诡辩。那接下来我们就来对这个论证做一点儿反驳。因为这个论证其实在哲学史上反驳的人特别多，而且不仅我们搞哲学的在反驳，搞逻辑的、搞数据的都在反驳。我们就来看一看。

我们先看第一个反驳。芝诺片面地、孤立地、静止地看问题，他割裂了运动和静止连续性和间断性的辩证关系。运动是绝对的，静止是相对的，连续总是间断的连续，间断是连续的间断，二者相互依存。说得很溜，是不是？

对于这个反驳，清华大学的吴国盛老师，因为吴国盛老师对芝诺悖论还是有些研究的，他的一个回应是这样的。我把他的论文的一个部分贴出来给大家看一下。他说我国哲学界一般认为芝诺不懂得连续性和间断性的辩证关系，把这两者机械地对立起来，所以造成了运动悖论。这大意是说芝诺的悖论是没有什么辩证逻辑的，因而是无效的，那这种批评是无关痛痒的。这是第一个问题的回答。就是我也在想，当我们说芝诺割裂了连续性和间断性的辩证关系的时候，我也很好奇，他是怎么割裂的？这是第一个反驳和第一个回应。

然后我们再看他的反驳二，就说得更具体。他说事实证明，我们都可以追赶他人。好比有个同学叫小明，对吧？来听讲座的途中发现时间很紧，于是他跑过来的。他跑过来的途中发现自己超过好多人，所以事实证明了，其实我们都可以追赶上，并且不仅仅是追上，还能超过别人。就有一句话叫什么？叫事实胜于雄辩。你讲得再好，还不如用事实来说话，对不对？所以这是第二个反驳。很明显我们在生活中有这样的事实，对吧？

面对这样一个反驳，芝诺可能他想回应，他会这样来回应。他说，经验中当然存在追赶上的现象，但是不真实，只是一种幻象。因为它不符合逻辑。也就是说芝诺悖论认为阿喀琉斯追不上乌龟，他在说什么？他真的是说这个世界上根本就不存在追赶现象吗？不是的！他承认现实存在这个现象，他只是说这种现象不真实，是一种幻觉，他想说的是这个意思。那他凭什么说我们追赶上别人的现象是一种幻觉？他给出的理由就是因为它不符合逻辑。为什么不符合逻辑？哪里不符合逻辑？因为逻辑推理的结论就是快跑者要到达慢跑者出发点以后，总是跟慢跑者相差那么一点儿，刚才说的、刚才的论证就是逻辑推论，经过那个距离差总是伴随着新的距离差，而那个新的距离差总是大于零的，总是相差一段距离。这就是逻辑。然后我们可能会有疑问，为什么符合逻辑的才是真实的？我感官经验到的就是幻象，为什么？他给出的理由就是，因为感官经验变动不居，只有理性才能保证，这是他的解释。

然后我们可能在内心中弱弱地说一句，可是我们真的可以追赶上他人，真的可以！然后芝诺他弱弱回一句，可是那真的是幻象！这就陷入了立场不同。我用逻辑反驳你的常识，你用常识反驳我的逻辑，这是立场不同，这没什么好争的。

讲到这里的时候，我们就必须要讲到第二个典故。刚才李老师也讲到第二个典故了，我再多讲一点儿——一段故事，就是当时的一个很厉害的亚历山大大帝，我们都知道征服了很多地方，对吧？常胜将军！然后他又打了胜仗之后，经过第欧根尼居住的那个地方，他就特地跑来，对第欧根尼说："第欧根尼，我听说你是个名人，我现在答应你一个要求，你要什么你跟我说，金钱、美女、权力、地位？你要什么？我都可以给你，你说！"第欧根尼的回答就是："请你走开，不要挡住我的阳光。"

这个很有意思，就是哲学家面对权力的一种尊严，这是他的一个小典故。然后讲到第欧根尼对芝诺悖论的一个反驳：他的反驳其实也很简单。当他的学生问他说："老师，芝诺说这个世界是不动的，我们能不能想出一个很好的反驳去反驳他？"第欧根尼说："很好啊！很简单！"他就在房间里走了几步，你看我很轻松地就反驳了芝诺，对吧？他的学生就觉得好厉害，老师好厉害！然后第欧根尼这个时候，他立马就说，你以为这样真的就反驳了芝诺？没有，芝诺是用逻辑来讲，所以我们不能用常识反逻辑，必须用逻辑反逻辑。

所以第欧根尼讲得很好，所以接下来我们就不用常识去反驳逻辑，我们用逻辑论证的方式来反驳芝诺。就是芝诺可能误解了无穷集数之和与无穷大，他以为无穷集数之和一定是无穷大，结果是不对的。什么叫无穷集数之和？简单地讲就是无穷多个数相加，这个叫无穷级数之和。大家想一想，无穷和一相加，请问是多少？结论是多少？是不是无穷大对不对？但不是所有的无穷个数相加，它一定是无穷。比方说 1/2 加 1/4 加 1/8 加加加加到 2 的 N 次方分之一，再加下去无穷个数相加，结果等于多少？结果等于 1，对不对？结果等于 1，所以无穷多数都相加，它不一定是无穷大。如果它是一个递减的序列，它很可能是个有限的数。好，我们了解这一点，就发现芝诺可能在这地方搞错了。

我们来假设一下，最开始的时候，快跑者和慢跑者相差是 1000 米，然后快跑者速度是 100 米每秒，好快了，比人快，毕竟是阿喀琉斯对吧？然后慢跑者的速度我们假设是 10 米每秒，当然乌龟没有这个速度。这个假设只是为了便于计算。好了，我们想一想，这个地方非常重要，请大家跟着我来。我们看这里，这是快跑，这是慢跑，阿喀琉斯在这儿，乌龟在那儿，相差 1000 米，速度都知道。好，我请问，当阿喀琉斯到乌龟的出发点的时候，要经过多长时间？

10 秒对不对？而乌龟的速度是 10 米每秒，在 10 秒内它往前走多少？100 米，对不对？ 100 米在这个图上就到这了，对不对？这是第二个出发点。

好，请问阿喀琉斯要到第二个出发点，他要经过 100 米，他要多长时间？ 1 秒，对不对？而乌龟在 1 秒经过多少距离？ 10 米！它就到这儿了，对不对？好，我再问下去，你们就可能找到一些规律了，我再问下去。当阿克琉斯要到第三个出发点，他要多长时间？ 0.1 秒，对不对？而乌龟在 0.1 秒里面走多少距离？ 1 米，对不对？好，我们简单一点，最开始差 1000 米对不对？然后第二次差 100 米，对不对？第三次差 10 米。第四次一定是 1 米，然后第五次多少？ 0.1 米，对不对？所以你看我们肯定可以列出一个式子，你看得出一个规律出来，他每一次差的就是 10 的 4 减 N 次方，N 是自然数，第一次差 1000 米，第二次差 100 米，第三次差 10 米，第四次差 1 米，第五次差 0.1 米，第六次差 0.01 米，一定是这样。只要你按这个方式算，一定是这样，而且它是无穷多个数相加！

那现在我告诉大家，这个无穷多数相加它的结论、它的答案是多少？它答案是 1111.1，无限循环，这就是结论。这意味着什么？这意味着虽然每次都差那么一点儿，在局部上每次都差那么一点儿，对不对？但你放在整体上，你只要超过 1111.1 循环，你要超过这个距离，你就赶上并且超过他。你如果到了 1200 米的时候，你就已经超过他了，你到达 1111.1 米循环的时候就赶上了。你超过这个数，就已经超过它。所以你看，芝诺可能搞错了，他以为无穷多个数相加，他每次差那么一点儿，我就永远可以差下去。不是的，我们在局部上每次差一点儿，对不对？但放在整体上它是有范围的，你只要超过这个范围，就超过它，没有任何问题！所以这个反驳叫逻辑的反驳！我们再看一下，芝诺很可能他误以为无穷集数之和一定是无穷大，但不是无穷大，它是个有限的数字，你只要超过有限的数字，你就赶上并且超过他，所以芝诺可能搞错了。

我们还可以看一个简易的版本，说起来没这么复杂，它其实就是我们初中里面学的追赶问题。我们看一下，还是假定相差 1000 米，快跑者的速度是 100 米每秒，慢跑者的速度是 10 米每秒，两者经历的时间都是一样的，同时跑，追上的时候，他们经历的时间是一模一样的。经历的时间是 X，那可以得到方程是 $100X=10X+1000$。先解释一下，100X 是谁跑过去？快跑者的距离，对不对？ 10X 是慢跑者的距离，对不对？但是它们之间是不是相差 1000 米？所以还要在慢跑者这边加 1000，才能相等对不对？得到这样一个式子，而解一下，你自己去解一下，得到的结论就是 11. 11 无穷无限循环秒，时间就这么多。距离是多少？距离就是乘以 100。你乘 100、经过 100 乘以 X 这是追上的时间，100 × 11. 1 循环，这就是他的追上的时候的距离，而这个距离等于多少？等于 1111. 1 无限循环。在这个点追上，超过这个点就超过了。很简单，非常简单。

所以芝诺的一些悖论，看上去很强大，其实都是纸老虎。用初中的知识就能反驳掉，对不对？只是我们刚开始没想到，可是先不着急，真的可以反驳他吗？大家想一想，当一列等式的时候，你是不是有预示，是我一定会追上，对不对？我一定可以追上，我只是问我追上的时候要花多长时间而已。但是芝诺想到的问题是什么？他追不追得上！这意味着什么？这意味着循环，我本来问你是能不能追上，结果你就告诉我，假设能追上怎么样？不是循环嘛！对不对？如果你按照芝诺的那个套路走，这个等式根本就列不出了，他不会承认这个等式，这个等式的等号才是真正的焦点。结果你不争了，你直接把它整出来，然后你求它的值，没有意义。

循环，什么叫循环？循环意思就是你把你要论证的结论当作前提，你要论证的是我能追上。结果你把能追上当作前提，然后就往下面走，就算它的距离，这就是循环。所以芝诺可能没有那么容易反驳。

我不是搞逻辑的，我也不是研究数学的，很可能有些搞逻辑的，甚至研究数学的一些同学或老师，他不服，他说我一定可以。但是吴国盛老师他大概也对逻辑和数学有些精通的，他认为，其实我们到当代，即便你用什么极限把这个东西去求，也很难解决芝诺悖论。不是说你利用数学的一些技巧性的方法轻松地驳倒芝诺，或者在逻辑上也能驳倒芝诺。所以这就是芝诺讲的第二个悖论，他怎么反驳悖论？很简单，同样使用的是归谬法。假设有运动，那既追得上又追不上是一个矛盾；发现了矛盾，那这样的假设就错了，所以没有运动，他是这个意思。这就是芝诺讲的第二个悖论。

我们再看一个“飞矢不动”。什么叫飞矢不动？飞矢就是《射雕英雄传》里郭靖拉出来那个箭，一箭射出去，把那个雕给射下来了，然后芝诺说那个箭不动。好奇怪！飞箭怎么可能不动，它在飞怎么还不动，对不对？然后芝诺说别着急，听我跟你讲。这个悖论总共有两步：两步中的第一步，叫点静止。因为占据一个与自身相等的空间的事物是静止的，就好比胡好站在这个位置，你看在这个位置，他对于这个位置来说他是静止的，只要他占据一个与自身相等的位置的时候，他是静止的，这是第一个。然后你发现其实飞箭在轨迹的每个点上都占据一个与自身相等的空间，所以飞箭在轨迹的每一个点都是相对静止的，这是第一步；第二步叫轨迹静止，既然飞箭在轨迹的每一个点上都静止，那么它在由这些点所构成的整个轨迹上也是静止。0+0+0+……，无穷多零相加还是等于 0，静止、静止、静止，所有静止相加都是静止！但是飞箭是运动的啊！没有，因为逻辑告诉你，飞箭就是不动的！这个论证不需要再进行归谬，因为它直接得出飞矢不动的结论。

然后别着急，我们好像还得想点儿办法来反驳它一下。怎么想办法？芝诺说当一个物体占据它自身相等的空间的时候，是静止的，对不对？它在这个点上静止，然后它在另外一点上也静止，但是有没有可能在两点之间可以流通？

我们假设如果时间是流动的，很可能就有这种现象。它在这个位置上当然静止，在那个位置上也是静止，但是随着时间的流动，它可以从这个位置流动到那个位置，这不就是运动吗？而我们所理解的运动不都是这样子吗？对不对？所以“飞矢不动”看上去很强大，其实是个纸老虎，对吧？没那么强大！你说飞矢不动，通过点性静止、线性静止可以得出飞矢是不动的！你还是要两步才能把它证明出来，飞矢是不动的，但是我只要假定时间是流动的，它就还是动了。所以芝诺是不是错了？没有。

我们再引入一个四维主义方面。如果我们采取四维主义的立场，那么芝诺的时间流动也好、静止也好，都是幻象。好，接下来我们看一下四维主义怎么讲？这是进入我们的第二部分。

所谓四维主义是什么意思？其实很简单，就是四维空间的意思。四维空间，我先把观点亮出来，站在四维空间的立场上，时间被空间化了，没有流动，物体也没有流动，它通通是静止的。我先把它给亮出来，站在四维主义的立场上，时间是不流动的，物体是静止的。为什么？我们先简单回顾下一维空间是什么？

一个集合圈的点，那是零维，一维意味着一条线，二维是一个面，三维是立体，对不对？四维？对不起，四维我们想象不出来。我们想象不出来，这个四维。

那么好，我们来看一个例子，我们假设现在需要做一个小实验，大家设身处地地想象一下，假设我们是一个一维生物，我们只是在一条线上走。好，假设我现在就是小红点，我们自己就是小红点，我们只能在这条线上来回走，在一个平面里面，它有一个蓝色的圈圈，那一个一维的一个生物，如果再加上一个时间，他就会感受到运动。好比说什么，就好比说你看本来我在这儿，随着时间的流动，我们可能会感觉到有一种运动，而这种运动，大家想想，我们在这线上走的时候，我们的感受是什么？我们的感受是这样的：随着时间的流动，刚开始的时候我感受到白色，然后我感觉到有点儿蓝色，而后来之后又发现又是白色，过了一段时间之后，它又变成蓝色，又变成白色，我的感觉是这样在不断地运动，对不对？白色、蓝色不太平衡，这是我的感受。如果我是一个一维生物，随着时间的流动，我就感受运动。

但是如果我们假设我们是二维生物，你发现哪有什么运动，都是静止。原来时间在这里，我以为时间在流动，但是并没有，时间只是二维空间的一个空间维度而已。

而我们以为时间的流动不过就是空间的刻度，它只有上下之分，它没有流动。而我们原来感受到的有白色，有蓝色，有白色有蓝色，这样的运动，你站在二维空间看它就是一个圈。如果你是个二维生物，你觉得一维生物很low，对吧？它竟然还说是运动的！这不就是一个圈嘛！然后我再想一下，我们现在假设我们真的是二维世界的一个生物，现在把这个圈填满，变成了一个面。假设，现在有这样的一个东西，一个管道，因为不好画，我比划一下。管道大概是这样的，它首先是一个圆面，它是个弯的一个管道，就放到桌子上，假设我们是一个二维生物，我们把这个时间加进来，现在时间流动是这样的，随着时间的流动，我们看到的，你看本来是个蓝色的面对不对，然后往上走我们会觉得是透明，我们感觉透明，对不对？然后再往上走，我们感觉蓝色，再往上走又变成透明，对不对？所以你看，如果我们是二维生物放在三维的空间里面，随着时间的活动，我会感觉到运动，这种运动的感觉是蓝色、透明，我们感受这样，对不对？所以二维空间加上一个一维时间。但是大家想象一下，我们现在转化成三维空间，我们是人，我们站在三维看这样一个东西，它就摆在这儿，它有运动吗？它没有，它没有运动对不对？所以你看站在高维空间看，低维空间所认为的运动放在高维其实都是静止。

为什么这样？我跟大家讲两个点。第一个点，我们在低维空间所认为的流动的时间放在高维空间，它不过就是高维的一个空间维度，它变成空间的一个维度，所以你认为那些时间的流动，站在另一个高维的空间维度中看时，它不过刻度和刻度之间的关系，是上下关系，上下关系的流动方面，没有流动，这是第一个。第二个我们在低维空间所感受到的运动，放在高维空间，都是静止。那我们感觉在这个时刻是这样的，在另外一个时刻是那样的，我们是有运动的，对不对？但你放在三维空间看，它不过是两个截面间的上下关系。每一个时刻、每一个瞬间都对应是立方体的一个截面而已！所以我总结两个观点，第一个，我们在低维度里面所认为的时间的流动，放在高维度里面，它其实就是一个空间的维度，而空间的维度它是有刻度之分，它没有流动。第二个观点，我们在低维度里面所看到的运动，放在高维度里面根本没运动。它就是一个东西放在那里，我们所看到的是不同的截面而已。

好了，我们了解这一点，继续往下走。三维空间加上一维时间是四维空间，大家都看到，我的手能放下了，然后举起的手，我的手在运动，对不对？我的手在运动，没有问题。上面看我的手在这个位置，下面看我的手在这个位置，随着时间的流动，我的手在运动，对不对？现在我想问，如果站在四维空间看还有运动吗？没有，只有静止！为什么这样？四维空间我们想象不出来，我们人的能力是有限的，我们想象不出四维。但是我们可以类比，你知道我们可以从一维到二维，从二维到三维类比，我们可以推论出来，推论出来什么？第一，我们在三维空间加上一个时间，我们认为的运动、那个时间的流动，你放四维空间里，它不就是第四维空间的一个维度。我们认为从四维空间看，时间就是四维空间的一个维度，没有运动，只有几个刻度，这是第一个观点。第二个观点，我们在三维空间里面看到的运动放在高维度里面，它就是静止。为什么？因为我们看到运动你放在四维的里面，它不过是个节点，它不就是在刻度下的一个节点，就好像一个三维的立体的看二维空间一样，你以为我们在运动，不过就是三维立体两个截面而已，没有运动。所以四维主义的一个立场就是说，我们站在四维空间来看我们三维空间，其实都是幻象，不是真实的。这是四维空间的立场和角度。

那刚才不管是讲芝诺也好，还是讲四维主义也好，我们讲的是比较强硬的人物，他们是有立场的。他们认为你所认为的运动其实是静止的，是一种幻象。那接下来我们再给大家介绍两种不那么强硬的、温和一点的，他不是说物体运动一定是幻象，他不会这么说，他只是弱弱地说，我也不知道物体到底运不运动，我不知道。我们把这种叫什么？我们叫怀疑论。我们先看第一种怀疑论理论，叫全局怀疑论。什么叫全局怀疑论，它有一个基本观点就是我们几乎不知道任何东西，怀疑很彻底。我不知道物体是不是运动的，我不知道世界是不是物质的，不知道运动是不是有规律的，甚至我都不知道我存不存在。这个叫全局的怀疑论。而全局怀疑论它也不能瞎怀疑，它得论证，对吧？

我给大家介绍的其中一个论证，叫闭合论证，大家看一下。它这么讲，两个前提一个结论。第一个前提，我不知道P，第二个前提，如果我不知道P，那么我不知道Q，结论是我不知道Q。学过逻辑的同学们都知道这个是有效的！可以简化，好，接下来我们看一下，我们把P和Q做个假定，我们认为P为我在运动，Q为物体运动，我们代进去，结果就是——前提一：我不知道我在运动；前提二，如果我不知道我在动，则我不知道Q动不动，所以我不知道物体是否运动。这是这个论证，而在这个里面我刚才说了，它肯定是有效的，对不对？接下来我们就要考察结论的可靠性，而结论的可靠性依赖于什么？要依赖于前提是如何为真，对不对？那么就要论证一下，前提一和前提二分别论证一下。

首先我们看第一个，你凭什么说我不知道我在动，凭什么这么说？从哪里说起？从庄子说起。庄子他有一天在外面郊游，那走着累了，于是他就躺在一个石头上睡着，睡着之后，他就梦见自己变成栩栩如生的蝴蝶，自由自在地飞翔，非常快乐，非常自在。他在梦里面他不知道自己是庄周，只知道自己是蝴蝶。可是过了一会儿，他梦醒来了，发现自己不是蝴蝶，不能飞，是庄周。于是很失落。失落归失落，作为哲学家，于是他提出很重要的命题，或者很重要的一个问题。他说，不知道刚才蝴蝶是在庄周的梦里，还是现在醒来的庄周在蝴蝶的梦里。其实说白了，庄周做一个美梦，大家都做，但是庄周跟我们不一样的地方，是美梦被打破了之后，还问一个问题，对吧？他问这个问题，请问这个问题在问什么？不知道刚才蝴蝶是在庄周的梦里，还是现在醒来的庄周在蝴蝶的梦里。他问的是你现在醒了，我们以为真实的世界真实吗？它不是一场梦吗？因为什么？

你突然觉得我不知道，但我看完突然觉得，我看着书是不是在做梦啊！其实不但中国有怀疑论者，西方也有。我们先介绍一个哲学家笛卡尔在《第一哲学沉思集》里面讲六个沉思，而在第一个沉思里边做了一个普遍的怀疑，他先怀疑到那些远处的很小的物体的感觉，可能欺骗我们，因为看不清对不对？坐最后面的同学如果是近视眼，他现在看不清楚我一样，我以为他在很认真地看我，其实不是！因为远处的很小的物体的感觉在欺骗我们，这个很好理解。然后笛卡尔说，不仅如此，即使是那些近处的、很大的物体的感觉，也可能欺骗我。比方说我有一双手，像这种感觉也可能欺骗我，这个怀疑很厉害。我有一双手，这怎么能怀疑？因为本来这是事实，铁一般的事实，对不对？你看我的手，我现在想举起来就举起来，想放下就放下，对吧？这是我的手，这怎么可能欺骗我！好。笛卡尔他用了一个例子：你们有没有听过一个人，这个人一生下来就没有四肢，双腿没有，双手也没有，他小的时候经常会被人讥笑，对吧？当一个人身体残疾难免会遇到这种情况。被别人讥笑的时候，他在有一天做梦的时候，你知道他梦见什么？他梦见自己是一个运动员，身体强壮，有强健的双臂，能够很轻松地举 100 公斤杠铃，非常轻松，他觉得他有一种活生生的有一双手的感觉在梦里。

但是这种感觉显然在梦中，为什么？因为实际上他没有一双手。有些是天生的没有手的残疾人，还有一些原来有可能出于某种意外之后没有手，但是这种没有手的感觉，在最开始的时候他是不习惯的，他没有意识到自己没有手。比如说对这个杯子，他原来有手的时候，会很轻松地很自觉地、下意识就要拿出来，当他没有手的时候，他会有一种有手的感觉。但是这意味着有手的感觉在欺骗他。

所以笛卡尔说，我们在梦里面，连有一双手的感觉都可以欺骗我们，到底有什么东西不欺骗我们？我们怎么知道我们不在梦里？当代有一位哲学家叫普特南，做了一个很著名的思想实验，叫缸中之脑。他说有一个科学家，疯狂的邪恶的科学家，他趁胡好在熟睡的时候，打开他的头颅，把他的大脑取出来，然后把它放到一个培养皿里面，大脑在培养液里所以没有死掉，还存活着。然后他将胡好的大脑皮层连接一个超级计算机，在那些计算机上，他输入一些电信号，刺激到大脑皮层的某个区域，使得胡好觉得他有一双手，使得胡好觉得他在教师发展中心报告厅，在做讲座，其实他只是一堆脑子，只是一个电信号。所以普特南他做这个思想实验，他在问我们怎么知道我们不是缸中之脑？你凭什么知道你不是缸中之脑？就是想问问大家你感受到的是真实的吗？你怎么知道你不在梦里面？

我们很难分清楚梦境和现实。有的时候我们觉得就像以前看那些电视剧，有很多的形式，说你咬一下自己，如果你咬得疼，你就不在梦里面。在现实中，真的是这样吗？不是的。在梦里面我们有活生生的那种痛苦的体验，有不仅是肉体的痛苦，我们心灵的创伤也可以在梦里面，也可以梦到的，大家有没有这种经历？在你醒来的时候，你发现你泪流满面，这是为什么？因为在梦里面你很痛苦，你知道吗？有可能是这样子。所以，不是说我们在梦里面，不是说我们咬一下自己觉得疼就不在梦里面，而在现实中，没有这么简单，我们很难分清楚什么叫梦境，什么叫现实。看过《盗梦空间》的人知道，在梦里面，什么都可以做！所以这是第一个命题。我不知道我在做梦。我究竟有没有做梦，我不知道。

我们再来看第二个命题，“如果我不知道我在做梦，则我不知道物体运动”。第一个问题其实好理解一点，第二个觉得好奇怪的，我不知道我在做梦跟物体运动有什么关系？好奇怪的论证。我们来看一下它的论证，先看第一个前提，我知道物体运动和我知道物体不运动是为假，这是等值的。什么意思？就是既然我知道物体是运动的，那我一定就知道物体不运动是错的。没问题吧？这是等值的。这是第一个命题。为假就是错误的意思，再看第二个命题。我知道物体运动为真，那么物体不运动为假。这是等值的，对不对？对！

第二个命题，物体不运动有很多前提，其中有一个就是我在做梦。我就躺在床上，没有动，对不对？它是物体不运动的其中一种情形。好，有了第二个就有了第三个，“如果我知道物体不运动为假，那么我知道我在做梦也为假”。为什么？因为物体不运动是一个整体情况，你知道整体上为假，你就知道它包含了其中一个情况也是为假的。对吧？这是前提三。

前提四，如果我知道物体运动，则我知道我在做梦为假。

大家看一下，由于我知道物体不运动为假，与我知道物体运动是等值的，是可以替换的，OK，替换之后就是，由于我知道物体不运动为假，可以替换成我知道物体运动，或可以替换成如果我知道物体运动，则我知道我在做梦为假。这就是四,四是从一和三得出来的。然后五就是说我知道我在做梦为假，和我知道我不在做梦也是等值的，我既然知道我在做梦为假，我就知道我不在做梦。OK，这也是等值的。那你说这两个是等值的，你把这两个加到一起，它就可以得到这个，为什么？你可以把它替换掉！我知道我在做梦为假就等于我知道我在做梦，之后这两个加起来，替换之后，就成了如果我知道物体运动，则我知道我不在做梦。替换后就是这样，对不对？好，这个问题的逆反命题是什么？就是如果我不知道我在做梦，则我不知道物体运动，对不对？ OK，这就是我们得到的结论。如果我不知道我在做梦，则我不知道物体在运动。论证很琐碎，两个前提加一个结论，很有效，并且前提结论都为真。对吧？好像这东西很厉害，由于时间关系我对这个就不反驳了，这是对物体运动的一种怀疑，就是我不知道，你说它运动，我不敢肯定，你说它不运动，我也不能肯定，反正我不知道。这是第三种，全局怀疑论。

第四种叫外部关系怀疑论。外部关系怀疑论是什么样子？简单地讲，就是说外部关系是可疑的。外部关系可以分很多种，其中有一、两种就是物体和物体之间的位置的关系，这就是外部关系。然后物体和物体之间的距离关系就叫外部关系。和外部关系相对是什么？相对是内部性质，而那个性质是它依赖于自身的。好，那外部关系是怎么来怀疑我们看到的问题？大概这样，物体运动是指物体位置的移动，我们定义是这样。那么移动前后物体位置之间是存在距离关系，就是它从这个位置移动到那个位置之间就有一种距离关系，这没有问题，但这种关系是可疑的，所以物体运动是可疑的。它的简单的一个想法或者一个思路是什么？一旦你谈运动就一定有一种距离关系，而这种距离关系是可疑的，所以运动也是可疑的。那我们就很奇怪，一个东西和它有距离关系，它怎么就可疑？

这里我们要借助一位英国哲学家叫布拉德雷，一个无限后退的论证，来给大家讲一下。大家想一想，你比方说，这里有个东西，从这儿到那儿有一米。比如说我的手本来在这个位置，然后上升到这个位置，然后这两个位置之间一定有距离，而这段距离，你用布拉德雷的论证就可以说这段距离是可疑的。你确定不了真的有段距离，所以你说你从这个位置到那个位置运动，这非常可疑。我们来看一下，比如说从这个位置到那个位置，是一米。接下来怎么确认是一米？第一步很简单，量就行了，对不对？我找个米尺，它真的是米尺，假设是一米啊！我们把它往我们要量的距离中间一放，正好合适！于是我就说这两个位置间的距离是一米。这没有问题！所以我们怎么知道两个位置间的距离是一米？很简单，用米尺量出来的。这个地方我们很少提问，而是像布拉德雷这样的人才提问，他问的是我们怎么知道量出来的恰好是两个位置之间的距离？想想，两个位置，然后问距离是多少？我们用米尺量就行了，现在他要问的是距离，米尺是长度，你怎么知道长度量的是距离？你说这不就是量出来的吗？他是从平常看不出的角度提出来的问题，一旦提出了这个问题就很有意思。

你想想，距离是距离，米尺的长度是米尺的长度，你怎么说它是符合的，米尺的长度怎么正好就是两个位置间的距离？就是你看这里有一段距离，这边是一个已知的米尺的长度，对不对？我过去量，然后恰好就是这距离，为什么？因为这个长度和这段距离是符合的，对不对？所以我知道两个位置间的距离，没有问题吧？因为米尺长度和位置间距离是符合的。但我还可以追问，我们怎么知道这个长度和这个距离是符合的？大家就会说，看出来的呗！对不对？这还怎么说？你这时候说是量出来的，你意识到它们很符合！请注意！关系是看不到的，所有关系你都看不到，你看到的永远是现象，然后你把这两个现象把它认定成了符合。关系都是认定的结果。好比说我今天晚上吃了一碗小米粥，吃了一个豆沙包，结果饱了，你知道吗？你看，我吃小米粥和豆沙包是原因，结果就是我饱了，它们之间有因果关系。当你问我胡好你今天晚上怎么肚子会有吃饱了的感觉？你为什么会觉得肚子饱？我会回答说因为我吃了小米粥和豆沙包。吃东西是原因，肚子饱是结果，它们之间有因果关系。那请问，这种关系我能看到吗？这个关系你能看到一点点吗？真的看不见，你看到的是两个现象，第一个现象是东西，第二个现象是饱，把两个现象认定为因果关系，关系是认定的结果，而不是看的结果。

现在这样一来，你就清楚我在问什么？我问的是你凭什么把米尺放在这个位置上，就认定它符合？你认定的根据是什么？我在问这个问题！而一旦你问到这个问题，你要确认它的组合关系，那对不起，你就需要借助另外的东西，你知道吧？所以我们梳理一下，梳理一下这个论证的要点。

首先，我问你怎么确证两个位置间的距离关系？你说最后是用符合关系来确认它的距离关系。那我接下来问你怎么知道它们之间有符合关系？你又用到另外的关系去讲符合关系。一旦到这儿，就问不下去了，什么意思？当我要证明距离关系的时候，我用符合关系来证明距离关系，而符合关系本身是有待证明的，它又需要其他的关系来证明符合关系，而其他的关系也要证明，这样无限循环下去的结果是什么？结果就是距离关系得不到解释。

你以为它有段距离，而且你看到距离，那对不起，你看到的是假象，因为你没有得到证明，这就是布拉德雷的一个证明、论证。一个无限后退的问题叫外部关系怀疑论。

好，讲到这儿的时候，有的同学可能就说整个的论证思路就这样了，物体运动预设的是具体的存在，但具体关系是可疑的，所以物体运动是可疑的。整个论证的结构是这样的。讲到这儿的时候，可能有同学还是有疑惑，他会说，胡老师，你讲得简单，而且很有道理，但这都改变不了物体运动的观点，因为它是不可否认的事实，真的！事实胜于雄辩的！你再能说会道也不能改变物体运动的事实是客观的，对不对？因为是客观的啊！而且，我一直以为物体运动，如果假设物体不运动，那怎么生活啊？物体运动是个事实，因为眼见为实，而且不是我一个人看到，所有人都看到，难道所有人看的东西都是假象吗？或许有很小的概率我们都是幻想、我们都在做梦，但这并无妨碍我在生活。我觉得可能很多人都会有这种想法，甚至包括我自己，我自己也在物体运动和不运动之间做摇摆。物体到底运动还是不运动？其实我们有很强的直觉来支持我们，我们每时每刻都看到了物体会运动，不是一个人看到而是所有人都看到了，你却说是假的？即使是假的，我们也认了，假又怎样？对不对？但是不要紧。

第二个，我们不能用常识去反对芝诺的逻辑。其实还有半句话，我来补充，反过来讲也是一样的。芝诺不能用他的逻辑来反驳常识。因为这是不同的东西，我们应该做的就是用逻辑反对逻辑，用常识反对常识，对不对？接下来我们不用逻辑，刚才讲的其实都是逻辑推理，对不对？包括芝诺悖论、四维主义、全局怀疑论、外部关系论证、无限后退等等，这都是逻辑。我们现在把逻辑放下，我们用常识来考虑一下，来试试看。这很有意思！你说讲一下事实，我就给你讲另外一个事实，这就进入到我最后一个部分，观察渗透理论。这东西实在不是抽象逻辑推理，它是建立在科学研究、实验、生活的基础上，这个很有意思。

好。我们先看一下观察渗透理论，它是个命题，在观察里面已经渗透我们的理论，在我看到的东西里边已经掺杂我们主观的想法，就这个意思。这个理论属于是科学哲学。20 世纪有一个著名的哲学家汉森，他提出来的观察理论。我们观察的所有信息都不是客观事实，而是主观判断结果，我们认为的事实、我们认为的客观的东西，其实没有那么客观，都是主观判断的结果。大家冷静下来想一想，如果我们看到的真的是客观事实，那么对于同样的东西，大家看到的应该都是相同的。什么叫客观？客观其中一个特点，不因人而异。我们说 1+1 等于 2 就是客观，为什么？它不因为我是老师，你是学生就不一样了。你说我是男生，你是女生，不一样，不因人而异，这叫客观，对不对？如果我们看到的东西都是客观的，那我看到同样的东西一定会是同样的结果。没错吧？没错。可事实怎么样？你来看几个例子。

请问这是鸭子还是兔子？第一印象，不要想！第一印象认为是鸭子的有没有？ OK，好，请放下。第一印象认为是兔子的请举手，好，请放下。这就是我们看的图片都是一样的，但是人与人之间是有差异，它不是视力上的差异，你知道吗？不是我视力好，你视力不好，不是这种差异。是因为我们在看东西的时候已经掺杂了主观关系。总之，看的时候得到一个小结论：同样东西我们看到的未必相同，我们看到的并不是客观事实，因为如果我看的东西都是客观事实，不会因人而异的。看到的东西就是因人而异，这说明什么？说明我们看的东西是我们主观判断的结果。我们在脑子里不自觉地已经在判断。我跟大家说一下这个原理，先看一下我们眼部的一个构成。

我们看东西有两步。一个是晶状体，一个是视网膜。好，我们看东西是两个步骤，第一个步骤是物体所反射的光线，经过你的晶状体，它投射到你的视网膜上，形成影像，这是第一个步骤。第二个步骤就是我们的视神经，把这个信息传到大脑，然后我们的大脑把它判断成东西，所以我们看到，所有的事实两步构成！事实是主观判断的结果，而判断我们讲过，我们在大脑判断过程中，由于受到知识、期望等处理方式等因素的限制，是很容易出错的，因此我们以为事实很可能是幻象。你认为是事实一定是你判断的结果。而在这种判断中你受到了你的知识背景的影响，你受到了你的种族的影响，你甚至受到了你的期望值的影响，受到你大脑自身处理方式的影响，于是你判断成为一个事实，而这个事实很可能不是真相。从侧面，我特别想提醒大家的是，这种现象不是特定的某一个人会在判断的过程中出错，而是对于所有人来说我们所认可的事实都可能会在判断中出错。我们所认可的事实其实是与我们的知识背景相关的，知识背景不一样，你看的东西就是不一样。

“奇葩说”里面讲过一个例子，主持人说当年他在看《越狱》的时候，他看到男主人公进入那个监狱，他说他看到的就是房子、操场，然后篮球场，他只看到这些东西。越狱的那个人，他进去他看到什么？他看到地下管道，然后哪个地方可以出去。他看到这些东西，为什么？因为他是搞建筑的，而我们只搞研究，不一样。我们的知识背景不一样，看到的东西就不一样。你是学生物的，你拿显微镜你看这个东西和我不学生物同样看这个东西，看到的东西不一样。你如果学医学的话，面对一个脸色不好的人，医生可能会看出他的病症，我什么都看不出来。这就说明了，我们所认可的事实是由于我们的知识背景不同导致的。知识的背景不同，我们所看到的事实可能就不同。这是第一个。

我们再看一个例子。这个例了是心理学里面一个很有趣的现象，叫“变化盲视”。就是我们有的时候会对一种变化，尤其是那种巨大的变化，我们就视而不见。很奇怪。你知道吗？很奇怪，因为有的时候、在日常生活中大多数情况下是这样的。就是脸色是看得出来的，你今天脸色差，我会说是不是身体不舒服或者昨天晚上没有睡好啊？一般是看得出来的。但是在某些特定情况下，我们还是换个情况说，是同一个人，对巨大的变化视而不见。心理学家设计了一个经典的实验，大家看一下：有一个男生，拿了一个地图向一个老年人问路，比如说问西北师范大学西门怎么走？而后那个老者就说西门应该是那个方向，西北师大西门应该是那个方向。然后在讲话的过程中，有两个人很粗鲁地抬着一个板子，从他们两个人之间经过，经过之后你看他们换人了，留下另外一个人。然后看老者并没有任何反应，仍继续跟他交谈，其实老者以为是同一个人，而换人的前后这两个人不是同一个人，高矮不一样，穿的衣服也不一样。这是其中一个实验。可能这个实验大家觉得生活里发生的概率也不是很大，我给你讲声音、口音都变了的。一个是男高音型的，另一个是男低音型的，没看出来！甚至这种实验不仅只做一组，他做了很多组，从而发现这个很有意思的现象。一个男生换做一个女士，他还是没有发现，还以为是同一个人。这是心理学的实验。他看到没有？他看到了，但是为什么没有发现？因为他注意力集中在指路上面，对其他方面忽略了某些变化，他注意的是这个方面，所以这意味着什么？这意味着我的注意力会影响我们判断的事实。在老者看来，他所认可的就是同一个人，而且他甚至没有知觉到是不同的人，他认为事实就是这两个是同一个人，而真相是这两人是不同的人。他看到没有？信息有没有进去他的视网膜？进去了，但是由于注意力的分散，他未能察觉到变化而判断为同一个人。你看，注意力、期望值影响了我们认可的事实，这是心理学的一个经典的实验。

大家看一下，请问这些水平线是平行的还是不平行的？我知道，你内心中一定说平行的，不信你去量，但你看的感觉应该不平行，但是在电脑上却不是，对不对？这说明什么？说明我们看到的事实受到大脑的处理方式的影响，就好比我看到筷子在水中，你心里想筷子是直的，但你不管怎么看，你看到的都是折断的，对不对？因为我们大脑的处理方式跟光的折射是有关系的。再看，是不是一直向下？但这就奇怪了，它是闭合的，居然能一直向下，你看到的是不是一直向下？一定是这样的？它怎么能一直向下？你看到的信息将它判断为一直向下，但显然不是这样的，这就是著名的彭罗斯阶梯。

再看一个，这是一个魔术类型，竟然往上走，好奇怪啊！我们再看一下，其实是向下走。这是跟魔术相关的，魔术就是跟大脑处理方式相关的，就是利用视错觉，用大脑的处理方式来欺骗我们。魔术我们不讲，我们给大家讲这个例子意思是什么？就是当信息传到我们的视网膜上形成影像这是第一步。大家都一样，所有人都一样，只要你是正常人就都一样。关键是第二个可能不一样。第二个就是我们大脑对信息判断的时候不一样，有的是这个事实，有的是另外一个事实，而在判断这个事实的过程中很容易出错。我们以为的事实很有可能是幻觉。

好了，接下来我的讲座接近尾声了，我想跟大家分享一下，在生活中我们所看到的错觉的一个典型的场景。其中一个典型的场景是魔术，刚才说过。还有一个典型场景，可能大家没有注意到：赌场出千，我们以为的事实是没有出千，其实别人出千未必你能看出来。有一个人叫姚剑云，他曾经因为出千被别人打断腿、断指，于是他出来揭秘告诉大家出千的各种把戏，告诉大家不要再赌。然后我们看视频，大家仔细地看，我们能不能看出假来?

这段视频是关于戒赌的，但是我觉得除了跟我讲座相关的这一部分之外，其实还有更多的意义，我就顺带说下，跑个题啊！就是我觉得有三种人绝对要远离的，第一种是赌博的，第二种是吸毒的，第三种是搞传销的。这三种人都是我们需要远离的，因为你真的不知道哪天就搞得你家破人亡！对吧？第一个我们说要远离那些赌博的人，因为赌博里面的玄机太大了！我只是给大家截了一点点、最后一点点，姚剑云那里面讲了很多，赌场出千很厉害！厉害到什么程度？第一，你自己洗牌，他不洗牌，你会觉得他洗牌会做手脚，他不会，他让你洗。你要什么他就可以给你什么，真的是这样！这还不是最绝的，最绝的是他给你说我明着来，我出千了，我现在出千了，他的手一伸一收，你看到什么？什么都看不到！正常不？正常！明着告诉你！他要揭秘嘛，让我们了解的其实是换牌。本来发四家对不对？明着看这个牌是翻开的，不是这样的啊！有人说扑克牌会有假的，那玩骰子，那个是真的，就是丢点数，但是他说骰子也是可以的！他们是揭秘中等偏下水平的骗术，真正的千王他们是不揭秘的。他们靠这个赚钱，怎么会出来揭秘？对不对？

回到我们的主题来讲，赌场出千，信息其实都看过。但是你对信息的处理速度不够快，导致你觉得这是没有出现的情况，实际上它都出现了。这说明什么？说明我们认定的事实受到我们大脑处理速度的影响。我们受到很多的影响。第一步其实大家都一样，其实你都接收到了信息，甚至进入了你的潜意识，但是在你的意识里面你也意识不到，为什么？因为你判断不出来，因为你的反应速度不够快，所以姚剑云说了最后一句："你看到了，但很明显，就是假的。"所以我再说一次，我们所有的认为的事实都具有两个步骤，第一是信息进入视网膜形成影像，第二是你的大脑用影像来判断这个事实，而在判断过程中受到知识背景、期望值，我们的处理方式、处理速度等等的影响，所以我们看到的未必符合真相。

刚才讲的那些例子，都说明这一点。我们看到物体运动的事实吗？没有，我们只是把视网膜上的影像判断为物体在变动，仅此而已。而当我们在判断的过程中受到知识、期望、处理方式的限制，从而出现错误，所以物体运动我们判断它是可疑的。即便所有人都认为物体是运动的，但它仍然是可疑的。就好比所有人都看到那个场景，我都觉得没有那个场景。因为这是大脑处理方式不一样。我要讲的主要的就这么多，并且我强调一下，我讲这么多，其实我并不反对物体运动，我不反对这一点，不要以为我现在在宣扬物理学体系面临重大危机，没有，我只是想跟大家说，这个问题其实还有讨论空间，它并不是那种不容置疑的事实，并不是！而事实是什么？以前我们认为世界是物质的，物质是运动的，运动是有规律的，这是不容置疑的，事实是我们可以讨论。所以我今天讲座如果说有一点儿意义的话，不在于结论，是运动的还是不是运动的，而在于看到一个事物，即便我们有任何人都不能否定的事实，这样的事物其实可能还有不同的角度。这样子可能能够拓展我们的认知边界，能够见到我们生活的意义。我们的意义可能由于边界的拓展而有意思！有趣，是吧！

最后我用一句罗马皇帝马可·奥勒留的话来结束今天的讲座，"我们听到的无非是观点，而非事实，我们看到的无非是视角，而不是真相"。好，谢谢大家！

讨论问答环节

李朝东老师：这个马可·奥勒留的一句话，“无论是高明的见解，还是荒谬的邪说，都可以在哲学家的著作里面找到”。我记得胡好老师在一开始给我报题目的时候，他的题目就是芝诺悖论，副标题是物质是运动的吗？我后来觉得好像这两个问题很难连在一起，而且在一个题目里边直接带出“物体是运动的吗”这个疑问句，我一开始对于这两个题目的组合本身就有疑问，芝诺悖论和物质是运动的吗，这两个怎么能够联系在一起？我和胡好老师商量，当然我对把这两个放在一起本身有保留意见！这个芝诺悖论与物体是运动的吗怎么能连在一起？这个当然也很期待，胡好老师给我们一个很好的论证，今天我们分享了胡好老师的讲座，演讲以后我觉得还是收获很大，但是我们有很多值得讨论的地方。下面我们请大家进入第二个环节，进行讨论，进行提问，如果没有反驳的观点就不是论道啊！所以我们更多地请大家批评。好，海斌！

朱海斌老师：今天非常开心，稍微可以听到一个很细节的讨论的问题了！我有三个问题，一个就是关于常识和逻辑。芝诺说或者按照巴门尼德的看法，逻辑的当然要用逻辑的去针对，常识反对逻辑是无效的，或者说不能去用逻辑的去反对事实，但是我觉得很奇怪的是，比如吴国盛会认为第欧根尼讲得很有道理，第欧根尼的道理在哪儿？他会认为这两个就是根本不同的东西，就是好比芝诺说讲逻辑，那我们就讲逻辑，但我们讲逻辑会发现芝诺是反逻辑的？所以这很明显的是一个范畴错误。把一个实在的和一个数学的对象混淆了。他会认为把这种数学的这种无限度的可分和物理的实在的这种东西，他当成一个东西进行了一个探讨，所以如果最直接地反驳，可能就是他犯下了一个范畴错误。所以我不知道，好像这个胡老师是没有特别谈到，比如第欧根尼是有道理的，这是第一个。第二个就是你谈的关于四维空间的这样一个看法，这个我觉得是有问题的，它有点儿类比不当：高维和低维之间，它是认为从四维看之前的维度的运动其实是不运动的，这里是类比不当。它混淆两个东西，一个是比如说从三维看，它本来应该讨论的是三维的作为运动的一个二维东西，但是实际上按照你的讲述的话，你说的是作为一个二维对象的东西，所以把运动和对象其实混淆了，这已经发生了变异。然后用这种东西去类比的话，那我觉得其实是有问题的。而且可以顺便再谈一点，刻度，从高维看低维，因为这些刻度其实我觉得很明显是一种时间的空间化，就是忽略了时空之间的本身的一种差异，就是时间本身它无数次，它可以无穷下去，但是空间本身不是。空间有一个无穷大和一个无穷的和这两个概念，所以这个无穷大和无穷之和这两个概念，包括我讲的时间和空间的差异性也是不同的，所以我觉得这个四维的论证显然有问题，是类比不当。然后第三个就是你最后花了很大篇幅给我们讲的这个，很精彩，但我觉得它的问题就在于，如果按照汉森的这种观察者理论的话，如果我们所有的感知、所有对事实的判断，它都是具有某种差异性的话，我们根本无法肯定任何的交流，甚至一种对自身的判断的重复，所以这导致了一种自身否定。这种自身否定，最终它会导致一个归谬。而如果我们就是采取一种更合理的方式，比如说采取一种分层的方式，我们会区分不同的层面。比如说我们观察负载理论，它会给我们的观察负载上某种个人的情感、个人的色彩等等视角，但是它本身我们还是要肯定它的同一性，有一个内核的本质属性的一个同一性。不然的话，任何观察、重复、交流等这些东西都是不可能的。所以我觉得第三个，其实它并不能很好地做一个对运动不可能的证明。好，这就是我的三个问题和看法。

胡好老师：非常感谢，这三个问题我感觉都很难。第一个就是吴国盛老师那篇论文，讲芝诺悖论，就讲了你刚才的那个意思：他混淆了实在与数学，数学是指关于算术学科的理论。这个地方，目前我还不好说怎么评论它，你刚才说的意思和吴老师的意思差不多，怎么评论它我觉得还需要再好好思考一下。第二个问题就是你讲关于四维的问题。其实时间与空间是有差异的，对吧？我把时间空间化可能会有些问题，不过你刚才讲的理由里面，我听到一个比如说时间可以无限地区分，然后空间好像不可以。这个理由我觉得可能还不能把它们区分开，空间可以无限分，时空都可以，它可能在别的方面会有一些差别，不同立场的人可能在具体的细节上会有一些交锋。但是你刚才讲的那个理由我觉得还可以补充一下。你说差异在于时间可以无限分，空间不可以，但都可以。然后第三个问题，汉森的理论，很容易陷入相对主义。就算大家看同样的东西都不一样，那还会有什么共同的、普遍的东西能保证这一点？这个保证，是说没有一种绝对的原则去保证它，但是也不会导致那种极端的相对的结果出来。但是大概的框架可以保证它，比如说数学、物理学、化学等基本知识。情感那些就属于相对的知识，而那些相对的知识、例子不太好找，对吧？所以我想说，按照这个理论，它确实很容易陷入相对主义中去，但是怎么防止陷入相对主义？可能有一种方式是这样的：就是这个理论强调其实我们看到的东西要保持它的普遍性的话，其实可以一起协商、一起短暂思考啊！还有我们可能有短暂的这种思考，比如像刚才说你看这是鸭子还是兔子，其实短暂思考以后，你这两个都看得出来，对不对？其实大家是慢慢地形成一个类似趋同的一个倾向，对吧？是这样的。不过你刚才讲的，它容易陷入相对主义，这确实是它很容易面临的一个挑战，的确是这样的。

贾克防老师：胡老师讲得非常精彩啊！收获很大，很多启发！其实有两点我和海斌感觉是一样的，可讨论的地方一个是四维主义，哲学上有一种四维主义，然后数学和物理学也有四维主义。哲学上的四维主义是说我们一个物体，它在时间中的这种延展我们把它当作一部分来处理，就像空间的部分一样来对待。但是这样的一种处理之后，它跟运动没关系，就是你要我们考虑运动的时候，还是在三维空间加时间发生的。我们只是在考虑它的时间部分的时候，把时间里的延展当作和空间不一样来对待，但是这不否认时间的一维性。比方说时间不可能回去对吧？那空间你可以往前走也可以回去，时间不能回去的，所以哲学的思维跟你讲的不太一样。然后第二个就是数学上的第四维或者是物理学上的第四维，我们也有一些讨论，但跟你讲的又不一样，因为物理或者是数学里面讲的第四维仍然是空间不是时间，时间是比方说弦理论的物理学家会认为我们的整个宇宙其实是由 11 个空间维度组成的，但是这些空间维度都是空间没有时间。所以第四维还不是时间，跟时间没关系。如果把你说的第四维等同于空间、时间的话，空间与时间还是不一样的！第四维不可能是空间，就排除了我刚才说的那两种四维主义。你说的第四维的话，它不是空间，因为空间可以回去，而时间回不去，这是个大前提。然后第二个就是观察渗透理论。我想说的一点是，你举的这些例子里面有一个不自洽的例子。就比方这个图也可以说是按你的说法，你可以把它作为一个观察渗透理论，还有另外一个是变化盲视。但是这两个例子是非常不一样的。因为这个例子是无论什么时候看这边都是四个了，那边都是三个，但是在变化盲视里面，我一开始没注意那个男的变成一个女的了，男的变成女的我还没发现，但是你告诉我回去看的时候，我就知道它们的差别了。这个是什么？你永远看这个是四个，那个是三个？这个其实不是，就跟变化盲视是完全两种情况。变化盲视不是一种视觉上的错误，变化盲视是一种人的盲区，然后比如只是在特定的场合下才会发生的，它是生活里面非常稀少，但是观察渗透理论是涵盖所有的观察的，所以这个例子我觉得还是值得商讨的。然后还有一个就是你讲的那个做梦。我不知道我在做梦，或者说我知道我不在做梦，然后从这边作为逆否命题，然后到了我不知道我在做梦。其实我觉得跨越有点儿大。从我知道到我不知道，这个是推不出来的，这个是很显然的是吧？比方说我问你，你知不知道外面下雨？你说我不知道在下雨，但你不能推出来我知道没在下雨是吧？这是完全推不出来的，所以从认知状态里面，他不能经过这种转换，这种转换是很难过去的，然后这是可以商讨的地方。第四点是我想问，就是你讲了很多的怀疑主义，怀疑主义最后会把我们引入一个很大的坑。怀疑主义本身是个坑，这个坑大到把它自己都掉进去了。就是说你说看到的是可疑的，经过逻辑推论的才是真的，那彻底的怀疑主义者会问你为什么让我不要相信眼睛，相信逻辑，我觉得你的逻辑有问题，我干脆逻辑也不相信，是吧？你跟我说我逻辑推论出来都是真的，眼睛看见的都是错的，那我为什么要相信逻辑，对不对？逻辑更可能错，是吧？所以怀疑主义会走向这么一个非常极端的方面。如果你想为芝诺辩护，或者让我们重新去怀疑运动的话，我觉得需要做的一件事，是你需要为逻辑推理辩护，就是理性推出来的为什么一定是对的，而眼睛看到的耳朵听见的却是不对的？这是我的最后一个问题和结论，感谢！

胡好老师：好，谢谢！问题有点儿多，而且确实很难回答。

李朝东老师：胡好老师，我建议你先喝口水。

胡好老师：好，谢谢！先是第一个，我刚才讲并没有把时间完全等同于空间，只是说把时间的那种流动性，把它看成空间的一种刻度。大概是这样，时间，比如说我们总是感觉它从过去流到现在、流到了未来，这种时间是流动的。但是，有的哲学家否定了时间的存在，认为时间是不存在的。他是怎么否定的？其中有一个很有意思，就是说我们所认为的时间从过去流到现在流到未来，如果你把它空间化以后，它全部就是先后关系，没有什么流动关系，是先后、左右、上下关系，没有什么流动。所以我想回答你的第一个问题，我想回答的第一个小点，就是说有的哲学家把时间看作空间的一个结果，他把时间的流动取消。怎么取消？就是把时间放在一个类似于空间具有的先后上下，就没有流动了。有一种观点叫 A 理论，假设时间从这儿流到了那儿，这叫 A 理论；其实关于时间还有 B 理论，B 理论是什么？时间的过去就是左边，时间的未来、时间的现在就是右边。如果让我们来讲，就是同时的，是静止的。如果时间不流动，那我们所说的运动基本上都可以把它换到静止上面去。这是第一个问题。

然后第一个问题里面其实还夹杂了一个物体的运动问题。物体的运动，其实在物理学里面我刚才讲的是四维空间这个空间，而这四维空间我们是怎么做的？我们是把四维时空看作四维空间，是这么来做的。一旦把四维时空看作四维空间，就把时间看作高维度空间中的一个维度，看作是这个样子，如果这样的话，我就把流动取消了，大概这么一个意思。

然后第二个问题，我可以明确地说就是关于变化盲视和错觉的问题。我现在可以明确地表态，它们一定不同！变化盲视它不是错觉，但是它们可以共同说明一个道理。这道理是什么？这道理是对于同样的、对同一个信息我们可能受到大脑注意的影响，受到我们大脑处理方式的影响，我们看到的却不是真相，是这个道理！错觉很明显，我们大脑的处理方式是这样的，它一定是这样的，这是非常极端的情况。但是变化盲视也可以适用这个道理，在某种情况下，由于注意力的分散，你其实还是看到两个人，其实这信息都已经到脑子里了，但是你的主观判断确定了看到一个人。所以这两个例子我并不是说变化盲视和错觉是一样的，没有这个意思。我只是说变化盲视可以说明，对同样的信息，大脑可以把它看成错觉。错觉的意思就是不符合真相。为什么不符合真相？因为你的注意力是分散的，就这个意思。并没有说变化盲视它一定是错觉，它跟错觉不一样，但它仍然会导致错觉。为什么？因为刚才说了，你所感知到的、看到的事实不一定是真相。你看到的事实是同一个人，而真相是两个人。

然后第三个问题，你刚才讲得我觉得也是很有道理，就是我知道和我不知道之间这个地方可以讨论一下。我讲得非常快，我认为还有必要讨论一下。你刚才讲得非常好。第四个问题，就是我们凭什么相信逻辑，不相信感觉，对吧？其实我觉得这个就是立场，因为其实你如果站在另外一方，你可以说凭什么相信感觉，不相信逻辑，对吧？它是个立场，而我刚才讲的不能相信的一面，就是说你不能走极端，你只相信逻辑，完全不相信感觉，我觉得不对；你只相信感觉，不相信逻辑，我觉得也不对；所以我觉得需要平衡。就好比什么，就好比我们做理论的，你能忽视常识吗？你不能忽视，常识天然就有合理性，我们能完全相信常识吗？也不能完全相信，你得需要理论去调整常识。它需要在常识和理论之间进行一个平衡。逻辑与感觉也是这个关系，我们不能完全相信逻辑，逻辑至上，让你什么都搞不成；那也不能完全相信感觉，感觉这东西确实不可靠，而且同样的一件事情我们可以有完全不同的感觉。那需要怎么样？平衡一下。

学生1：胡老师好！我的问题就是汉森的观察渗透理论与康德知识论有什么样的关系？如何看待？知识的客体与知识的客观性，它们之间有什么关系？第二个问题是芝诺悖论里面把物体运动当作物体运动的空间；谈到时间，但是它会不会造成对客观时间、主观时间、内时间意识之间的混淆？

胡好老师：第二个问题我现在就回答了，吴国盛老师以前写到了，可以去看一下。第一个问题就是汉森的观察渗透理论让你想到了康德，我也想到了康德。因为观察渗透理论实际上有个推论——就是理论是先于观察的。就是我们刚才讲我们看到事实已经隐含了知识背景在里面，这说明了什么？说明知识背景是在先的，我们有了知识背景，我们才能看，这些东西不就是康德的吗？观念是在先的。对不对？换在康德的理论里面，我们的认识形式是先于质料的，你的感性能够得到那些直观的质料，这些东西都是认识形式在先，正因为你的认识形式在先加工了，所以才看着了。比如我们的认识形式是时空，那我们看到的对象一定在时空之中啊！我们的认识形式里面有因果关系，所以我们看到的那个对象它就一定在因果关系之中啊！它是在先的啊！而汉森也是这个意思，我们的观念是要先于这个事实，对吧？你只有找到这个观念，你才能看见这个事实。有的时候就是这样，你没有这个观念，你根本看不到事实！典型的例子就是学医的看显微镜的例子，你没有那些专业知识，你看显微镜什么都看不出来，你就看到一些小点点，人家看出病灶出来，为什么？因为他有专业知识，观念在先嘛！对不？

李朝东老师：咱们这样啊，时间有限，咱们不要太长，只提一个问题，如果有讨论咱们简单一些，好不好？

学生2：胡老师，我们有关于时间的观念，我觉得很可能是需要依附于一些东西，比如说我们有记忆或知识，因为我们有了记忆所以知道过去，我们知道过去并且我们有知识，很可能我们一直存在并且我们一直期望未来存在。但是我的问题是，如果我们没有了知识，没有了记忆，我们没有了一切的时候，还能感觉到时间的存在吗？没有记忆，不记得任何时刻，没有了过去，每过去一刻我不记得任何东西，我还能够感知到时间的客观存在吗？

李朝东老师： 好，你的问题不知道胡老师听清了没有？因为我听清楚了。

（观众笑）

胡好老师： 我有一个提议啊！我待会儿做一个简要的回答，但是我想请李老师做一个回答，因为这方面李老师有相当丰富的知识和经验。好，我们现在就请李老师回答！

（观众笑）

李朝东老师： 这样，要么胡老师回答，要么这个问题先质疑吧。我今年在《西北师大学报》2019年第一期，刚刚发表了一篇关于时间意识的论文。我看后面咱们就再不讨论时间问题，找一个时间，我专门也在咱们这论道上论一次时间，题目叫《内时间意识结构分析》。最后让姜老师提个问题吧！

（观众鼓掌）

姜宗强老师： 胡老师好！请教一个问题，你刚才提到我们人类的感官视觉这些都是有局限的。我要问的是，如果说逻辑也是人类思维构造的产物，你认为逻辑有没有局限？更核心的问题是人类认知的界限在哪儿？比方说除了我们说的这种感官和逻辑之外，还有没有其他的认知方式？可能我们常规的哲学史不会探讨，但是在人类文化史中也提到过。比如说佛陀悟道——佛陀睹明星而悟道，你可以说这也是一种特殊的认识方式，包括禅宗去讲顿悟的时候，他讲"空手把锄头……桥流水不流"，就要打破逻辑的那种局限。所以我的问题就是人类逻辑的局限，人类的理性有没有局限？人类认知的局限和范围?

李朝东老师: 姜老师这个问题太大了，这都属于康德这些人回答的问题。

胡好老师: 我简要地来回答一下。就是刚才姜老师讲的问题，让我立马就想到了德尔图良。因为逻辑的界限、理性的界限，我们可以从德尔图良那里得到一种感受，这当然有界限。德尔图良说上帝的儿子死了是荒谬的，正因为荒谬，所以才应该相信。然后他说的第二句话是，上帝儿子死了之后又复活了，这是不可能的，正因为不可能，所以才相信。很奇怪，这就是他的一个观点，概括一句话，正因为荒谬，所以我们才能相信。他为什么这么讲?当我们讲一个东西荒谬的时候，我们是站在理性的视角说的荒谬，因为它不符合理性的法则，死了怎么能复活啊?不可能啊!这不符合我们的法则啊!除非假死，但他是真死。他真死了，但又说他复活了，我们的理智理解不了，所以我们说荒谬。但是当我们说到荒谬的时候，我是站在理性的角度来看。但是我跳出来，我恰恰看到理性的局限性，理性的限度。理性在荒谬面前显示出理性的限度。因为理性，如果说它是一个圈的话，在它圈子之外的都会被说成迷信、荒谬。但是，你如果站在它的外面，你从信仰方面，从爱情方面看，又是另一种景致。我个人觉得，正因为有这些非理性现象的存在，我们恰恰才能看到科学的限度、理性的限度。这就是康德讲的，我们要为知识划界，为信仰留下地盘，而且我现在加上，不仅要为信仰留下地盘，还要为爱情留下地盘，还要为艺术留下地盘，这个东西，理性都不能让它停止。现在有人讲诗歌怎么作?搞个数学公式去作。中国知网曾经发过一篇论文，《男生追女生的数学模型》，很简单，搞几个变量，然后搞个什么极限求值，就能建立出模型。但是我个人觉得应该像康德一样，我们把科学划个界限，为爱情为艺术留下地盘。好，这是我的看法，谢谢。

李朝东老师: 时间关系，我们今天晚上的讨论就到这儿，最后我们再做个小结。首先，胡老师，我纠正你一个小小的错误，你图里边有一张图表，说的是第欧根尼。亚历山大征服世界，回到罗马以后，群臣们都来朝拜他，图片的讲解是这个，结果有人后来向他报告："亚历山大大帝，有一个人也挺有些名气的，他就是不来拜你。"亚历山大大帝就问："谁啊？"那人说："叫第欧根尼。"后来就有了亚历山大问他你想要什么？最后第欧根尼的回答是："走开，别挡住我的阳光。"亚历山大说："我征服世界，拥有一切，他一无所有，只拥有阳光，但是但愿我是第欧根尼他是亚历山大。"我想纠正的是，这个第欧根尼和反驳芝诺悖论的那个第欧根尼不是同一个人，这个第欧根尼是亚历山大时期的第欧根尼，站起来走路反驳芝诺的那个第欧根尼是拉尔修，写过《言行论》的那个第欧根尼。第二个就是不能把常识等同于感觉。在和克防老师讨论的过程中，逻辑和感觉，这个常识不能等同于感觉。不管是通过感觉，还是通过逻辑，经过论证以后被我们接受下来，不管是作为真理还是作为共识，共同被我们遵守的东西都是常识。尤其是现在提倡"回到常识""回归初心"，可不是回归感觉。

芝诺悖论一共有四个，今天晚上胡老师讲了三个，其中还有一个叫作运动场辩：运动的核心就是一半时间等于一倍，如果你承认运动，那就是一半的时间会等于一倍的时间。因为它没有举例，我现在也没有办法用什么样的方式告诉大家。一共有四个，二分法辩、阿喀琉斯追不上乌龟辩、飞矢不动辩、运动场辩，其实这四个辩题，我们来看它的背景。古希腊第一哲学家泰勒斯和他的后继者追问世界的本源是什么？就是气、是水、是火，那么毕达哥拉斯认为是数，那么究竟是数，带有精神性、思辨性的数，还是可直观到的水、火、气？争论不休。这个时候赫拉克利特出场。赫拉克利特说它既不是水也不是气，也不是数，我们把这个问题世界的本源，世界得以存在的最基本的原则，放到思想和语言中来讨论，这就是赫拉克利特所说的逻各斯，我们把它放到逻各斯里面来进行讨论。

那么当他特别提出了逻各斯的时候，爱利亚学派出场。巴门尼德就说既然是在语言中来讨论，我就提出一个存在，这个存在、巴门尼德的存在，用的是英语中的系词的第三人称单数。实际上后来紧接着在他之后不久，柏拉图和亚里士多德就已经把它抽象成了系词的分词形式，也就是 Being，所以他只不过是没有把它完全从具体的语境中抽象出来，它还紧贴着感性的具体语境。但是我们今天都知道，巴门尼德的存在，就是那个系词的分词形式Being，但是芝诺想我老师说啥，我就说啥，老师说存在是唯一的，我就论证存在是唯一的，老师说存在是不动的，我就论证存在是不动的。那么他论证存在唯一、存在不动的时候有四个例证，就是刚才讲的芝诺悖论。但是问题是他论证的时候，从巴门尼德到芝诺有一个存在被改换成了物体，他是用物体来举例子。比如说巴门尼德认为存在是唯一的，或者我们把它用英语来说，Being 是唯一的，Being 是不动的，你看它的系词，比如说第一人称我是人，第二人称你也是人，第一人称我是男人，第二人称你是女人，第三人称他是老年人，一二三人称它都有一个系词，然后再把过去、现在、将来时加进去以后，它有个你我他过去是什么、现在是什么、将来是什么，有个时间。希腊人说万物的变化最终都是要表现在我们的时态中，我们可以通过过去、现在、将来时态来表现万物变换。这就是赫拉克利特说为什么我们要在逻各斯里边讨论对象。

那么巴门尼德说，当我们把主语和宾语都抽象了以后，把那个系词就从时态中抽象出来，抽象出一个分词变成一个名词。当变成一个名词以后叫作Being，我们一般把这个词翻译成存在。巴门尼德说那个存在是唯一的，是不动的，他已经不在时态中了，不再反映对象的过去、现在、将来的变化，所以它是静止的。可是老师这样说了，这个第欧根尼站起来反驳他，走动着反驳他，芝诺也就用感性的物体举了四个例子来为老师辩护。

其实我觉得这些辩论在古希腊时代和后来西方的发展非常有意义，但是今天把它作为一个问题去研究已经没有多大的意义。你就好像说今天我们再去证明，泰勒斯说水是万物的本源，你还去证明这些问题，已经没有多大意义了，它是那个时代人们思考的结果，但是他的思维方式有意义。你比如说阿喀琉斯追不上乌龟，稍微后一点，亚里士多德在他的《形而上学》里边就明确回答了，阿喀琉斯可以追上乌龟，只要允许他越界。就是你如果设定一个界限，他永远也追不上，你如果允许阿喀琉斯能够越界的话，他总会能够追上，所以这就构成了一个西方人思维方式的特点，他们总是要思想越界。

你给我划定一个界限，我一定要超出那个界限去看看界限的另一边，这就是西方的怀疑、冒险和创新精神。那么后来这个思想再讨论，讨论到后来的时候，黑格尔在他的《逻辑学》里边去说，阿喀琉斯也可以追上乌龟，只要一点一点地积累下去，让量变积累到一定程度，就会引起质变，一旦引起质变的时候不就追上了吗？所以说，我觉得像阿喀琉斯追不上乌龟等等芝诺的悖论，它更多的是后来的西方思想家不断思考，它引起了整个西方思想家思维方式的变化。你或者说，由于有了这个论辩，才有了黑格尔的质量互变规律，先有积累，积累到一定程度，就会突破度的关节线引起质变。

还有其他的几个命题，比如像二分法辩、飞矢不动辩，这里边后来西方人经过一千多年的研究，在中世纪的神学家们不断地思考讨论以后，到文艺复兴结束以后，西方人就在这个理论里面引出了微分和积分理论，它引起了数学思想的巨大变化。所以说他说的吴国盛老师，去年我还请他到这儿来，给我们“中和论道”作报告。吴国盛老师是一个学科学史的专家，科学史方面的知识非常丰富，但是他仅仅把芝诺的辩题看作是一个科学史命题，而没有把它看成是一个哲学或是形而上学命题。所以我今天晚上最后做一个评价，胡老师演讲没有区分巴门尼德“存在唯一和存在不动”，到芝诺那个地方被改换成或者偷换成了物体，然后通过物体最后把它又改成了“物质是运动的吗？”这个命题，显然物质和存在 Being 这个词是不能互译的。本来巴门尼德以及芝诺的论证是论证存在的，你只能把它放在古希腊语境里边才能去理解它，但是在这个地方变成了一个物质是运动的吗？物质的运动，那么就有两种方式：逻辑可以证明，事实也可以证明。逻辑既不能证明事实也不能证明，当两个都不能证明的时候，最后胡老师直接把它归结为一个心理感觉：我以一个主体不同的知识为背景，我看到的那个事实如果是事实，我们大家都承认，它就是真的吗？当我们把整个世界还原成一种心理感受的时候，或者一种心理感觉的时候，我们就必不可免地要被导致或者走向怀疑主义和相对主义。怀疑主义和相对主义再向前走一步，必然会导致解构。所以我在这儿也建议大家，心理主义可以给我们关于世界的认知提供一个解答，但心理主义的答案永远具有相对性。你比如说前面那个图片，两个脸对起来的，中间是一个酒杯，看白的部分是两个人的脸，看中间黑的这个部分是一个酒杯，是吧？这照片是一个心理测试，可是那是事实世界吗？那是心理学家设计出来的一个实验。

从事实出发，我们怎么获得关于这个世界的真实认识？心理学能够给我们提供路径和帮助，但绝对不可能把我们引向最好的证明，尤其是不能把世界最后还原成我们一个心理事实、一个心理观察，我们看到的无非是视角而非真相，那么我想可能还是我们受后现代主义的影响太大，我们要在与后现代主义的顽强斗争中，坚信还是有世界的真理和真相的。我们不仅有观点，而且我们还能拥有事实；我们不仅有视角，我们还能拥有关于这个世界的真相。否则的话，我们就活不到明天。希望明天更美好！好，谢谢。今天晚上就到这儿！

第六讲

儒家的中庸之道

主持人张立恩老师：各位同学，各位同仁，大家晚上好！经过一个漫长假期的等待，我们终于又迎来了“中和论道”的讲座，这也是我们哲学学院成立以来的开年第一讲。按照传统儒家的讲法，“开端”“开始”，它是非常重要的。为什么这样？比如说《易传》里面它有这样的一句话，它说：“知几其神乎？”“几者，动之微，吉之先见者也，君子见几而作，不俟终日。”“几”是什么？“几”者端倪也。那么，再比如说大家比较熟悉的《春秋公羊传》，它讲：“元年春，王正月。”《公羊传》它在解释的时候，就说“大一统也”。什么叫大一统？不是我们今天所理解的大统一之类的解释，这种解释是后来出现的。我们要看东汉时期的何休，他是这样解释的，“元者，气也。以元之气正天之端，以天之端正王之政，以王之政正诸侯之即位，以诸侯之即位正竟内之治”，也是说从这个“始”我们就可以开出天地万物，人间秩序都可以由此开出，那么可见开始是非常之重要的。

在我们哲学学院成立这样一个特殊的时刻，我想有必要非常隆重地介绍一下我们今天到场的嘉宾。他们是西北师范大学副校长李朝东教授、甘肃省中和集团洪涛董事长、甘肃省建筑设计院莫院长、陌上书院朱会长、甘肃融创立方李老师和赵老师。虽然我们哲学院的老师大家都比较熟悉，今天还是要介绍一下，因为这是我们哲学院的开年，他们是哲学学院常务副院长姜宗强教授、副院长师庭雄副教授、党委书记李光华、副书记黄长军、王金元教授、朱海斌老师、贾克防老师，还有我们的国际文化交流学院的杨同军副院长、外语学院的蒋世强老师等，当然还有我们哲学学院的博士生和硕士生以及其他来宾，欢迎大家！

大家都非常清楚，我们的“四书”中的《中庸》向来被视为是儒家尧、舜、禹、汤、文、武、周公、孔子、孟子圣圣相传之心法义理，在中国儒学发展史上是非常重要的一本经典。我们都知道在汉唐时期儒学的重点是外王之学，而到宋代开始，开始了一个四书升格的文化运动。可以说经过了宋代的理学——尤其是以朱子为代表的这些理学家的反复表彰，四书为核心的理学思想成为南宋以后中国的重要思想，而且它还影响到韩国和日本等国家，也成为影响整个东亚的重要思想。这其中《中庸》就成为被理学家反复加以阐释的经典。可以说《中庸》对于理学的发展具有极为重要的作用。由此我们可以看到，包括《中庸》在内的四书在我们中国和整个东亚地区的影响是如此之大。所以，在今天这个时代，《中庸》这本经典以及“中庸”的思想仍然特别值得我们继续学习。

朱子曾经有一首诗：“胜日寻芳泗水滨，无边光景一时新。等闲识得东风面，万紫千红总是春。”他这是要表达什么？他表达那种在乱世中追求圣人文道的美好愿望。在今天我们虽然不能够沐浴泗水，可是我们可以像司马迁在《孔子世家》里面所讲的：“高山仰止，景行行止，虽不能至，心向往之。”所以我们有幸邀请到我们哲学学院的贺更粹教授，由她今天晚上为我们开讲——《儒家的中庸之道》。

我还要再铺垫两句话，我们知道大家对《中庸》大概非常熟悉，可是我们不得不问《中庸》到底在讲什么？在我们今天那种流俗的、世俗的，甚至是一种低俗的理解当中，“中庸”已经被理解成一种不讲原则，一种和稀泥的好好先生的做事风格，儒家最高明的“中庸”竟然被说成是孔子所谓“乡愿，德之贼也”，“中庸”成了乡愿这样一种东西的代名词，那么“中庸”真的是这样吗？下面我们有请贺更粹教授为我们开讲！

主讲人贺更粹老师：大家晚上好！我今天报告的题目是《儒家的中庸之道》。那么，什么是“中庸”？在现实生活中，我们经常会听到“中庸”这个词。我就曾经听到一位地方领导干部说：“我们中国人最讲中庸！”而他说话的语境，是对“中庸”含义的贬低理解。也就是说，他说“我们中国人最讲中庸”，所表达的是：讲究中庸的中国人，喜欢做老好人、墙头草，喜欢和稀泥。那么，如此理解“中庸”，对吗？答案是否定的，完全错误。

下面，我们就依次从以下三个方面：何谓“中庸”，中庸之道的表现形式，中庸与乡愿的区别，来了解儒家的中庸之道。

首先，何谓“中庸”？

“中庸”是孔子提出的。孔子将中庸作为最高的道德要求：

子曰："中庸之为德也，其至矣乎！"（《论语·雍也》）

孔子说：中庸作为一种道德，是至善至美的！中庸是方法论，是待人处事的方式方法，也是价值观，是智慧和道德。所以掌握和坚持中庸之道堪称世界上最难的事情。正因如此，孔子才会如此讲："天下国家可均也，爵禄可辞也，白刃可蹈也，中庸不可能也。"（《中庸》）天下国家可以平治，官爵俸禄也可以辞去，可怕的利刃也可以践踏，而中庸之道完全做到却不可能。什么意思？道德修行最难！

"中庸"，源于"中道"。在我们中国文化中，"中道"由来已久，源于尧舜禹禅让的故事。南宋朱子在他的《〈中庸〉章句》序中说：子思子为什么要写《中庸》这本书？子思子就是孔子的孙子，他把以前"中庸"的内容，按照朱子的解释是口耳相传的，用文字写下来了，写出一本书，这本书就是《中庸》，里面所表达的内容，就是"中道"。并且这个内容在"经"里面其实已经有表述了。这里的"经"，指的就是儒家五经之一的《尚书》。在《尚书》这本书里面，有这样的记述，说：尧给舜禅让的时候，说了这样四个字——"允执厥中"。允，就是诚信；执，就是执守；厥，就是其中的其；中，就是中道。也就是说，身为国家最高领导人，你要坚守住中道，要行中道，以中道治理国家、管理社会。后来舜把天子之位禅让给禹的时候，将尧给他传授的这四个字，扩充为十六个字：

人心惟危，道心惟微，惟精惟一，允执厥中。

这就所谓的十六字真言。"人心惟危"，什么是"惟危"？就说人心危殆而不安。为什么说人心危殆而不安？因为我们人心或在声色犬马之上，或在名利高下之上，我们都在强调，都在追求，人人都有争强好胜之心，甚至有些人还有嫉贤妒能之心，有的人还有狭隘之心，还有吝啬之心，还有是非之心，等等。所以说人心是很危殆的。而"道心惟微"，微就是微妙，为什么说道心是微妙的？我们从道家《老子》这里可以明白，所谓"道之为物，惟恍惟惚”，这是说道这个物，它是一个恍恍惚惚的东西，是一个玄而又玄的东西。所以说道是微妙的，我们人的感官很难把握到它。因而，我们要做到“惟精惟一”，对此我们可以参照明代大儒王阳明的解答，他的弟子问，惟精惟一是什么意思？他说：“博学、审问、慎思、明辨、笃行者，皆所以为惟精而求惟一也。”通过广博地学习、详细地探究、谨慎地思考、明晰地分辨、笃实地践行，也就达到惟精惟一——精益求精、专一其心，达到了天人合一的境界。可以说王阳明对“惟精惟一”的解释，是比较精确的。

“允执厥中”，一定要行中道。可见在上古的时候，在尧舜禹禅让之时，就已经提到了“中”，提到了“中道”。1700 年之后，到了孔子，他在这个“中”的后面加了一个“庸”字，称为“中庸”。

关于“中庸”，前人有不同的解释。东汉经学家郑玄在他的《礼记目录》中，是这样解释的：“名为中庸者，以其记中和之为用也。庸，用也。”到了北宋，二程则认为：“不偏之谓中，不易之谓庸。”（朱熹《四书章句集注》）中是不偏的意思，庸是不易，就是不改变的意思，中是天下的正道，庸是天下的定理，就是不变的道理。后来到了朱子，他接着程子讲，中是不偏不倚，无过不及之名，庸是平常。

简单地讲，什么是中庸？一句话——“不偏不倚的日用常行之理（礼）。”而“礼者理也”。这是说礼乐的“礼”就是道理的“理”。儒家五经之一的《礼记》，就是如此解释的。就是说我们人制定的礼乐制度，它是源自天理的，天理是礼乐的形而上依据。

中庸的基本内容是：待人处事，既不要过分，也不要不及，中庸的状态，就是“和”，就是无过无不及。所谓“过犹不及”，说的就是这个意思。

我国古代有一则寓言故事《黄公嫁女》：齐国有一个姓黄的老相公，很讲究为人谦逊。他有两个女儿，长得非常漂亮。有人赞美他的女儿，但他却常常说：“小女相貌丑陋，不足挂齿。”长此以往，众人都信以为真。因此，黄公二女丑名远播，到了婚嫁年龄，没有一个人来上门求亲。后来卫国有个人死了妻子，无钱再娶，便跑到黄家求婚。等到婚礼完毕，揭开盖头一看，大吃一惊，竟然是个绝代佳人！消息很快传开了，大家才知道黄公过于谦虚，竟然把自己貌美如花的女儿说丑了。大家知道了这个情况后，小女儿便有许多名门望族来争相提亲。这个寓言告诉我们，凡事都要无过无不及。谦虚本来是一种美德，但过犹不及，太过谦虚，好事也会变成坏事。

为了更好地了解中庸之道，下面我们对中庸的“中”和“庸”的义涵，分别予以了解。

概括地说，用作“中庸”的“中”字，有“真”“善”“美”三层意思。就价值判断而言，“中”可以释作“善”。许多早期文献都是在这个层面上使用“中”字的。如《尚书·盘庚》有：“汝分猷念以相从，各设中于乃心。”盘庚是商朝的一位君主，他在迁都前向臣民发表的讲话，就是所谓的《盘庚》。“汝分猷念以相从”，你们应当遵守我制定的规范，“各设中于乃心”，各自在内心深处建立起善的观念。也就是说，你们应该端正态度，跟随我迁都，我会为你们安排很好的生活。这里的“中”是“善”的意思。可见，早在商代，“中”字就作“善”来使用了。

“中”不仅是价值判断上的善，也是认知判断上的真。

孔子谓：“柳下惠、少连，降志辱身矣。言中伦，行中虑，其斯而已矣。”谓：“虞仲、夷逸，隐居放言，身中清，废中权。”(《论语·微子》)

孔子认为，柳下惠、少连二人，虽然被迫降低自己的意志，屈辱自己的身份，但他们的言辞却符合伦理规则，行为也经过深思熟虑；虞仲、夷逸二人，过着隐居的生活，说话很随便，但却能够洁身自好，离开官位也算是符合权宜之道。在我们古人看来，价值判断与认知判断之间的界限不是很清楚。所以，符合伦理规则，既是真，也是善。

“中”字的第三层意思体现了美的“和”。所谓“和”，就是两个或两个以上的事物结合在一起，形成某种和谐的状态；这种状态相对于原来的事物，可以被称作“和”。“和”就是一种美。《左传·昭公二十年》有“和如羹焉”的说法。说齐侯打猎回来，晏子随侍，有位叫梁丘据的人驱车赶来迎接。齐侯感慨道：“惟有梁丘据跟我和谐呀!”晏子说：“梁丘据也只不过是与您相同而已，哪里说得上和谐?”齐侯问：“和谐与相同不一样吗?”晏子就用烹饪来论释“和”。说厨师用各种食材、调料，按照一定的比例、步骤，精心烹制出一道菜。这道菜实际上就是那些食材、调料所呈现出的“和”的状态，我们称之为“美味”。音乐也是如此。美妙的音乐之所以悦耳动听，是因为创作者能够将音乐的清浊、快慢、高低诸元素完美地协调起来，达到“和”的状态。而国君您夸赞的梁丘据，国君您认为行的，他也认为行；国君您认为不行的，他也认为不行。这就如同用清水去调剂清水，没有任何味道，谁也不爱吃；如同琴瑟老弹一个声音，没人爱听。

可见，我们中国文化就是一个“和文化”，崇尚“和”。生活在我们这个“和”文化中的人，自觉或不自觉、有意或无意，都习惯于肯定“和”、和谐，而否定相同，“和”是和谐，是“君子和而不同”。

下面，我们了解一下“庸”的基本义涵。“庸”的第一层意思就是“用”。所谓“庸者，用也”。《中庸》记载：“子曰：舜其大知也与！舜好问而好察迩言，隐恶而扬善，执其两端，用其中于民，其斯以为舜乎！”

孔子说：舜应该称得上是最明智的人吧！以下是舜“大智”的内涵：舜喜好请教别人，而且善于分辨身边人的言论，对别人能隐匿其过错而表扬其长处，掌握了人们过与不及两方面的意见，对人民施以中庸之道，这就是舜之所以成为舜的原因吧。所谓“执其两端，用其中于民”，意思是说，人们对同一件事情有两种不同的意见。他们各自看到问题的一个方面，都有其合理之处。舜的智慧就在于，他吸取了两方面的优点，既不偏重这方，也不废弃另一方，将“中”运用于民。实际上，“中庸”就是引文中的“用其中”。“用”与“庸”在古汉语中是互通的。

“庸”字的第二层意思是“常”。对此，我们可以从儒家十三经之一的《尔雅》中找到注解。《尔雅·释诂上》：“庸，常也。”

在中国传统哲学中，“常”与“变”是两个对立的范畴。“常”就是某种不变的、客观存在的法则。儒家有“仁义礼智信——五常”说。至此，有人可能会说：儒家的“五常”早就过时了，还有与此相关的儒家“五伦”——父子有亲，长幼有序，夫妇有别，君臣有义，朋友有信——现在也过时了，只在古代社会有用。是这样吗？难道现代社会，人与人之间不应该讲仁爱？人行为处世不应该讲道义？与人交往不应该以礼相待？人生在世不需要智慧？不应该诚信待人？难道现代社会，父母与子女之间，不再需要相亲相爱？不再需要父母慈爱子女、子女孝敬父母？兄弟姐妹之间，不需要友好相处？夫妇之间不该有分别？现代社会最提倡男女平等，毛泽东当年提出的响彻大江南北的口号："妇女能顶半边天！"注意了——是半边天，不是整个天，说明什么？男女、夫妇双方的差异、分别是客观存在的，再伟大的人也抹杀不了这一差别。一个很简单的道理：建立和谐的婚姻关系，需要夫妇双方的共同努力，各尽本分，各自担负起与自己家庭身份相对应的责任、义务，而不是把将家庭责任义务完全推给一方。而君臣关系，就是现代的上下级同事关系，同事共事难道不需要道义——也就是讲道理、做事合宜、各尽其责？同事之间的工作是休戚与共、环环相扣的，如果自私自利、恣意妄为、不讲规则，工作能完成吗？还有，现代社会朋友交往，不需要讲诚信吗？可见，只要有人类社会，"五常""五伦"就不可或缺，不仅现在不过时，将来也不会过时。

以上我们主要探讨了"中""庸"二字各自的义涵。"中"字既是价值判断上的善良，也是事实判断上的真实；而动态的"中"，又带有美的意蕴。"庸"字有用和常的意思。了解中、庸二字的义涵，是为了更好地了解"中庸之道"。下面，我们通过儒家典籍，具体谈谈中庸之道的表现形式。

首先，完满状态。其实，中庸的基本思想就是把对立统一起来，以达到一种完满状态。《论语·述而》载："子温而厉，威而不猛，恭而安。""子温而厉"是说孔子"温"然而"厉"。孔子对人温和又保持严肃，是拿"严肃"的长处来弥补"温和"的不足，使"温和"完满，以达到中庸的状态。下一句"威而不猛"，是说孔子"威严"，但是不"凶猛"。威严是一种庄重大方的气质，"凶猛"指的是极端化的"威严"。"威而不猛"就是说处在"威"的状态，但是不要让它走向极端"猛"。"温而厉""威而不猛"，二者结合起来就成了"恭而安"，一种既"温"又"威"的完满状态。中庸这一完满状态，又有很多具体的表现，下边兹举数例：

过而能改，善莫大焉。

《左传·宣公二年》："人谁无过，过而能改，善莫大焉。"人非圣贤，孰能无过。就是圣贤，也难免有过。孔圣人说：他如果从50岁就开始学习《周易》，就可以无大过。有谁能够没有过错？有了过错能够改正，就是再好不过的事了，就是完满。

类似的话，在《论语》中有许多：

见贤思齐。

《论语·里仁》："子曰：见贤思齐焉，见不贤而内自省也。"这是说看到贤人就向他学习，就向他看齐。看到不贤的人要从内心反省，自己有没有跟他相似的毛病，有则改之、无则加勉。可见，与人相处，无论对方是贤还是不贤，对自我进德修业，皆是有益。不仅做人如此，做学问也不例外，或思齐，或内自省。如此，自然就能做到古人所说的"苟日新，日日新，又日新"，天天都有新气象！

不迁怒，不贰过。

《论语·雍也》篇载：哀公问："弟子孰为好学？"孔子对曰："有颜回者好学，不迁怒，不贰过。不幸短命死矣。今也则亡，未闻好学者也。"颜回在《论语》中多次受到老师孔子的赞扬。孔子这里称赞颜回好学，特举颜回不迁怒、不贰过两件事。好学近乎智，怒而不迁移，过而不重犯，是好学所致，是好学的成果。人生大智慧，看似简单，要真正做，却是不易，很多人一辈子都做不到。还有，人善于迁怒，更善于"贰过"。很多人一次又一次被同一块石头绊倒，甚至一辈子都在犯着同样的或类似的错误，却毫无意识。如此人生，何来完满？！

敏于事而慎于言，就有道而正焉。

子曰："君子食无求饱，居无求安，敏于事而慎于言，就有道而正焉，可谓好学也已。"（《论语·学而》）孔子说：君子饮食不追求饱足，居住不贪图安逸，做事勤快，说话谨慎，向有道德的人学习以修正自己，可以说是一个好学的人了。不求安饱，是因为志在于学，无暇顾及安饱。就像颜回，一箪食，一瓢饮，在陋巷，乐亦在其中。如果志在安饱，也就无暇他顾了。敏于事而慎于言，于事当勉其所不足，于言当不敢尽其所有余。此外，还要"就有道而正焉"，常向有道之人来辨正自己所言所行是对是错。对了，就坚持；错了，就改正。如此，才能称得上是好学君子。可见，儒家之学，有特定内涵，不同于我们当今所理解的用于考试、文凭的记诵辞章之学。儒家的"学"，要点在于谨言慎行以修身，是指修道过程中的一种志于道、乐道的精神境界。

贫而乐，富而好礼。

子贡曰："贫而无谄，富而无骄，何如？"子曰："可也。未若贫而乐，富而好礼者也。"（《论语·学而》）子贡说：贫穷而不谄媚，富裕而不骄傲，怎么样？孔子说：算可以了，但不如贫穷而快乐，富裕而好礼的人啊。贫者容易陷于谄媚，富者容易陷于骄矜。这是人通常容易犯的毛病。子贡作为孔门弟子中比较全才的人物，能做到"贫而无谄，富而无骄"，自以为已经做得很好了，然而夫子如此回答他，肯定他已经做到的，同时勉励他继续修道，不要安于小成，以求达到更高境界——"贫而乐，富而好礼"，一种完满状态。

尊贤而容众，嘉善而矜不能。

子张曰："君子尊贤而容众，嘉善而矜不能。"（《论语·子张》）这是说君子该尊崇贤者，同时亦宽容众人；该嘉许善人，同时亦哀矜那些不能之人。所谓不能之人，即社会弱势群体——也就是《礼记·礼运》中所谓的"鳏寡孤独废疾者”。

躬自厚而薄责于人。

子曰：“躬自厚而薄责于人。”（《论语·卫灵公》）严格地要求和责备自己，而对他人则采取宽容的态度，在责备和批评别人的时候，应该尽量做到和缓宽厚。

以上，都是儒家关于中庸之道的第一种表现状态——完满状态的表述。下面，我们继续了解中庸之道的第二种表现状态：“无过无不及。”

过犹不及。

过犹不及这个成语，出自《论语》。《论语·先进》中记载了这样一个故事：

子贡问：“师与商也孰贤？”子曰：“师也过，商也不及。”曰：“然则师愈与？”子曰：“过犹不及。”这是说，子贡问：“颛孙师（子张）和卜商（子夏）谁更好些？”孔子回答说：“颛孙师过分了，卜商不够。”子贡于是说：“那么，是颛孙师好些吗？”孔子说：“过分和不够，差不多。”过与不及，都不好。《中庸》载：“子曰：道之不行也，我知之矣，知（智）者过之，愚者不及也；道之不明也，我知之矣，贤者过之，不肖者不及也。”“人莫不饮食也，鲜能知味也。”这是说，中庸之道之所以不能实行，我知道其原因：聪明的人做过了，愚笨的人又达不到；中庸之道之所以不能彰明，我知道其原因：贤能者做过了，不肖者又达不到要求。这如同人们没有不进饮食的，但很少有人能够真正懂得饮食的滋味。

《二程遗书》讲：“（天下之恶）谓之恶者，非本恶，但或过或不及便如此，如杨墨之类。”儒家仁爱，讲由亲及疏、由近及远，自爱而爱人。杨朱为我，是爱己太过，利己主义，大私无公。墨翟兼爱，是爱人太过，利他主义，大公无私。杨墨两种学说都不合中庸之道，于人于世都是有害而不利。

孟子排墨子辟杨朱，正是体现了儒家的中庸之道，不仅反对一切不道德，对各种道德规范本身也讲“度”。过度就意味着过犹不及，好事也可能会变成过失甚至错误。比如，“温良恭俭让”五德，就有度的存在，不是越拔高越好。《论语》有载：“巧言令色足恭，左丘明耻之，丘亦耻之。”（《公冶长》）这是说，花巧的言语，伪善的表情，过分、过度的恭敬，左丘明认为这种人可耻，我孔丘也认为这种人可耻。过犹不及！

宥坐之器。

儒家荀子讲过一个孔子的故事：孔子观于鲁桓公之庙，有欹器焉。孔子问于守庙者曰：此为何器？守庙者曰：此盖为宥坐之器。孔子曰：吾闻宥坐之器者，虚则欹，中则正，满则覆。孔子顾谓弟子曰：注水焉！弟子挹水而注之。中而正，满而覆，虚而欹。（《荀子・宥坐》）宥坐之器，即攲器，古时国君置于座右，作为不要“过”或“不及”的警戒。宥坐之器，虚与满都不成，都会倾斜和倒覆，只有中，才能正。满是“过”，虚是“不及”。过与不及表现不同，但都不符合中庸的要求。

周急不继富。

《论语・雍也》载：子华使于齐，冉子为其母请粟。子曰：“与之釜。”请益。曰：“与之庾。”冉子与之粟五秉。子曰：“赤之适齐也，乘肥马，衣轻裘。吾闻之也，君子周急不继富。”原思为之宰，与之粟九百，辞。子曰：“毋！以与尔邻里乡党乎！”公西赤出使齐国，冉求为公西赤母亲请养米。孔子说：“给她一釜。”冉求请增加些。孔子说：“再加一庾。”冉求给了他小米五秉。孔子说：“公西赤到齐国去，乘坐肥马大车，穿轻暖的皮衣。我听说过，君子周济穷急，不必为富裕锦上添花。”周急，以补其不足；继富，以续其有余。原思，孔子弟子，在孔子家做总管，孔子给他俸米九百斛。原思推辞。孔子说：“不要推辞。可拿去周济你邻里乡党。”邻里乡党：古代以五家为一邻，二十五家为一里，五百家为一党，一万二千五百家为一乡。公西赤出使，乘肥马，衣轻裘。虽有母在家，不愁衣食，原不待别人给养。所以冉求虽再请，孔子终不愿多给，可是冉求最终以私意多给，故而孔子告诉他："君子周急不继富。"原思家贫，孔子则主动多与补助。少给不是吝啬，多给不是慷慨，无论是给予还是接受，都要合情合理。这就是"君子周急不继富"！小人反之，继富而不周急，热衷于锦上添花，不屑于雪中送炭。君子周急，国家在财富分配上，也应该周急。

《孟子・梁惠王下》："老而无妻曰鳏，老而无夫曰寡，老而无子曰独，幼而无父曰孤。此四者，天下之穷民而无告者。文王发政施仁，必斯四者。"为政治国，率先考虑和照顾鳏寡孤独，这就是"周急"。这也是儒家在财富分配上的中庸之道。

欲速则不达。

子曰："无欲速，无见小利。欲速则不达，见小利则大事不成。"（《论语・子路》）子夏出仕，向老师请教为政之道。孔子说：治国理政不可操之过急，不要贪图小利。操之过急，反而达不到目的；贪图小利，就办不成大事。

古今一理。身为政治国者，如果讲求欲速，结果不但不达，还会让历史的车轮倒退。还有，为政者如果贪图一时之利或一己之利，终将毁人、坏事。其实，儒家并不不反对利益，但强调利益必须合乎道义，孔子说："不义而富且贵，于我如浮云。"（《论语・述而》）富贵如果以违背道义而获得，则没有价值，还不如没有富贵。不义之财、不义之利，如浮云一般，统统为儒家所不屑。道义，才是最大的利益。

以上是儒家关于中庸之道的表现状态"过犹不及"的表述。接下来，我们继续了解中庸之道的第三种表现状态："不偏不倚，恰到好处。"

恰到好处。

比如战国楚人宋玉的美女标准，就是这种状态："增之一分则太长，减之一分则太短；著粉则太白，施朱则太赤。"（宋玉《登徒子好色赋》）楚国大夫登徒子在楚襄王面前讲宋玉的坏话，说宋玉有三大特点：长得帅，口才好，好色。登徒子由此得出的结论是：不要让宋玉出入楚王的后宫。楚王于是拿登徒子的话去质问宋玉。宋玉口才好，他马上为自己辩解：说我长得帅，我承认，这是上天所生；说我口才好，我也承认，这是从老师那里学来的；至于说我好色，我不承认。宋玉接着辩解道：天下的美女，没有谁比得上楚国女子，楚国美女，又没有谁能超过我那家乡的美女，而我家乡最美的美女，当属我邻居东家那位女子：论身材，若增加一分则太高，减掉一分则太矮；论肤色，若涂上脂粉则嫌太白，施加朱红又嫌太赤。总之，这位天下第一大美女，生得是不偏不倚、恰到好处。但是，就这样一位美女，趴在墙上窥视我三年，而我至今仍未答应与她交往。我好色吗？而登徒子？登徒子的妻子蓬头垢面，牙齿也没几颗，走起路来东倒西歪。可就是这样一位丑女，登徒子居然与她感情非常好，他们夫妇生有五个儿子。足见登徒子才是真正的好色之徒！

这里我们需要注意的是宋玉的这一美女标准，不高不矮、不胖不瘦的不偏不倚恰到好处的"中"的状态。另外还有一些我们熟悉的词，比如说勇敢，一种介于鲁莽和怯懦之间的状态；慷慨，一种介于吝啬和挥霍之间的状态；谦逊，一种介于羞涩与无礼之间的状态，等等，都是不偏不倚、恰到好处的中庸状态。

忠恕。

"忠"字，上中下心，把"心"放中正。是从积极、肯定的方面讲的，就是："己欲立而立人，己欲达而达人。"（《论语·雍也》）自己想要成就，也要帮助他人成就；自己想要通达，也要帮助他人通达。"恕"字，上如下心，如心。是从消极、否定的方面讲的，就是："己所不欲，勿施于人。"（《论语·卫灵公》）自己不喜欢做的事情，也不要勉强让别人去做。就是说，要推己及人、设身处地为他人着想，将心比心、换位思考。“忠恕”被称为人际关系的“黄金定律”。这种推己及人的“忠恕”思想，就是中庸之道的体现。

吾日三省吾身。

曾子曰：“吾日三省吾身：为人谋而不忠乎？与朋友交而不信乎？传不习乎？”（《论语·学而》）孔子弟子曾子“日三省吾身”，意为我每天都多次自我反省：替别人做事是否尽心竭力了，和朋友交往是否忠实守信了，老师传授给我的知识或我传授给学生的知识，我践习了吗？通过“日三省吾身”，以求不偏不倚。

行有不得，反求诸己。

语出《孟子·离娄上》。意为事情做不成功，遇到了挫折和困难，或者人际关系处得不好，就要自我反省，一切从自己身上找原因。这与“吾日三省吾身”近似。

文质彬彬。

子曰：“质胜文则野，文胜质则史。文质彬彬，然后君子。”（《论语·雍也》）质：本质，内在的品德。文：文采，外在的礼仪。在孔子看来，人如果质朴超过文采，则未免粗率；反之，如果文采胜过质地，则未免浮夸。唯有文与质配合恰当，恰到好处，然后才堪称君子。

素其位而行。

《中庸》载：“君子素其位而行，不愿乎其外。”素，朱子释为“见（现）

在”也。素位，即安分守己的意思。是教师，守教师的本分；是学生，守学生的本分。是官是民，士农工商，干什么的，就像是干什么的，人人各守其分，这就是和谐社会。现在我们很多人，不满意自己的职业、不满意身边的人与事，抱怨纷纷，原因何在？大家没能做到素其位而行，安守本分。君子，在任何时候都要心安理得地做人做事，无处不安然自得。这不是说不要你改变现状，而是说，对你的现状要有一个充分的认识。素其位而行，安分守己，与人的崇高的理想不矛盾。现在是学生，不妨碍你以后当教授，或者成为哲学家、教育家、政治家、经济学家、军事家等等。

君子素其位而行，不愿乎其外，强调的就是让人安分守己地做与你的本分相适应的工作，做你所处位置该做之事，而不羡慕你本分以外的事情——这就是中庸。具体而言：素富贵，行乎富贵；素贫贱，行乎贫贱；素夷狄，行乎夷狄；素患难，行乎患难；君子无入而不自得焉。(《中庸》) 这段话的意思是说，身处富贵地位，就做富贵者应做之事；身处贫贱地位，就做贫贱者应做之事；身处夷狄之地，就做夷狄之人应做之事；身处患难之中，就做患难中应做之事。总之，君子无处不恰到好处而安然自得。

君使臣以礼，臣事君以忠。

定公问：“君使臣，臣事君，如之何？”孔子对曰：“君使臣以礼，臣事君以忠。”(《论语·八佾》) 鲁定公问孔子：“君使用臣，臣事奉君，该怎样？”孔子回答说：“君主依礼使用臣，臣尽心侍奉君。”关于先秦儒家的忠德，遭到普遍的误会。尽心之谓忠，尽心尽性，把心放正，放在中庸之道上。忠，不仅对君，对一切人和事都要忠。一些不读书、想当然的人指责儒家提倡“愚忠”。其实不然！翻遍儒家典籍与历代儒者文集，都找不到有哪个儒者鼓吹过“君要臣死，臣不得不死”。经检索，这句话最早出现在明代小说中，而在清代小说与戏曲中更为常见。比如在明代吴承恩的《西游记》中，八戒道：“师父，你是怎的起哩？专把别人棺材抬在自家家里哭。不要烦恼！常言道：‘君教臣死，臣不死不忠；父教子亡，子不亡不孝。’他伤的是他的子民，与你何干！”其实，儒家反对愚忠，也反对愚孝，原因就在于愚忠愚孝有违中庸之道。《孝经·谏诤篇》：“敢问子从父之令，可谓孝乎？子曰：是何言与？是何言与？昔者天子有争臣七人，虽无道不失其天下。诸侯有争臣五人，虽无道不失其国。大夫有争臣三人，虽无道不失其家。士有争友，则身虽不离于令名。父有争子，则身不陷于不义。故当不义，则子不可以不争于父，臣不可以不争于君，故当不义则争之，从父之令，又焉得为孝乎。”大家注意这一句，“当不义，则子不可以不争于父，臣不可以不争于君”。可见在儒家看来，忠孝必须符合“义”德。愚孝非孝，愚忠非忠。儒家忠君有前提：君要依礼而行，遵守儒家道德原则和规章制度，使臣以礼，臣要以道事君，尽心办事。这就是君臣大义。子曰：所谓大臣者，以道事君，不可则止。（《论语·先进》）孔子这是说：大臣的风范是以道事君，以仁义中庸之道侍奉君主，谏君之恶，导君向善，引导君主走正道，而非背道而行。如果因种种原因办不到，那就离开、辞职不干。“为人臣之礼，不显谏，三谏而不听，则逃之。”（《礼记·曲礼》）“三谏不从，遂去之，君子以为得君臣之义也。”（《春秋公羊传·庄公二十四年》）君有过，人臣要劝谏，反复劝谏而不听，臣就可以离开，可以“易位”。这就是：“君有过则谏，反覆之而不听，则易位。”（《孟子·万章下》）总之，所谓君君臣臣，君要有君的样子，臣要有臣的样子，君要有君的道德，臣要尽臣的职责。君待臣以礼，臣事君以忠。如果政治非礼，君主无礼，君不君，臣自然就不臣。对于暴君，甚至可以革命或诛杀，那不是弑君而是杀贼，杀独夫民贼。孟子说：“闻诛一夫纣矣，未闻弑君也。”“君之视臣如手足，则臣视君如腹心；君之视臣如犬马，则臣视君如国人；君之视臣如土芥，则臣视君如寇仇。”（《孟子·离娄下》）这就是儒家的君臣之义！

穷不失义，达不离道。

孟子曰：“故士穷不失义，达不离道。”（《孟子·尽心上》）士人君子，身处困境秉持道义，身处富贵谦逊谨慎。类似的话，孟子还有：“富贵不能淫，贫贱不能移，威武不能屈。”这话出自《孟子·滕文公下》。这是说，金钱地位不能使自己迷惑腐化，贫苦穷困不能改变自己的志向，权势武力不能让自己屈服变节。

以上，都是不偏不倚、恰到好处的中庸之道的表现状态。最后，我们了解一下关于“时中”这一中庸之道的表现状态。子曰：“君子之中庸也，君子而时中。”（《中庸》）所谓“时中”，就是时时都追求合理性，时时处处恪守中道，时时处处合于中庸之道。时中，这是一种要在时间和空间上来理解的中庸状态。这是儒家一个很重要的观念。时中，也就是《易传》所阐述的“与时偕行”。

与时偕行。

《易传》说：“终日乾乾，与时偕行。”《说文》：“偕，俱也。”行，进也。这是说：“君子终日勤勉努力，与时并进而不息。”另外还有两处：“损益盈虚，与时偕行”“凡益之道，与时偕行”。这两处的“与时偕行”与前面的相同，都是古人认为自己的行为或损或益，或进或退，都要符合时代的发展要求，与时同行，与时俱进。

彼一时，此一时。

“彼一时，此一时也。”（《孟子·公孫丑下》）说有一次，孟子的一个学生问孟子说：您这会儿似乎不快乐。但是，我曾经听您说过：“君子不怨天，不尤人。”君子不抱怨天、不责怪人，这是孔子的话。孟子说：那是一个时候，现在又是一个时候。情况不同了。从历史上看来，“五百年必有王者兴”，每过五百年一定有圣君兴起，随之就会有德才兼备的贤臣。从周文王以来，到现在已经七百年了。论年数，超过了五百年；论时势，也是圣君贤臣出来的时候了。上天不想让天下太平了吧？如果上天想让天下太平，“当今之世，舍我其谁也？”在当今社会，除了我还会有谁能够平治天下？我为什么不快乐？

我们知道，孟子思想的核心就是“王道政治”。他的一切言谈，都为他的王道政治服务。孟子说“彼一时，此一时也”，是说做事、看问题要从大范围、长时间段来看，而不要仅以一天、一事作为考察对象。看人也一样，否则，也就不会有这样的俗语了——“路遥知马力，日久见人心”。时间不同，情况有变化，要从大范围、长时段来看人看事看问题，要在时间和空间上来理解中庸状态。

一张一弛，文武之道。

这句话出自《礼记》。子曰：“张而不弛，文武弗能也；弛而不张，文武弗为也；一张一弛，文武之道也。”（《礼记·杂记》）“张”是收紧，“弛”是放松。这是说，统治者在统治国家，管理社会的时候，应该有时松有时紧。要适时放松，不能老是紧抓不放，否则就管死了；同时也要适当收紧，不能彻底放开，否则就会成为一盘散沙，这叫“一张一弛”。“文武之道”，是说周文王、周武王就是按照这个原则来治理天下，因此才有了周朝。一张一弛，是从大范围来讲的，就是中庸的一种状态。

言不必信，行不必果。

我们知道有“言必信，行必果”的说法，是说你讲话一定要守信，你的行动一定要果决。其实这是墨家的思想，墨家的主张。而儒家的主张与此相反，主张“言不必信，行不必果”。对此不管是孔子还是孟子，都做过这样的论述，强调我们行为处事要本于正义，不要违背仁义之道。不是说我许诺了、承诺了，我就一定要做到。关于信德，我们知道是“仁义礼智信”五常德之一，修齐治平，皆不可缺。对信德的要求，《论语》中俯拾即是。《学而》：“子曰：弟子入则孝，出则弟，谨而信。”“与朋友交而不信乎？”《为政》：“子曰：人而无信，不知其可也。”《颜渊》：“子贡问政，子曰：‘足食，足兵。民信之矣。'子贡曰：'必不得已而去，于斯三者何先？'曰：'去兵。'子贡曰：'必不得已而去，于斯二者何先？'曰：'去食。自古皆有死，民无信不立。"信比兵和食更重要。可见，孔子将信德视为立身行事、为政治国的基本品质与准则。孟子将"信"作为朋友交往的重要原则，"父子有亲，君臣有义，夫妇有别，长幼有序，朋友有信。"并将"信"视为"天爵"之一："有天爵者，有人爵者。仁义忠信，乐善不倦，此天爵也；公卿大夫，此人爵也。"然而，孔孟又主张"言不必信"。

子曰："言必信，行必果。硁硁然小人哉。"（《论语·子路》）说话绝对守信，行动绝对果决，是浅薄固执的小人。孟子曰："大人者，言不必信，行不必果，惟义所在。"（《孟子·离娄下》）儒家肯定信德，同时又讲"言不必信"，这似乎自相矛盾。究竟如何？原因就在于儒家以"仁义"为核心。儒家讲"仁义礼智信"五常，但"五常"的核心是"仁义"，其他道德元素都要以"仁义"为原则，信德自然也不例外。

孟子说："生，亦我所欲也；义，亦我所欲也。二者不可得兼，舍生而取义者也。"为了义，连生命都可以放弃，所以他会说"惟义所在"。"信"和"言不必信"是普遍性和特殊性的关系。当信德与仁义发生冲突或矛盾，那就要坚持基本原则，"言不必信"，"惟义所在"。这也是原则与变通的关系——因时制宜、因地制宜——时中。

《史记·孔子世家》记载：孔子"过蒲，会公叔氏以蒲畔（叛），蒲人止孔子。弟子有公良孺者，以私车五乘从孔子。其为人长贤，有勇力，谓曰：'吾昔从夫子遇难于匡，今又遇难于此，命也已。吾与夫子再罹难，宁斗而死。'斗甚疾。蒲人惧，谓孔子曰：'苟毋适卫，吾出子。'与之盟，出孔子东门。孔子遂适卫。子贡曰：'盟可负邪？'孔子曰：'要盟也，神不听。'"孔子路过蒲这个地方，正好遇上公孙氏据蒲反叛卫国，蒲人扣留了孔子。弟子中有位叫公良孺的，自己带了五辆车子随从孔子周游。公良孺身材高大，有才德，有勇力，他对孔子说：我曾经跟从夫子在匡地遇难，如今又在此遇难，这是命啊。我与夫子一再遭难，我不愿束手待毙，宁愿战斗而死。公良孺与蒲人战斗得很激烈，蒲人惧怕了，对孔子说：如果你不去卫国，我就放你们走。于是孔子与蒲人订立了盟约，离开蒲地，之后孔子去了卫国。弟子子贡问：盟约可以违背吗？孔子回答说：要挟下定的盟约，神不听，就连神灵都不予理睬。这里，孔子不遵守与蒲人的盟约，因为该盟约是在受胁迫的情况下所订，是不仁不义的。违背仁义、受胁迫订立的盟约，无须遵守。反之，明知不义不宜，仍然坚持“必信必果”，那就是“硁硁然小人”的做派。

有名的“尾生守信”的故事：说尾生与一女子相约桥下见面，发大水了，女子未到，尾生抱住桥柱不走，最终被活活淹死。尾生守的这个信，有价值吗？毫无价值！伤人害己，不仁不义，迂腐不化，对自己不负责任，对约会对方不负责任，对家庭不负责任，对社会不负责任。因此，儒家强调“时中”、“与时偕行”、与时俱进、因时制宜、因地制宜，如果不能做到，那就会“灾及其身”。对此，孔子是有论述的：子曰：“愚而好自用，贱而好自专，生乎今之世，反古之道。如此者，灾及其身者也。”（《中庸》）愚笨，偏要自以为是；卑贱，偏要凭一己之愿；生在当今，偏要恢复古代的做法。如此作为，灾害必定降临其身。历史上的复古主义者王莽，可以说对孔子的这话做了一个诠释。王莽治国无能、刻舟求剑，对先秦古礼照搬照抄，恰恰是背离了“古之道”，结果是把国家和自家都搞得一团糟。儒家的礼，有不可变与可变之分。礼的精神即仁义礼智信，不可变；而礼的具体内容，则因时代不同，可以有所减损、有所增益，与时偕行。比如，夏尚忠，商尚质，周尚文，三代不同礼，这就是礼之变，就是“时中”。

舍生取义。

先秦诸子各家，在生死问题上，肯定重生，反对轻死。但是，儒家又讲：“鱼，我所欲也；熊掌，亦我所欲也。二者不可得兼，舍鱼而取熊掌者也。生，亦我所欲也；义，亦我所欲也。二者不可得兼，舍生而取义者也。”（《孟子·告子上》）舍生取义，这也是从大范围、长时段来看人、看事。环境不同，情况有变化，不能固守教条。要在时间和空间上来理解中庸状态。

苟利国家生死以，岂因祸福避趋之。

语出清代名臣林则徐。上句典出《左传·昭公四年》记载的郑国大夫子产的名言："苟利社稷，死生以之。"林则徐托古言志，坚信只要对江山社稷有利，即便牺牲性命也在所不辞。这就是儒家的生死观、义利观，是对中庸之道的表现状态"时中"的一种诠释。

了解了什么是中庸，以及中庸之道的表现状态，最后一个问题，我们分析一下中庸和乡愿的区别。

乡愿为儒家所深恶痛绝。在谈中庸的时候，孔子也好，孟子也好，都把中庸与乡愿作对比区分。《论语·阳货》载孔子语曰："乡愿，德之贼也。"孟子在谈到孔子时说："孔子曰：过我门而不入我室，我不憾焉者，其惟乡愿乎！乡愿，德之贼也。"（《孟子·尽心下》）孔子说，有一种人从我门前走过，却没有进来，而我丝毫不感到遗憾，为什么？因为这种人是乡愿，我不愿意跟他来往。后面接着说："乡愿，德之贼也。"这句话很重，说乡愿是贼德之人，道德上的小偷。学生接着问，什么样的人是乡愿？孟子说，乡愿既批评狂者，又奚落狷者。有两种人，一种叫狂者，另一种叫狷者。孔子曾经说："不得中行而与之，必也狂狷乎！狂者进取，狷者有所不为也。"（《论语·子路》）找不到中道之士与他交往，那只有狂狷之士了。狂者敢作敢为，狷者洁身有所不为。孔子最希望看到的是符合中道的人，即中庸之人。如果做人不能遵循中庸之道，就会表现为或狂或狷的状态。狂者是激进主义者，敢作敢为；狷者是洁身自好的保守主义者，有所不为。孔子所赞赏的是中道；实在不行，就取狂；狂也做不到，就取狷；而他最厌恶的就是乡愿。

乡愿是什么样的人？他既反对狂，又反对狷。八面玲珑，貌似忠厚老实、清廉方正，可其同流合污，扰乱道德，伤风败俗，令社会日趋对立和分裂。装着好像达到中道的样子，实际上离中道最远。就像金庸《笑傲江湖》中的"伪君子"岳不群。

为什么叫乡愿？乡愿的字面意思是"一乡皆称愿人焉"。"愿"本来是个好词，是敦厚、谨慎的意思。"一乡皆愿人焉"，就是所有人都说他是个愿人，是个好好先生，这就有问题了。孔子认为，“乡人皆好之”的人不见得就是好人。

子贡问曰：“乡人皆好之，何如?”子曰：“未可也。”“乡人皆恶之，何如?”子曰：“未可也。不如乡人之善者好之，其不善者恶之。”（《论语·子路》）子贡问道：“全乡都喜欢的人，怎样?”孔子说：“未必可以。”子贡又问：“全乡都憎恶的人，怎样?”孔子说：“未必可以。不如乡人中的善人喜欢他，不善之人讨厌他。”子曰：“唯仁者能好人，能恶人。”（《论语·里仁》）孔子说：只有仁者，才能对人爱所当爱、恶所当恶。可见孔子虽宽容谦让，但绝不和稀泥。好恶之心，人皆有之。但是，唯有德智兼备的仁者，能够较为客观理智公正地判别善恶，好善恶恶，不偏不倚，坚守中庸之道。

乡愿的样子像是有德之人，实际上却是“德之贼”，偷了一些表面的东西。他似乎是儒家学说的信奉者，实际上却“过我门不入我室”，根本没有内心的体悟。这里的关键，就是对中庸的理解。正确地诠释就达到中庸，误读就成了乡愿。怎样才能正确把握?前面提到的中庸的几种形式，仅仅是形式，最重要的内容仍在《孟子》里。孟子最后阐明他的原则说：“君子反经而已矣。”（《孟子·尽心下》）如果你不想变成乡愿，不想变成一个老好人，变成一个和稀泥的人，变成“一乡皆称愿人焉”的“德之贼”，那么最重要，最根本的就是“反经而已矣”。“反”就是复，回来；“经”就是常道。“反经”就是回到常道上去。这就是说，孟子认为，中庸做不好的话，就会变成乡愿。要想不变成乡愿，最重要的一点就是反经，以最高的、最美好的原则作为行为标准。这样，即便做不到中庸也可为狂者，不成狂者也可作狷者，总比那个乡愿好一些。如果你做不到这些，又不“反经”，最后就沦为乡愿。

总之，“中庸”的实质是寻求人际关系的高度和谐。所谓：“礼之用，和为贵。”（《论语·学而》）“和”是人际关系的理想状态。“君子和而不同，小人同而不和。”（《论语·子路》）儒家所主张的“和”，是在承认对立差异的基础上，寻求双方都可以接受的解决方案，从而使相关的双方共生、共存、共发展。这一“和谐”的思想不仅可以用于处理人与人的关系，而且可以用于处理人与自然的关系。“致中和，天地位焉，万物育焉。”（《礼记·中庸》）

中和，向来认为就是“中庸”。达到中和的境界，天地就各正其位，万物就生生不息。儒家追求的，就是“中”“和”。在《四库全书》电子版上搜索一下，就会发现古人多讲“中”“和”。达到中和的境界，就可身心和谐，人际和谐，万物和谐，天人和谐，这是儒家所追求的最高境界。好，我今天的报告就到这里。谢谢大家！

讨论问答环节

张立恩老师：各位同学、各位领导、各位老师，刚才贺老师通过旁征博引的这样的一种讲解，给我们做了一个探赜索隐、钩深致远的对“中庸”的理解。我特别喜欢“中和”这个概念，听完贺老师讲解，那么，相信大家终于明白了为什么我们这个论坛叫“中和论道”。我们也顺带祝愿洪总的事业——中和集团，也做到“致中和，天地位焉，万物育焉”的这样一个境界。我下面简单地总结一下，从三个方面来讲。第一个方面，从材料上讲，我们看到贺老师她引的材料有《左传》《尚书》，汉代郑玄的注解，还有宋代的朱子、程子的解释，明代的阳明的解释以及道家的《老子》等等，可以说旁征博引，同时还有其他文献。贺老师的讲解中，既有一种语义学的解释，也有哲学的阐释。在座的李副校长是诠释学的专家，如果我们从诠释学的角度来讲，那么，贺老师讲的内容既有对文本的语义的探讨，也有哲学的领悟和发挥。就我感兴趣的一点来说，我觉得值得我们特别重视的是她非常有意识地去回应当代社会的一些问题。比如说现代社会里面有一些人主张单身主义、不婚主义思想，某些人提出：“我就过一种单身的生活，不结婚”，可是贺老师告诉我们，在现代社会，哪怕是后现代社会，家庭还是非常重要的。下面就把时间交给诸位在座的大贤，请大家和贺老师探讨或者批评，都可以。

朱海斌老师：我向贺老师请教两个问题。第一个问题，贺老师首先谈到中庸是一种完满状态，我这里有点儿不太同意贺老师的看法。因为按照我对《中庸》的阅读，我的理解是，首先它应该是一个和“诚”相关的，“诚者自成，而道自道也，诚者物之终始，不诚无物”这样一个“天命之谓性”的系统。在它的这样一种存在论的前提之下，我们才有第二个“天命之谓性，率性之谓道”的问题。而率性之谓道就是成己成物，而只有在完成了这两个层面，第三个层面就是我们如何不偏不倚，对过犹不及这些批评等等，怎么做到最好？为什么一定是这三个层面的，或者说我们不能够离开前两个层面，因为我们一般会说我为什么要中庸，我要做到恰到好处，我们出于直觉或常识会诉诸于后果主义，就是我只有按中庸去做，做的结果是最好的。但是儒家肯定不是按照后果主义这样一个思路去论证中庸的，它一定是从“天命之谓性，率性之谓道，修道之为教”这样的思路，论证中庸的一整个的序列。所以这是我的第一个看法，把中庸认为是完满状态，我有异议，觉得它应该首先是和“诚”有关的一套确立自身统一性的东西，最后才是方法。第二个问题，中庸经常和亚里士多德的中道相提并论，亚里士多德他讲理智德性、伦理德性。讲伦理德性，他会讲鲁莽和怯懦的居中，但是亚里士多德说我怎么能够判断到底是勇敢而不是过犹不及的，是因为我还有一套理智德性。理智德性构成了我的判断与行动的机制，它可以支撑着我们的伦理德性。而我在中文里面，我不太了解，我们当然也提到适中，它很重要，但是还有没有其他的东西，它们共同构成了一套判断行动的机制，使得我们恰恰能够按照这种中庸的原则去做，而不是说一种差不多模模糊糊的东西。好，就是这两个问题。

贺更粹老师：非常感谢朱老师的问题。关于《中庸》这本书或者说这篇文章，它是由“中庸”和“诚”这两部分组成，也可以说就是两篇文章合在一起的。重要的是《中庸》开宗明义的这三句话：“天命之谓性，率性之谓道，修道之谓教。”天之所命谓之性，我们只要率性而为，就是依道而行了，用我们现在的话讲，就是因循规律，依规律办事了。但在现实中，有很多各种各样的主观客观的原因在里面，所以说这个道还需要人来彰显，不是说道在这里，规律摆在这里，人人就都能依道而行、遵守规律，还需要我们做什么？要修明，要教化。这就是《中庸》开宗明义的三句话，这三句也是整部《中庸》的纲领。我今天讲的是儒家的中庸之道，是在文献研究的基础上，就儒家关于中庸的论述，做了一个梳理。我们如何才能行为处事做到恰当，做到合理，做到适中，就是说儒家关于中庸之道，也是提出了很多具体的表现形式。其中就有完满状态，这就是一种中庸的表现形式，无过无不及，也是一种不偏不倚、恰到好处的中庸状态。就是说我们日常言行作为，甚至所思所想，该当如何？比如说关于君臣之间的关系，怎么才能做到适宜？儒家就这个问题，已经表述得很清楚了，“君使臣以礼，臣事君以忠”，“君君臣臣”，各有其责，各尽本分，这就是中庸。总之，中庸是道德，是价值观，也是方法论。就是说我们在日常行为中，都要注意，通过我们平时的所作所为，所思所想，要努力达到这样一种道德境界，这样一种中庸的理想状态。但是一开始我也说了，达到中庸这种状态是很难的。孔子说了，“人鲜能久矣”，很长时间少有人能够达到中庸这种状态，达不到，就是因为它是一种理想状态，所以很少有人能达到。但是，难以达到，就可以弃之不顾、置之不理了吗？肯定不对！就像我们现在讲，我们要实现什么理想，那么，这个理想它什么时候能够实现？在我有生之年，是不是实现不了了？实现不了，是不是我就不追求了，我就应该放弃这个理想了？其实，正因为它是理想，就意味着它与现实有差距，有差距，我们才要追求，在追求的过程中我们要怎么做，做的过程中有什么问题，我们需要修正、调整，对吧？儒家其实就是强调，只要坚持中庸之道，坚持中庸这一价值观、方法论，我们就能够做到及时修正、适时调整，让我们离理想状态才会越来越近，最终实现这一理想。

学生 1：我有个问题，老师报告的题目是《儒家的中庸之道》，后面也讲到说中庸是为了追求道德的最高境界，但是在论证的过程中有很多是引自《论语》。《论语》里面有很多是以讲故事的方法所进行的论证，就是这种论证方式如何才能保证其可靠性？也就是说老师在进行论证过程中有很多内容是以这种讲故事的方式，以这种方式怎么样去保证一种确定性？中庸如果说我们都把它理解为一种最高的道德的境界，那么我们要是能够达到这种状态是非常好的，但是如果说我们达不到的话，又会怎么样？谢谢老师。

贺更粹老师：最后的这一句其实刚才朱老师的提问已经提到了，达不到，比如说这个理想跟我们现实有差距，达不到我就放弃吗？理想之所以是理想，就是因为这个在现实中还没有实现，但是认为达不到就不要追求吗？再，你质疑“讲故事”能否保证“确定性”。就拿我的 PPT 第三页讲的“禅让”来说，我讲尧舜禹禅让，主要是为了说明“中庸”是来自“中道”的，而“中道”它又源于尧舜禹的禅让，那么我们能否从这个禅让制中，怀疑尧舜禹真的像后人所说的是圣王、是德才兼备？其实，后世对禅让制也是有怀疑的，怀疑的理由，就像我前面提到的王莽，他把人家皇帝逼退位了，然后还让皇帝昭告天下，说我把位子禅让给王莽了；还有司马氏，逼曹魏，也说是禅让，其实就是逼迫的。就是说，我们从现实历史经验中看到的所谓禅让，其实是什么？就是逼位，是篡位，并不是说你有德有才，然后别人就自觉自愿地把这个王位让给你。其实我列举禅让这个事例，主要是要强调尧舜禹在传位过程中谈到了这个中道问题，是对中庸来源问题的论述，重点在这里。

张立恩老师：这个问题我讲两句，我补充一下。刚才朱老师和这位同学的问题我觉得可以概括起来就是两个问题，第一个问题就是说，儒家到底是道义论还是后果论的？第二个问题是说，贺老师讲解儒家的“中庸”概念采取的是所谓讲故事的论证方式，那么，它是否是具有合法性的论证。我觉得第一个问题是道义论还是后果论，显然，如果我们读过儒家文献的话，那么，我觉得大体上可以说，儒家的主流是道义论的。但从总体上来讲，它并不否认后果论，比如说我们看到董仲舒在《春秋繁露》里面他讲得非常清楚，他说君子要“正其义不谋其利”，那么，显然就是我只考虑道德动机，不考虑结果，这显然有一种道义论色彩，可是我们又看到《易传》里面讲“义者，利之和也”，那么，它明显要考虑到后果、功利。我们看到的朱熹他有一次讲义利之辩的时候，他把后果论证思路融入了儒家对义利之辩的诠释当中，并且这种诠释后来也影响到韩国儒学的发展。那么，就是说可以作这样一个回答，不否认儒家在总体上是道义论的，但它又不否认后果论的合理性。

第二个我们要谈谈贺老师所采用的“讲故事”的方式，是不是一种有效的论证方式。我认为是的，为什么？我们讲故事——我们当然知道我们一般要用形式逻辑的思考问题方式，可是我们不能否认此外至少还有一种类型的表述，它就是“讲故事”。所谓“讲故事”，这是通俗说法，说的严肃一点儿，其实就是一种纯粹的历史叙事，比如说当代非常流行的、厉害的麦金泰尔等人的一些著作，就是这种风格。我们去看清华大学的陈来老师，他也讲了我就是不采取分析式的论证，就是喜欢采取一种历史的叙述，他把从先秦一直到我们唐宋元明清这个“仁”呈现出来做一个历史的叙述，他说这也是一种论证，来论述仁学在儒学史上的发展变化。他还提到，像怀特海等人，都不进行分析论证，即使是在最弱意义上面的那种逻辑论证也不采用。所以陈来老师说，把分析论证当成是最合理的一种哲学表达方式，其实是不太合理的。所以在这个意义上我认为贺老师“讲故事”的这种历史叙述方式，它依然是有效的，它也是一种合理的论述方式。

另外一个需要说明的问题，其实是我们近代以来中国哲学面临的一个大的问题，比如说我们去看牟宗三的著作，牟先生说我们今天搞中国哲学就是要以我们逻辑之力去行体悟之功，将我们这个身心体验的东西、说不出来的东西运用概念的方式将它呈现出来，所以他制造出来一些概念，这种做法对于我们理解传统儒学当然是有帮助的。可是还是遭到了一些质疑，比如说有些学者批评，传统的心性体悟等这样的东西用像牟宗三制造的那种概念来分析是不是合适？或者说这些东西本身就不该在哲学中进行讨论。那我们应该怎样做？有人说，对于这种心性体悟的东西，我们应该采取某种现象学的描述方式。我觉得在这个问题上，应该持一种开放的态度，多角度的尝试都是可以的，但是要搞清楚你的目标到底是什么，是要建构一个思想系统，还是要对某个传统的概念作出解释？这是不一样的，有不同的评价标准。回答这个问题，我认为是我们每一个致力于做中国哲学——包括西方哲学，因为你是在中国做西方哲学，也是属于大的中国哲学，这都是我们应该所承担和面对的一个问题。

姜宗强老师：请教贺老师一个问题，咱们对中庸这个概念，我想或许可以从两个维度来理解，第一个维度主要可能是人的修养，人际关系做得比较符合中道。第二个层面，可能要考虑中庸在社会制度、机制层面的意义。例如，我们说怯懦和鲁莽之间是勇敢，我们讲的是个人品质；比如说我劝君王，劝了好几次他不听，我就走了，我做事采取一种中道。这两个例子关心的都是中庸处在人际关系中的个人品德修养问题。但是，我现在关心另一个层面的问题，就是中庸在我们的社会制度、社会机制层面，儒家关于中庸的这些学说中有没有涉及？亚里士多德也说，人的品质要适度、要节制；但是亚里士多德也说了一个社会制度层面上，橄榄型的社会最稳定、最符合中道。也就是说，从社会制度和财富分布上来说，如果一个社会中产阶级人口占的比例很高，然后特别富的有钱人比较少，特别穷的没钱的人也比较少，中间这层占的特别多的话，这个社会应该是很稳定很和谐的。那么当亚里士多德想这个中道的时候，他就不仅仅是从心性从个人关系中来讲的，而是涉及社会制度层面的意义。贺老师讲过，就是讲孟子的地方，孟子说如果把暴君劝谏了几次，他都不听，那就换掉或杀掉暴君，去除“独夫”是合理的。我想孟子这个设想告诉我们，就是有一个中间的阶层，要对封建君王（包括暴君）的权力进行限制。我想请教贺老师的就是，中庸除了我们说的心性，个人品德、个人人际关系之外，儒家的中庸学说有没有考虑到社会制度、社会机制这个层面的思考？

贺更粹老师：姜老师这个问题问的是很有深度的，关于修养、人际关系，儒家是非常强调修身问题的，所以说儒家对修养问题、修身问题说得很多，就像我报告的第二部分——“中庸之道的表现形式”里面的第一个问题，“完满状态”，还有“无过无不及”，就主要是讲怎么做好修身，比如说不迁怒，不贰过，见善则迁，有过则改，说的就是这些东西，主要是关联到修身。那么至于说关于社会制度设计方面，儒家有没有论及谈及，其实我们说了很多的。比如说“中庸之道表现形式”这一部分的第三、第四，这两块就说了好多，尤其是第四块，就是关于“时中”，在这一部分里面也有谈到，比如说身为人君，身为人臣，身为人之父母的行为处事应该怎么做，这个当然不可能说像我们现代的社会制度设计，学科分科如何细致，诸如此类。但是不可否认，我们古人在制度设计这一方面，其实已经讲到了，君臣方面、官民方面、朋友方面，还有包括家庭方面等等，通通都涉及了。就像我们古代的官员，称之为“父母官”。不是说你做了这一方地方长官了，然后这些百姓就叫你父母官了，不是这个意思。儒家强调“民本”，为官者要如同民之父母，急百姓之所急，思百姓之所思，这叫父母官。这个在《诗经》和《尚书》里面都有表述，不是我个人的过度诠释。《诗经》《尚书》中说得很清楚，就是说老百姓之所思所想，你身为为政者，你也能做到有所思有所想，急百姓之所急，真正做到为人民服务，这才叫“父母官”。

另外就是，官员在制度上是有制约的，就算是身为帝王天子，他的权力也不是无限大，可以为所欲为。其实我们中国古代儒家的这种设计不管从先秦还是从汉唐以来，对领导的限制和制约，是一直都有的。比如《尚书》里面就说得很清楚，领导要这样做，你这个政策要出台，就必须获得民意支持，老百姓支持你，也就意味着上天也支持你；老百姓反对，就是上天在反对。如此也就意味着，你获得了民心民意，才算是获得了上天的支持，获得了天命，你的统治才具有合法性。古代皇帝下圣旨，开头都说“奉天承运皇帝诏曰”，什么意思？皇帝是“奉天命”“承德运”者。不是说我是一个皇帝，是一个国家最高统治者，是因为我脑子好使，或者说我有武装力量，然后我就可以做天子、做皇帝了。不是的，你必须拥有天命，拥有了天命，你的统治才具有合法性。那么，怎么才算是拥有天命？你要行德政，这就是周公当年提出的“以德配天”。殷商之后，周人的统治具有合法性，原因就在于商朝最后一个国王商纣，他失德了，是暴君，所以他就因此失去了天命。而周文王讲以德治国，德治天下，仁爱百姓，所以说文王得了天命，同时还拥有德运。德运是什么？就是五行相生相克的问题。你这个朝代对应的德运是什么？是水德、火德，还是土德？这个德和前朝所对应的德，是什么关系，是生还是克？如果你对应的这个德，克前朝对应的德，那么你取得政权就是顺理合理的。秦朝得天下之后，就认为他们是水德，为什么？因为周朝是火德，水克火。汉朝得了天下，认为他们是土德，为什么？土克水。所以说你要想做合格的君王，拥有一个合法的政权，让你的统治有合法性，你必须要奉天命、承德运。而天命说的到底是什么？就是“民心民意”。可是后来一些专制统治者就对此很不喜欢，比如朱元璋，他将《孟子》里面的好多表述，比如说“民贵君轻”这些话，全部给删了。可见，儒家是反对专制统治的，强调民本思想，强调德治仁政王道。王道政治很简单，用孟子的观点来说，就是两个字，“养”和“教”。养，解决生存问题；教，解决教养问题。通过这一政治制度，人民就能过上富足而文明的生活。在汉朝，董仲舒在这方面也是做过努力的，他讲“天人感应”，民众的上面是天子，天子的上面是谁？是上天。身为天子，如果你做这个事情不合适，就会遭天谴，天就会降下灾难，比如说发生地震、海啸等等，这是上天的警告。上天一而再、再而三地警告你，如果你还不改正，那你的统治就维持不下去了，你就会被革命掉、被造反。所以说董仲舒用天命、用德运来制约、来约束那些统治者。这些都表明，在社会制度方面，儒家也是做过一些努力的，尽管与现代相比较，没有这样完备，没有这样精细，但是他是有这方面的努力与设计的。所以古代的君王并不是我们后世某些人所认为，是权力至上的，想干什么干什么，不是这么回事，他做任何事情，都有制度制约。

李朝东老师：我提一个小问题。你在今天晚上讨论的时候有一个问题，就是说墨家讲“言必信、行必果”，但是儒家不一定是这样，儒家强调的是“言不必信、行不必果”。然后举例说，孔子要到卫国去，在一个地方被别人抓住了，说你要去卫国我就不让你通行，不去卫国就让你通行，结果孔子就签了盟约，承诺自己不去卫国。结果一离开马上就奔着卫国去了，下面人问他，你刚刚签了盟约，答应人家不去卫国的吗？然后你引用孟子的一段话来解释——“言不必信，行不必果”，那么找到的论证的前提和理由是，因为这个协议是不符合“仁”和“义”的。言是否信，行是否果，取决于言行是否符合仁义。而我当时签的协议是不符合仁义的，所以我可以言不必信，信不必果。我们可以得出一个结论说，凡是不符合仁义的事情，即使我承诺了，我也可以言不必信，行不必果。我的问题在这儿，就是这个协议也是孔子签的，他签协议的时候，说我不去卫国，那么那个时候他心里边还有没有仁义？这个不管你们是从动机论还是从效果论的角度，都希望探讨一下。

贺更粹老师：孔子他当时确实是签了盟约，但是他当时签的时候，他认为这个盟约是违背仁义原则的。在违背仁义之道的情况下签订的盟约当然不可以遵守。对此孔子说过，“要盟也，神不听”，在被胁迫情况下，受要挟而签订的盟约，连神灵都不屑，人还有遵守的必要吗？一个非常浅显的例子，比如说遭贼了，他问你们家银行卡的密码是多少，拿你的生命来威胁你。这时候，你该告诉他，还是不告诉他？答案显而易见。毋庸置疑，儒家很重视诚信，信德是“五常德”之一。在《论语》中有这样的记载，子贡问孔子，什么是为政之道，孔子说：粮食充足，军备充足，讲求诚信。子贡说：假如不得已必须去掉一项，在这三项中什么先去掉？孔子说：去掉军备。子贡又说：假如不得已必须去掉一项，在剩下的两项中先去掉什么？孔子说：去掉粮食。“自古皆有死，民无信不立”，自古以来人都有一死，为政若不讲诚信，人民就站不起来。诚信是什么？诚信就是政治性的原则，始终不能丢掉诚信。“民无信不立”与“言不必信”貌似矛盾，其实不然。一切都以仁义为本，就是说如果在违背仁义原则的前提下，你所讲的、所做的，那就是不合适的，也就没有必要执守。

李朝东老师：孔子到卫国去，为什么要去，这个你也没讲，我对这段历史也不太懂，为什么他把一个不义的协议又签了，签了协议以后又要背弃协议？举例说如果一个小偷到我家要我的银行密码，拿我的生命来威胁的时候，我该告诉他还是不告诉他？那么，假如说我们为了保全生命，我应该告诉他。但是孔子到卫国去还不至于说，不签就会面临杀头的风险，那么，孔子为什么要签？

贺更粹老师：我对这个问题再作一下解释。就是孔子他周游列国，主要是宣扬他的“德政”“仁爱”，这是他思想的核心，这是他周游列国的核心理念。尽管最后也是无功而返，晚年回到了鲁国，但是他在这个过程中，他努力想要做的就是让当时的为政者能够接受“德政”的治国思想。孔子经过蒲地，要去卫国，蒲地当地的人不让他去，说你签个盟约，承诺不去卫国，我就放行，否则，你不签这个盟约，我就不让你离开。对于孔子来讲，我周游列国，我的目的是推行“德政”，而你阻碍我，强迫签这个协议，最后这个协议是在强迫我、逼迫我的情况下签的，这首先就是不仁不义之举。既然是不仁不义的事，我为什么要遵守？如果遵守的话，反过来就是说我违背了仁义之道。我本来就是遵守仁义的，为什么还要遵守你的这一套强盗做派？所以说，我觉得这个做法还是正常的。

李朝东老师：我现在的问题实际上就是：为什么一个知道仁义是什么，并且向全国推广仁义的人，要签一个不仁不义的盟约？

贺更粹老师：这其实是一个“经”和“权”的问题，也就是一个“原则”和“权变”的关系问题。不能说我要坚持原则我就丝毫不能变通，就不能有适当灵活性，这是不符合中庸之道的。儒家讲因时制宜、因地制宜，反对教条主义，不能因为原则而把自己框住了。情况不同了，时代发展了，那么所谓的好多东西也要调整，更何况当时签的本来就是一个不仁义的盟约，之后还要坚持，这没有道理。如果非要坚持的话，那么刚好就是违背了中庸之道。

张立恩老师：我觉得这个问题其实是一个大的问题，确实像贺老师讲的，这里涉及儒家讲的经权之辩。所谓经权之辩就是指原则性和灵活性之间的一个关系。对于孔子来说，显然我们不可否认他是受到一定胁迫的，那么在这个意义上理解，在胁迫下签的协议，在法律上都是无效的，对于孔子来说当然也是一样的!《公羊传》里面也讲经权之辩的问题。儒家讲在言和信、行和果之间，它不是一个充分假言命题，不是说一定有一个 A 推出 B，而在这里面还要加一个外在的条件，就是合乎道义。我们先不要去管道义到底是什么，那是另外一回事情。儒家的思路是，你要想从 A 推到 B，首先要加上一个条件 C——道义，这是儒家对经权之辩的一个基本的思考。

学生 2：老师说过中庸是很难达到。那么我们如果达不到，我们难免就会产生一些比较消极的思想，就比如说明哲保身，比如说我们明明知道历史的真相，但是我们却不会去说，我们会去掩饰，那么在这种情况下我们应该去怎么做？我就觉得儒家他一直在告诉我们很多大道理，但是并没有说出这些大道理之后，我们应该怎么去解决。当然我不是哲学专业的，我不能去讲一些很哲学上的问题，但是我觉得应该回到方法论上，我们达不到中庸之道，那我们应该怎么做？我们产生这些明哲保身的思想，我们应该怎么去解决之类的，谢谢！

贺更粹老师：好，你刚说达不到，这个问题我前面一再说了，因为这是个理想，达不到我们还是要追求。而且，不是说它太难了，就一定达不到，而是说鲜少有人能达到中庸。那么具体怎么做？其实在报告中我已经讲了很多。儒家在为人处世，修身方面，朋友相交方面，君臣之义方面，包括财物分配方面等等，他都具体提出来了。比如说周贫不济富，这就是参与财富分配的一个方法；还有为政之道，欲速则不达；还有个人行为处事，要“素其位而行”，“文质彬彬”，最后才达到这种“至善”境界。另外就是你刚刚谈到的明哲保身的问题，好像和中庸是相违背的，其实也不然。儒家的明哲保身与现代含贬义的明哲保身不同。“明哲保身”语出《诗经》：“既明且哲，以保其身。”“明”指“明晓善恶”，“哲”指“辨别是非”。意思是，明达事理、洞察时势的人，善于选择安全、摒除危险，以保全其身，避免灾祸失败。一个人该明哲保身而不保身，是不智；该杀身成仁而不杀身，是不勇。身为仁者应该智勇双全，这是儒家对待生命和生死的中庸之道。至于具体怎样的情况可以保身，怎样的情况应该杀身，这也是因时、因地、因人、因事而异，需要具体情况具体分析。简单地说，儒家讲“明哲保身”，其实质就是遵循中庸之道，就是既坚持原则，又有适当的灵活性。

张立恩老师： 最后一个问题，后面那位同学。

学生 3： 老师好！我其实没有什么问题，关于刚才张老师和李校长讨论的这个问题，我有一点自己的看法。就是说张老师前面讲了儒家他不仅是一个道义论者，他同时也是一个结果论者，因为他做一件事情不可能完全不顾后果，因此在举到这两个例子当中，一个是他被胁迫，然后另一个是在签订条约，产生的结果是不一样的结果。就比如说孔子签订不正义的协约，对他来说产生了不利的结果，它产生的不利后果是很小的。但是对于遵守签订这个条约来说，它产生的不正义结果是非常大的。因此就是对于儒家来说，我似乎感觉到他有一种在处理道德矛盾问题上的时候，用到的一种原则就是诉诸更高的一种原则。比如说在仁义礼智信，“信”在最后面，在处理两种造成不正义结果大小不同程度的时候，我觉得他会视这种具体的情况而定，两害相权取其轻！因此就比如说在遇到这种比较大的问题的时候，我相信儒家会去坚守仁义道德。他说我坚信我的仁义道德的立场，如果能够妥协的部分我一定和你妥协，但是在不可妥协的问题上我是坚决不会妥协的。

张立恩老师： 这是做一个评论，因为你涉及的东西确实比较多，好吧，感谢你的评论！好，那么最后我就不再总结了，前面贺老师也讲得已经很清楚了，我们就以热烈的掌声感谢贺教授的精彩演讲！下期再会！

第七讲

意识现象学的思考路径与人工心灵的可能性

主持人李朝东老师：各位老师、同学，大家晚上好！这次我们特邀到的主讲嘉宾是著名国际现象学研究专家、中山大学教授、浙江大学特聘教授倪梁康先生。大家欢迎倪老师!

首先，我简要地介绍一下倪梁康老师。倪老师是德国弗莱堡大学哲学博士、国际著名现象学研究专家，现任中山大学现象学研究所教授、教育部长江学者特聘教授、中山大学人文学院院长、中山大学西学东渐文献馆现象学研究所所长、中山大学哲学系外国哲学学科负责人、国际《胡塞尔研究》学刊编委、国际《现象学世界》丛书编委、国内《中国现象学与哲学研究》《中国学术》等期刊编委、《中国现象学文库》丛书编委、《胡塞尔文集》主编。2019 年 1 月起任浙江大学文科资深教授（相当于院士）。

倪老师的研究方向为近现代西方哲学，尤其专长于现象学，主要研究领域涉及中西方思想史上的各主要意识哲学，如心智哲学、心学、唯识学、心理哲学、心性论等，已在国内外核心期刊发表论文 200 余篇，翻译和出版现象学专著 10 多部。今晚，倪老师的报告主题是《意识现象学的思考路径与人工心灵的可能性》，主要是从现象学的维度，对未来人工心灵发展的可能性进行讨论，报告主题富含深厚的现象学哲学思想，也给予了我们未来生活世界足够的重视与关切。胡塞尔现象学即认识论，它的目的是解决认识如何可能的问题，为自然认识提供基础和说明；它的任务是对意识进行本质分析和本质研究，从而把握意识的本质规律；它的方法是现象学还原中的直观和本质直观；它的研究领域是全部纯粹意识领域。倪老师认为“人工智能”的发展，是一个过于狭窄和有待突破的概念，因此提出了“人工心灵”即“人工意识”的概念。并且在倪老师看来，“人工意识”有益于或超越于人工智能，因为“人工意识”中不仅包含了认知意识，而且还包含了人类的一切意识，如情感意识、抑郁意识、自身意识等等。

那么未来的“人工意识”或者人工心灵发展的可能性究竟是什么？倪老师的报告就是要从意识现象学的思考路径来为我们解答。下面我们以热烈的掌声欢迎倪梁康教授给我们做精彩的演讲。

主讲人倪梁康老师：大家晚上好！辛苦大家，今天是端午节，能够到这儿来做这场报告，用佛教的话来说，也是机缘具足了！2005年我曾来过西北师大，这是第二次来。现在我也是你们学校的特聘教授。今后三年内，我每年都会来一次。今天我已经跟学校张俊宗书记承诺至少一年来一次。今晚的讲座内容大家可能有一些了解，我一直在做意识现象学或者说意识哲学的研究，尤其是胡塞尔的意识哲学。大家都知道在当代国外哲学研究中，有两个很大的研究领域或者研究方向，又或者是研究学派——分析哲学和心灵哲学；现象学和意识哲学。现象学和意识哲学基本上是欧陆的一派，心灵哲学和分析哲学是英美的一派。心智和心灵都是mind。这个词我认为应该把它翻译成心灵。当然很多人认为应该把它翻成心智。后面我会谈我的看法，为什么要翻译成心灵，而不是翻译成心智。

我现在研究的意识、脑、人工智能是比较时兴的一个题目，是大家现在都在关心和讨论的一个题目。为什么呢？因为现在人工智能发展得很快，快到我们感觉已经跟不上了。大家都会担心。大概今天很多人都会讨论这个问题：一旦计算机有了意识以后，人工智能会不会把人类消灭了？或者会不会把人当作奴隶？这在很多电影中已经讨论过，就是机器人的觉醒。我是做思想史的，是我在前面做，或者说我研究的对象在前面做，然后人工智能的研究追上来了，而不是说有了人工智能我去跟它做。当然人工智能可能不知道胡塞尔是谁，不知道倪梁康是谁。但是我认为哲学，特别是从十六、十七世纪以后，从笛卡尔以来，就开始在思考意识的问题。这是一个很大的问题。

今天我要讲的就是，我现在研究的人类意识，将会为人工智能提供什么帮助？会有什么影响？或者说会有什么启示？浙江大学校长吴朝晖院士，把人工智能、脑、意识称为ABC，其中A是人工智能，B是脑，C是意识，这就是ABC。但是当时我们论道的时候，是将ABC反过来成CBA这样来讨论。吴朝晖院士代表人工智能这一块。浙大医学院有一个院士，他是专门研究脑神经系统的。我们一起讨论意识和脑的关系、意识和人工智能的关系。

讲座题目听起来并不深奥，但涉及的问题非常复杂，我会尽量讲得浅显易懂一些，从哲学的角度、日常生活的角度切入。有一个叫卡西尔的人，跟胡塞尔是同一时代的人，他是新康德主义代表人物。他说意识这个概念是真正的哲学阿洛忒斯，阿洛忒斯是希腊神话中的海神，它变化无常，经常出现，但是看不出它真正的形态。卡西尔借此来说意识这个概念在哲学的不同问题、不同领域中都出现，但它在这些领域中并不以同一个形态示人，而是处在不断的含义变化之中。就是说意识这个概念，其含义到现在为止还没有完全定下来。这是卡西尔在他的《符号形式的哲学》三卷本书中特别讲到的。但他不做意识研究，他只是对思想史做一个总结。我认为意识现在已经有了一个非常特定的形态，完全可以端出来讲。

有一个英美分析哲学的文本 *Kind of Mind*，这本书已被译为中文，中译题目是《心灵种种》，我认为译得不错，就是各种各样的心灵，心灵的各种形态。这本书的作者用一句话开头，他说我是哲学家，不是科学家，我们哲学家更善于设问、提问、发问，而不是回答。大家不要以为我一上来就在贬低自己和自己的学科，其实提出更好的问题，打破旧的设问习惯及传统是人类认识自身、认识世界这一宏伟事业中非常困难的一部分。大家要特别注意，哲学不同于实证科学，它是所有实证科学的母亲，但是它本身不能变为实证科学，一旦变成实证科学，它就不是哲学了。比如说心理学原来是哲学的一部分，比如说物理学，原来是哲学的一部分。在亚里士多德之前，基本上哲学就是科学，到了亚里士多德分科以后，所有成熟的能够得到实证的，都变成了科学，如天文学、物理学，包括心理学，都单独成科。所以到最后大家会说，哲学是最没用的，哲学解决过哪些问题？真的没有解决过什么问题，但是哲学家就拿它来做“托辞”。这个托辞当然是有引号的。我们哲学就是提问的，我们不是要解答。我们一旦要解答的话，就变成具体科学了。最重要的学科是哲学，最早的科学家都是哲学家，包括笛卡尔、康德、牛顿、爱因斯坦等，他们实际上既是哲学家，又是科学家。

有一个地地道道的科学家在一本书中提出来一个重要问题，书名叫作《生命 3.0》。这本书现在是英美的畅销书，已经翻译成中文了，在中国也是一本畅销书。这本书是说在一个人工智能时代的人的生存、人的存在。“生命 1.0”就是有生命出现了；“生命 2.0”就是人类智慧产生了；但是很快就会发展出一个“生命 3.0”，这个“生命 3.0”就是指人工智能。

人工智能有生命吗？现在大家都会说没生命。什么叫生命？这也是个问题。是不是有生物组织，有各种各样的碳水化合物，有各种各样的细胞、神经元就叫生命？其他的就不叫生命？这个要定义。人工智能以后会不会有生命？我想以后肯定会有生命，也会有生和死，或者说有一个形成和衰老期，但是，人工智能拥有的知识是永远不会衰老的，它只会过时，或者说被证明是错的或对的，它里边的精神活动是永远不会衰老，人实际上也是这样。

那么现在提“生命 3.0”是完全可能的。我在另外一篇文章中讲到“人工意识”，但“人工意识”这个概念到底是不是我第一个提出来的？大家以后可以写博士论文来考证一下，至少我在用这个概念的时候，网上没有查到过。但是，在我用了这个概念以后，《西部世界》（美国人拍的上下两部 20 多集的连续剧）中提到了“人工意识”。《西部世界》中的那些接待员，都是有“人工意识”的。什么叫“人工意识”？“人工意识”和“人工智能”不一样，“人工智能”是只有智能没有情感和意志。那么未来的人工智能是不是一个被淘汰的版本？会不会有一种既有智能又有情感、自由意志和自我意识的新型的生命系统？“生命 3.0”能不能成立？这本书的作者叫泰格马克。泰格马克讲有“生命 3.0”的系统，但是他只是说这个系统是一种有意识的人工智能。什么叫作有意识的人工智能？到现在为止，我们可以给人工智能一个定义，然后它可以照着这个定义做下去，但是人工智能到现在为止自己定义不了自己，人工智能发展到今天，还不能定义智能是什么含义。

今天最新的人工智能研究，大家可以留意一下，已经发明了一款新的机器，人工智能帮你写高质量的论文。因为早就可以写诗写小说了，现在也可以写论文了。这就面临着一个巨大的问题，以前是查重，现在要查是不是人工智能造的。这是一个很简单的、一个大学生研究出来的课题。以后的问题会越来越多。当然有些事情目前人工智能做不了，比如下定义，但是为什么人工智能不能下定义，却能写诗、写论文、写小说，还可以写科幻小说、古典小说？只要把几个命题输进去，让它去自由发展。你都查不出来，到底是真的是假的，这是很难查出来的。即使有重要的社会科学杂志的编辑在这里，也不见得能分辨出来是机器人写的，还是学生写的。为什么人工智能能写论文，但是它仍有很多事情不能做？因为它没有情感、没有决定权、没有自由意志。它不自由，而人是自由的。那么现在问题就是在这儿，我能不能给它设计一套程序，给它一个算法，让它有自主权，让它可以做自己的决定，让它可以有同情心，让它可以疾恶如仇，还可以让它杀富济贫？到最后这步就危险了。这个是可以设想的，以后政府如果不组织，有可能有私营的科学家来组织，比如说有个大财团的老板，他心血来潮搞个机器人，搞一个能够扬善治恶的机器人，像蝙蝠侠一样，到处做正义的事情，这也是可能的。

所以我对机器人未来的展望，还是抱着乐观的态度，但是我们要回到这个题目上来，意识在这里是什么意思？如果我要编一个程序，写一个算法，把它植入到这个机器中，让人工智能开始有意识。比如说在人工智能无人机上面发射导弹的时候，突然发现一个无辜的女孩在那儿，它会自动停止发射导弹，因为它有同情心，这不是编程序的人预先规定好的，一旦发现小孩，你就不能去打。预先的规定也可以这么做，这是另外一种可能。但它是否有自己决定的可能？

那么在这里意识是什么意思？物理学家泰格马克讲：意识是一个富有争议的话题。在人工智能研究者、神经科学家或者心理学家看来，意识哲学家就是心理学家的一种，就是心理哲学家。我们当时在浙大开这个会的时候，三个人都在，校长是人工智能研究者，还有一个院士是神经科学家，我代表了心理哲学家。当你向他们三者提到以 c 打头的 consciousness，他们可能会翻白眼，因为他们认为 consciousness 没办法研究。但是我认为这是物理学家的无知，物理学家确实不知道，哲学家研究的是什么东西。他说正如生命和智能一样，“意识”一词也没有无可辩驳的标准定义，相反存在许多不同的定义，知觉、觉醒、自我意识、获得感知输入等等。他在这里边寻找的这一批概念，有的是心理学的，有的是哲学的，有的是物理学的，有的是计算机的，但是这些都不是我要讲的意识。所以我觉得很难在定义不明的情况下，去建造一个建立在含含糊糊定义上面的实体性的东西。

比如说一个有意识的人工智能，一个有意识的机器，我认为他们现在还做不出来，以后不知道，因为人工智能的发展确实非常快。但是物理学家泰格马克很厉害，他现在是一个很重要的人工智能研究者，他找特斯拉公司要赞助，拿了很多经费来做研究。他尝试给意识下了两个定义。

第一个定义是意识是主观体验。主观体验就是既然是主观的，你就没有办法客观地研究它。比如说现在我牙疼，你说你能客观地研究一下牙疼是什么？当然可以客观地研究，你可以说是牙的某个神经出了问题。但是我牙疼的疼，没有人知道它究竟是什么。你可以用一句话说我牙疼，然后大家都会联想到自己的牙疼，但是你这个牙疼和我的牙疼是一回事吗？特别是头疼。我知道头疼是怎么回事，但是我太太跟我说，她能区分 11 种到 15 种头疼，那就是至少我不懂十几种头痛是怎么回事。所以在这个意义上讲，主观体验确实不太好研究，除非找哲学家。哲学家会说主观的东西是有它自己的规律性，而且自己的规律性是不能用仪器来测，只能通过自己去体会和反思。绝望是怎么回事？宗教的那种狂喜是怎么回事？宗教的那种忘我的欣喜，一个真正的宗教徒，他们会有那种天启的感觉，相当于基督教天启的感觉。你没有体验过，你说你讲的，我没体验过，我就不相信，这当然也是一回事。然后比如说那么多人绝望，那么多人自杀，那个绝望是什么感觉？你也没体验过，你就不能研究，但是你可以研究你自己的东西。所以主观的东西是可以研究的，但是你要用客观的、众人都认可的标准来研究，那又是一回事情，这个就是主观的体验。

泰格马克还提出了一个积极的概念。在《生命 3.0》这本书里面，他认为未来的“生命 3.0”就是有意识的人工智能，有意识的机器人。这是什么意思？他定义了一下，他说意识就是信息。如果你要把意识定义为信息的话，那么信息可以储存，可以复制，可以自己再发展、再进化。如果变成这样，就像如果你说音乐是什么？音乐是信息，一张光碟上装满了几十首音乐；你说符号是什么？符号是信息，也可以这样讲；你说神经元是什么？神经活动是什么？神经活动是信息；你在头上面带了很多这种接触点，然后你就看这个图，图像你能看到，你能看到神经活动究竟是怎么回事，这个神经元也可以变成信息。有很多说法，有的时候你不过就是一堆细胞而已，还原到最后，科学界、哲学界都在用，你不过就是一堆细胞，一堆神经元。也可以这样说，我也可以说你不过就是一堆意识，你没了意识，你就什么都不是；你没了意识，躺在床上，你就是一个植物人。

每个人都可以这样讲，意识就是信息。如果所有的脑神经活动、大脑的活动都是信息的，都可以还原为信息，那我们想一下，精神也是信息，物质也是信息，精神和物质的区别已经没有了，哲学没什么好讨论的。信息是一个问题。当然我们可以进行一个尝试，意识如果是信息的话，那么是可以进行科学研究的。但是，意识仅仅是信息吗？另外，智慧和意识也是不一样的。智慧就是用智能的方式思考问题的能力；意识则是主观上体验到感知的能力。这个感知当然又是一个比较大的问题。主观上体验到感知的能力，泰格马克说我们现在叫作 Homo sapiens，这个词大概大家多多少少听说过，叫智人。人类现在是处在智能、智人阶段，智人阶段是现在发展到的最高阶段。人类“生命 3.0”的版本就是能人、匠人、智人和意人，他还提出来一个“意人”。

什么是意人？有意识的机器人。这样的机器人了不得，因为大家都知道，我曾经讲过，要达到永生是迟早的事情。霍金在 20 世纪末就已经预言用 50 年时间可以解决死亡问题，现在已经过去了 20 年，剩下来还有 30 年。但是我也不太相信霍金，我宁可相信爱因斯坦，因为霍金的哲学修养不如爱因斯坦，他认为哲学家已经没有用了。霍金预言可能会实现，即通过置换器官，如心脏、大脑等。你愿意不愿意做？国家允许不允许做？哪一个器官坏了换哪一个，你不就不死了吗？

事实上，人的神经元会死，据说神经元的最长寿命是 120 年。但是我这次又请教了一位生物学家，他说这也不是一个定论。为什么呢？因为到现在为止，只测到还活着的人的寿命是 120 年，那个时候他的神经元还没死。即使我们说神经元的寿命有 150 年，你身体器官都换，换到 20 岁，换到 50 岁，但是如果你的神经元死了怎么办？你就不是你了，你的意识单位不统一了。你之所以为你，就是因为你有那么多的记忆。现在如果意识是信息的话，那很简单，把意识都拷贝到另外一个机器上，这个时候就实现了灵魂不死、意识不死。因为意识变成信息以后，意识的载体可以死，但是信息不会死。你说一个唱片上的一首歌，这个胶木唱片坏了，这首歌就完了。但是现在换成了数码存储，数码不会烂，所以这是一个很厉害的想法。

还原到最后，大家就会说你不过就是一堆数码而已。现在最大的问题在这里，所谓意人，就是有意识的数码的聚合。数码可以变为意识吗？或者说意识可以变为数码吗？这也是一个问题。

今年年初，在哥伦比亚大学网和国际的机器人人工智能网有一个报道让我大吃一惊：距离有自我意识的机器人又近了一步。这个报道是比较客观的，可以说这个报道是不那么标题党。而我在翻译成中文的人工智能网上面看到的报道是："机器人有意识"。这把我吓一跳。机器人有意识是什么意思？机器人苏醒了？机器人觉醒了？机器人要革命？然后我就去找英文的原稿来看，事实上人家的原稿写得很谦虚、很平和。

但是这其中还是有问题。哥伦比亚大学主持这个项目的利普森教授，他说几千年来哲学家、心理学家和认知科学家一直在思考自然意识的问题，但进展一直不大，现在机器人技术的发展迫使我们将这些模糊的概念转化为具体的算法和机制，这当然是一个问题。

我认为这仍然是个问题，把模糊的概念转换为具体的算法和机制，怎么转换？我一直不太相信这一点。后来我看了一下，才知道他讲的不是我说的 self-consciousness，而是 ego-consciousness，就是自我的概念。自我的意识不是自身意识。自身意识是什么？

"自身意识"是一个我研究了 30 年的问题。我写过一本书叫《自识与反思》。自识的意思有自我意识、自身意识，我把 self 这个词，特别是在德文中间的 selbst 这个词翻译成自身，自身就是反身动词的身。我在做报告的时候，自己同时意识到自己在做报告。但是自身意识不是一个对象性，就是说我并不是一直在考虑我的自身，而是在考虑我的报告，我在面对你们，你们在听报告的时候听的是我的话，但是你们自己也意识到自己在听，除非你们睡着了。这个意识是所有意识活动中间，所有人类的智能活动、意识活动、情感活动和意志活动中间不可缺少的一环。在佛教里边也提到过，叫作自证分。这个心识活动，就是意识活动在进行的过程中，自己证实自己，自己证明自己，你如果证明不了，你没有这个自证分，那就说明你已经睡着了或者休克，或者昏迷了，这就是自身意识。

现在我讲什么叫自我意识？什么叫自身意识？然后有人问我，一台自动驾驶的人工智能汽车，它在行驶的时候有自我意识吗？以后大概 5 年到 10 年之内，人工智能自动驾驶的汽车就会在路上看到，它有自我意识吗？大家都会说，没有吧。那么我就要问它在行驶的时候会意识到路况，而且同时也意识到自己对路况的意识，看见一个障碍，看见一个人，它马上绕行，马上停下来，讲起来它是有意识，有智能活动，但是它自己意识到它自己吗？这是一个问题。

还有一个就是一边在行驶，一边在想我在开，一边在想我现在正在绕过一个障碍，我要走，这个里边有很多的区别。但是还有一个问题，是不是意味着它有自我决定的能力？这个时候大家会说它有。它看见一个障碍，它会决定从左边绕，还是从右边绕，但是它不会有罢工的选择权，它说我今天不干了，这个可不可以有？人工智能有没有？这当然是没有的，这个是人有的，很多区别都在这个地方。哥德尔是大逻辑学家，也是哲学家。他在 1959 年曾经研究过胡塞尔，认为胡塞尔的很多观点都是非常正确的。当然我写了好几篇文章在论述这个问题。问题就是一台机器知道它的程序的可能性有多大？一台机器它自己知道自己的程序，这个可了不得！它要知道自己程序的话，它会说我这个程序不好，我改一下，它就有可能去改。如果要是别人不给它改的权力，它自己编个小程序来改一下，行不行？这也是一种可能性。

知道更改自己程序的可能性，这个也是一个比较大的问题。我们在做动物意识或人类意识研究时，经常看到这样一个例子：脑容量越大，智能越发达，对自己的认识越快。比如说一个猩猩在照镜子的时候，它一开始会把它看作是自己另外一个同伴，然后打、骂，但是后来发现不是，它很快适应了。但是猴子时间就比较长一点儿，因为猴子的智慧程度比猩猩低一点。这实际上是对这样的问题来提的。

但是，我们现在讲，原来意识都是哲学家做的命题，现在物理学家如泰格马克，他是一个核物理学家、高等物理学家、量子物理学家，他也在做意识问题。在北京开世界哲学大会时，我第一讲讲自我问题的时候，有人说，量子力学已经把自身意识问题解决掉了，你知道不知道？我在那个时候说确实不知道，对不起。但是我觉得这是一个假问题，因为自我意识究竟是什么都不知道，你说已经把它解决掉了，是在什么意义上解决了自我意识的问题？

我在这里介绍一位院士，他是浙江大学的唐孝威院士，现在他 80 多岁，已退休。他很早就写了一本书《意识论：意识问题的自然科学研究》，这本书现在已经脱销了。他的确是以一个物理学家身份来研究心理问题的。原来讲物理归物理，心理归心理，两套班子，两种方法，两个对象。但是，现在物理学家跨界，所以我说自己在研究意识，于是物理学家们赶上来，并不是说我去追物理学家，而是物理学家追我。在唐孝威院士的这本书里，他用了十章来讨论意识的复杂性，研究意识的观点和方法。他真可以算是一个带有很强的哲学家意味的核物理学家。他在第十章中讲到意识的理论体系，认为意识还是个问题。他得出来四个意识的理论体系，第一个是意识的结构论，第二个是意识的基础论，第三个是意识的过程论，第四个是意识的发展论。每一个论都有一个规律，所以叫意识结构律、意识基础律、意识过程律、意识发展律。

如果是在逻辑学界，这个很了不得，四条公理已经出来。但是我认为第一条结构律和第四条发展律不属于自然科学，它涵盖的内容是精神科学。我现在讲精神科学或者说意识科学，我们做的他没有看，但是我们可以跟他在一起合作。其中意识第二条基础律是意识的根，意识是怎么产生的？这是生物学的问题，当然是自然科学。但是这两条都不是谈意识，而是意识的根和意识的显现，不是意识的本体。所以如果真的就是四条规律的话，我马上就跟着他来做，但是现在我要想改变一下。

我近几年在写一个《意识现象学引论》，副标题是《意识问题的精神科学研究》，或者说《意识问题的意识科学研究》。这里面有一种对话的可能性。自然科学的方法是因果说明，精神科学的方法是动机理解；或者说自然科学的方法是因果解释，精神科学的方法是动机说明。用这两种方法解释意识和意识以外的东西。

意识以外有什么东西？可以是物质，但实际上我们所有的东西都是通过意识发现的，你都没有办法证明你可以超出你的意识之外。你看仪表、看文章，这些都跟你的意识活动有关系。所以有时候把意识论解释为唯心论是有道理的。佛教中讲唯识学，唯有识，万法唯识。唯有识讲的就是唯有意识，古人在一两千年前就已经在讲这个了。我认为精神科学的方法要求严格；胡塞尔说哲学作为严格的科学，自然科学的方法是要求精确，数学般的精确；一个是定性，一个是定量；我认为，这两个可以各自做各自的，但也可以结合在一起做。

科学家丹尼尔·丹尼特说很多动物躲藏，但没有意识到自己在躲藏。也就是说动物是有意识的，但没有自我意识。意人是自己意识到自己在做什么，智人也是这样，但是机器人如果意识到它在躲藏，它在瞄准射击，那它就是第三代生命。丹尼尔还提出来另外一个概念，叫意向性和高阶的意向性，这是胡塞尔的意向性概念。他说还有个高阶的意向性概念，来区分有意识的和没意识的。

什么叫心灵，什么叫意识，我要借查默斯的话来说明。他写了一本畅销书，在英美，人工智能的哲学论文和科学论文好多都是畅销书，我很佩服他们，他们能把这个很复杂的问题用一种通俗的方式写出来，写得让人更易懂。这一点对于我来说不容易做得到，他做得很好，所以产生的影响很大。他写了一本《有意识的心灵：一种基础研究理论》。什么叫有意识的心灵？我们是有心灵的人，或有灵魂的人，也讲灵魂，讲心智也可以。心灵是有意识的心灵。另外一部分当然是无意识心灵。心灵是由有意识的和无意识的两个部分组成，因此心灵的概念要比意识的概念大。现在国际上做现象学研究影响很大的哲学家扎哈维，他有本书是《现象学的心灵》。大家都说我在做意识现象学，为什么老在说现象学？现象学就是显现出来的。什么叫显现出来的？就是在意识中能够被你意识到。有意识的心灵，就是现象学的心灵。上面这两本书差不多，但是用各自的概念来做。那么“现象”有没有不显现的部分？当然有，不显现的部分有潜意识、无意识、下意识，我们意识不到，不显现。弗洛伊德在 1898 年的时候用了一个词叫作心而上学“metapsychologie”。这个词很有意思，像我的喜怒哀乐，我的表象，我的情感，我都意识到，还有没被我意识到的一些心灵活动。在这个意义上，心灵是由意识和无意识两个部分组成。还有一本书，是德国人写的《自我不是大脑：二十一世纪的精神哲学》里面讲到：自我不是大脑，自我不能还原为一个生物学的现象，不能还原为一个生物学的东西。当然我们可以说自我不是数码，现在还可以这样说，以后是不是可以这样说？不知道。那么一般认为人和人工智能的本质区别是前者有自身意识，后者没有，或者也可以说前者有心有脑、有智能有情感，而后者有脑无心，即有智能无情感，这当然是一种说法。这个心、意、识三者，如果看世界思想史的话，会发现好多地方都在谈。佛教谈的最多。佛教谈八识，阿赖耶识、末那识，前六识包括眼耳鼻舌身识。还有一个叫意识。意识是什么呢？佛教里面的意识和我们现在讲的意识不太一样，但我们现在用的这个意识 consciousnes 是从佛教来的，是用佛教的概念来翻译的。

因此，广义的意识泛指一切精神活动，泛指心理主体的所有心理体验，如感知、回忆、想象、图像行为、符号行为、情感等。我想要什么？是一种要，I will 这个“要”后面一般来说会接一个名词，我要一杯水。要一杯水和有一杯水不一样。我要一杯水往往意味着没有水，所以我要一杯水，我“想要”这是一个情感。但是我也可以说我想要睡觉，就没对象。因为如果说有对象的话，对象是一个行动。我要有两种可能性，一个是无对象的，一个是有对象的。现在我们谈的是有对象的，所有这些都是跟对象有关系。“要”意指它的名词，就是意志、意愿、意图，所有这些东西都是跟心灵有关，这也是人类心灵中的一个部分。

这个“要”在机器人那里，应该以什么方式表现出来？不是通过一个程序来控制，而是它自己“要”。这个时候就有一个问题，就是到现在为止，“人工意识”还没有产生，人工心灵还没有产生出来，但是会很快。我不知道会有多快，这是我没有办法解答的，因为我不是科学家，我对科学的发展速度也没有把握。正是因为这个原因，所以我不赞成未来科学的说法，未来科学是一个猜测，未来哲学就更不行了。我现在是这样想的，我没办法预测科学的发展，所以我没办法预测未来会不会有哲学存在的可能，也可能精神和物质的关系全部通过这种信息的方式被消解掉了，这也是一种可能性。所以我现在还是提出问题，我一开始就给自己留了个退路，我提问，我不回答。

狭义上的意识就是自身意识，我觉得这个自身意识用 awareness 比较好。我一边在看书，一边意识到自己在看书。当然也有的时候大家会说，我有的时候看书，我完全就忘了自己坐在椅子上看书，我完全就沉浸在历史人物中间去，比如看金庸的小说就会这样，你就忘了睡觉，也忘了其他的事情，完全沉浸进去了。这个时候你的自身意识基本上可以忽略不计，但是你必须有，如果没有你就睡着了，你肯定是有的。你也不会反想自己，你整个地投入进去了。这个是我们以前讲的，比如同情心，你看一个杂技演员在高空上面行走，一会往下一会往上晃来晃去，要掉下去的时候，你会忘我地看着他，他紧张你也紧张，其实他有时候做出来的紧张样子就是让你紧张，但是你就是完全忘我地在看，这是对同情感或者说同感的一种解释。

有的人一辈子从来不做梦，这个是我听到的一个传说，不知道是真是假。但是我做梦做得绝对很少，而且即使做梦，也不知道自己在做梦。比如说晚上说梦话，或者在吵架，或者哭，太太告诉我，我完全不记得昨天晚上在干嘛，那个时候就没有自身意识。但是有时候你清清楚楚记得，自己被梦吓醒，这种情况我也有，这个时候就说明你的梦是被你意识到的，就留在你的记忆中，这个是自身意识。那么我讲自身意识可以带有道德成分、审美成分、认知成分，我在德国做的博士论文就是讨论这个的。这种认知成分就是非常简单的一种认知成分。比如说我在扎紧钱袋的时候想给一个乞丐投点钱，我这个恻隐之心突然动了一下，或者他的样子突然让我动了心，我去施舍给他一点儿，像这些都是一种道德的自身意识。

总结一下，心灵是由两部分组成：有意识的、无意识的。在我看来，到现在为止对前者最深刻、最敏锐的研究者是胡塞尔，对后者最有洞见与影响的研究者是弗洛伊德。要问心理学家的话，他们会说弗洛伊德虽然伟大，但是他提出的所有论题都被推翻了。在胡塞尔这里，还没有到这个地步。但是你要问生物学家，生物学家也会说，达尔文的所有论断都被推翻了，但是他还是达尔文，进化论还是在那里。无意识的精神分析，所有的手段都已经改了。关于无意识的结构，指出无意识的存在，指出人类意识的三个层次，古代就有，佛教里就有。刚才我讲八识：阿赖耶识、末那识、前六识，就是三个层次。弗洛伊德和胡塞尔两个人是同乡，都是在现在的捷克共和国出生的，出生的时间也很接近，成名作也很接近。1900 年，他们两人的成名作，都对心灵问题指出了研究的方向，非常敏锐，非常深刻。心灵还可以一分为三——表象意识、情感意识、意愿意识，这个在胡塞尔那里叫客体化的意识和非客体化的意识。客体化的意识是指意识的能指或能意等功能，它可以统摄杂多的感觉材料，赋予眼耳鼻舌身的对应材料、视觉听觉嗅觉味觉触觉以一个统一的意义，我们现在就是活在整个的“六识”里边。所谓“六识”就是当下的，这当下是一个瞬间连着一个瞬间，在自然科学家那里叫意识的涌现，你挡不住它，你又没有办法把意识停下来。禅宗说能够做到静，静到什么地步，静在洞外一年相当于在洞内一天，静就是意识流得很慢很慢，这个要靠功夫。我还没有尝试过，我控制不了我的意识，我的意识就是不断地涌现出来。

在现象学中，情感和意愿都是非客体化的意识，这种意识不能创造客体，但是它借助于客体化的行为，能够构造出另外一种不同的意识。比如说我看这个瓶子，我想喝水，我喜欢这个水，但我单纯地喜欢不能构造出一瓶水，必须借助于表象来构造，构造后我才能喜欢它，我才能选择要还是不要它。看一朵花也是这样，首先我看到花，我才能喜欢还是不喜欢。所有这些都是说明情感的东西必须奠基在表象的基础上，如果没有表象，情感、意愿就不可把握。

我刚才讲的是意识规律的奠基问题。关于自身意识和自我意识，下面我要通过一个哲学家来讲。他就是现在英美哲学中最重要的心智哲学家或心灵哲学家：塞尔。塞尔的影响也很大，也是被科学家很看重的一个人物，他也作为哲学家来讨论人工智能的事情。他举的例子，我觉得蛮好的，就是用来解释自身意识，他没有解释自我意识。例子就是在饭店里吃饭，他很喜欢吃饭，他的书里边很多地方都谈吃饭，吃饭吃得津津有味。突然这个时候，他抬头一看，很多人都在看着自己。然后这时候就觉得不对，他说我怎么了，这时候才有自我意识。你在吃饭的时候，是没有自我意识的，就像我们在看杂技演员表演，在看一本金庸小说的时候，你会忘我地去看，突然就回到自我，我怎么了？这个时候自我意识就有了，自我总是在意识之后，自我意识总是在意识之后。但是你在吃饭的时候是有意识的，有自身意识，你甚至能够意识到饭好吃还是不好吃。你在吃饭，你有审美意识，你有道德意识，道德的自身意识。但是自我意识是要等你反思的时候才会有。比如说在国外饭店里吃饭，他们谈话声音都很小，你要是吃饭的声音特别大、特别响，别人就会盯着你看，就会斜着眼睛看。你就会说怎么这么多人看我，是不是我只穿了内裤就来吃饭了？这就是塞尔举的例子。这时候你会反思自己。

我的老师耿宁先生，他是瑞士人，他写了一部著作《人生第一等事》，里面讲良知有三种。其中，王阳明说的第二种良知，就是在做一件事情，进行某个意识活动的同时，意识到这个活动的善恶。你想做坏事的时候，你意识到这个行为有问题，但是这个意识不是说你在做坏事之前，你先反省一下能不能做，有好多事情是不假思索地进行，但是你还是意识到。再比如我讲的最有意思最有代表性的一个例子，在钱塘江曾发生过的一件事情。一对年轻的夫妇带小狗在江边散步，然后小狗掉到江里边去了，女孩子就跳到江里面去救它，然后男孩子就去救女孩子，都淹死了。她那个时候是根本就不会反省我该不该救，能不能救成功。她完全不假思索，在不假思索的同时，她有可能会意识到一丁点的道德情感在里边，就是这个狗掉下去了，它快死了，好可怜，马上就去救它。王阳明一生就研究：致良知。致良知就是实现良知，到达良知。我也给自己做一下广告，我有本书《心性现象学》即将出版，这本书是我对欧洲历史上关于这个问题的思考所做的一个梳理。香港中文大学哲学系姚志华的博士论文《佛教的自证论》，他研究了佛教历史上的所有关于自证的讨论，自己证明自己，用我的术语来说就是自身意识。

最后，我讲一个最基本的问题：以后这个人工智能会达到什么地步？脑神经科学会达到什么地步？有人设计了一种神经解码器，利用人类大脑皮层活动中编码的运动学和声音表征，将脑信号转换为可理解的合成语言。什么意思呢？就是你想什么，它就可以把你大脑里边的信息直接读出来。达到这个地步意味着什么？意味着意识就变成了信息，就变成了数码。我不去讲它可怕不可怕，我觉得这个就离我前面讲的意识会转换为信息，又近了好几步。当然我相信无论是前面讲的自身意识的问题，还是现在讲的意识活动转换成语言的问题，都还处在非常初步的阶段。

好，谢谢大家，今天我就讲这么多。

讨论问答环节

李朝东老师：谢谢倪老师深入浅出的报告。按照学术报告的惯例，我们留点儿时间请大家向倪老师提问，互相交流一下，哪位老师或同学有问题？

学生 1：倪老师，您好！人的意识如果变为信息编码的话，教育是否还有存在的必要？

倪梁康老师：谢谢这个同学的问题，我甚至觉得哲学可能都没有必要了，教育就更没有必要了。那个电影里边有很多文学家，文学家比我们哲学家的想象力要丰富。我觉得哲学家是需要做总结的。黑格尔说，密涅瓦的猫头鹰是在傍晚才起飞的，它就是人类的一个历史阶段到了一定时候来做总结，他认为哲学家是做总结者。但是文学家不一样，文学家他讲的这个是未来的问题。文学家有回答。我觉得哲学家就很难回答，到了那一步可能真的是没有必要了。

学生 2：老师，您好！我问一个很现实的问题，现在有人用神经现象学来解释大脑的神经活动程度的内时间意识，解释原印象，您如何看待这种进路？

倪梁康老师：张祥龙老师在做这方面的研究，你可以阅读他的相关作品，或者以后有机会请你来跟他讨论。

学生3：有一个问题就是刚谈到反思，那反思时已经预设了一个自我，这里有了自我主体和自我客体，是主体在前还是客体在前？

倪梁康老师：胡塞尔说自我不是一个超出你的意识活动上面的幽灵，没有这样的一个漂浮在你的心理活动上面的幽灵，但是你反思的时候，你会发现，所有的你的心理活动都归到那边去，就像北极和南极，我把它讲到一个极点，但这个极有多大，你讲不出来。南极的极点有多大？零，它没有任何内容。自我就是这样一个东西。但是你要是从纵向的发展来看自我的话，它是可以有一条线，这是我这几年一直在探讨发生现象学的这个问题。谢谢。

学生4：倪老师，你好！在你的PPT里有一张是对话的可能性，我特别感兴趣。因为我曾经在一个研究中也用到这种方式。当年我做硕士论文的时候，曾经也遇到了一个难以解决的问题，既有自然科学的成分，也有心灵的成分，我不知道，这两者怎么能融合到一起？然后我当时通过一篇文章受到了启发，最后解决问题就是用这两种解释系统，自然的部分就用这个因果说明，然后心灵的那部分就用动机理解。不过当时我不叫动机理解，我当时叫意义理解，我当时解释的时候确实是用两套系统。我从来没有尝试过，他们之间有什么对话的可能性吗？

倪梁康老师：好，谢谢！对话的可能性，可能能做到，有一个是做到了的例证。托马斯·库恩的《科学革命的结构》，他是把这两者全部连在一起了。科学革命的结构，实际上这个结构是一个社会心理的结构。在这个意义上讲，它是用一种社会心理的动机来说明和解释自然科学的革命的变化、革命的结构。我今天也讲了，他是受柯瓦雷的影响。柯瓦雷是科学史家，原来是胡塞尔的学生。从这条线上面是可以做一篇很好的博士论文的。胡塞尔一开始指导科瓦雷，但是科瓦雷没有毕业，后来胡塞尔把他打发走，然后科瓦雷就到巴黎去跟柏格森学。胡塞尔甚至认为整个科学史就是一个观念变化，在这个意义上讲，意识的变化决定着意识对象的变化，或者说像康德讲的认识是如何可能的，决定了认识是否可能的问题。这个时候是有对话的，所以我讲以后的对话的可能性，是不是还有，可以拿托马斯·库恩来做一个案例分析。

李朝东老师：最后一个问题？

教师甲：倪老师好！请教您一个问题，刚才有一个非常吸引人的例子，讲解码器可以读懂人的思想，可能我就没有隐私了。那我想问，就佛教讲的一个神通，就是“他心通”，说可以把别人的思想读懂。那么我想请教倪老师，如何看待解码器把人的神经活动转化为信息与佛教的“他心通”这两个系统？这两个系统是否有可沟通的点？

倪梁康老师：好，谢谢！“心通”是现在英美哲学里边讨论的问题，在胡塞尔那里是交互主体性，一个主体怎么样和另外一个主体发生理解，我的理解和你的理解或我对我自己的理解和对你的理解，是不是在同一个层次上面，同一个清晰度上面等等。“他心通”就是把每一个自我看作是一个单元、一个单子，然后莱布尼茨说一个单子和一个单子之间有个窗户，所以可以达到单子之间的交往。你要是说单子和单子之间，人与人之间不可以交流，这是废话；如果说完全可以交流，完全可以读懂，对方也讲的是废话。在懂和不懂之间如何做到完全的懂，佛教的讲法是有一定的宗教意义的。

如果要讲交互主体性也是一样，你的主体结构和我的主体结构一样，我们的交流就没有问题。但是为什么会有问题？是因为我们每一个人的历史，意识的内涵都不一样，因为我们的历史和内涵不一样，而且甚至当下也不一样，我站在这块地方，无论我多么渺小，我看到的和你们看到的总是不一样，时间上面可以是同时的，但是空间上面永远不可能同位，所以在这个意义上讲，完全的相同是不可能的。有的人说胡塞尔是唯我主义、唯我论者，我也批评过，我说这种唯我论的批评本身就不太对，就理解错了。但是现在如果要是神通的方式、心通的方式是通过一种比如说数据的连接，那就是另外一回事了。那的确可以说你脑子里边有多少信息，他脑子里边也有多少信息，他就完全可以知道你，你也可以完全知道他，就像每一台电脑工作一样，你可以用它，但是我的电脑和你的电脑永远不会完全一样。但是如果你愿意，你把你的电脑全部拷贝给我，就完全一样。我是这样设想，所有这些设想应该都不是哲学，都应该是文学和科学的。只能这样来回答你的问题。谢谢。

李朝东老师：我们的交流就到这里，下面做一个简单的总结。首先，我借这个机会表达对倪老师的敬意。我是 1984 年本科毕业留校，1985 年学校有一个教授安排的任务是撰写一章现象学的内容，从此就走上了现象学阅读和研究的道路。那个时候由于一方面地处西北，另一方面资讯不发达，所以从最初开始阅读现象学一直到现在，给我提供学术资源和阅读对象最多的是倪老师。虽然我也没做过倪老师的学生，但是事实上他一直是我的精神导师。在我的精神家园中，倪老师是影响最大的一位学者，所以一直有一个愿望，2005 年的时候和兰州大学共同举办了现象学年会，有半天的会议是在西北师大举行，是从那个时候开始和倪老师见面。也一直有一个心愿，想邀请倪老师再次访问西北师大，尤其是让我们哲学专业的学生，特别是外国哲学专业的学生去和现象学权威专家倪老师近距离接触。去年 8 月份在参加世界哲学大会的时候，我向倪老师提出了正式的邀请，倪老师答应了，抽时间到我们这里来，非常感谢倪老师。

第二个是我记得英国诗人蒲柏给牛顿写的墓志铭是这样的："大自然隐藏在黑暗中，上帝说让牛顿去干吧，于是一切大放光明。"这个墓志铭出自《圣经》，《圣经》的第一段话，《创世纪》第一句话就是说，最初世界混沌一片，宇宙中唯一的神，耶和华在漆黑幽暗中飞行，无所不能的上帝说要有光，于是一道灵光飞出，把世界一分为二，清者上升为天，浊者下降为地，这是第一天。上帝的灵，这是中国人的翻译，后来西方学者可能会把“灵”翻译为“语言”。语言建立起一个世界，但是语言只不过是我们意识的表达。所以我想近代以来有四个特别的人物值得我们记住，一个就是大自然混沌一片，是牛顿让科学的光芒照亮自然世界；还有一个是马克思，在马克思之前，人类社会混沌一片，我们套用蒲柏的话说，“上帝说让马克思去干，于是人类社会出现光明”，我们赞成也好，反对也好，同意和不同意马克思也好，马克思的确使我们理解人类社会，他提出了几条规律，使人类社会成为可研究、可理解和可把握的对象；第三个就是今天晚上倪老师在报告过程中提到著名的心理学家弗洛伊德，他研究的主要领域是心灵的模糊的层次，前意识和潜意识，本能层次，我们也套用蒲柏的墓志铭，“潜意识领域一片黑暗，上帝说让弗洛伊德去干”，于是至少潜意识在弗洛伊德出现之后，对我们来说，我们大概能够用我们可以掌握的语言去对它做一个大概的理解和描述；那么还有一个，意识领域，我们也套用蒲柏的话，“上帝说让胡塞尔去干吧”，于是意识领域，至少在千年一遇的哲学家胡塞尔的辛勤工作下，变得可研究、可讨论。昨天晚上，在和倪老师在一起交流的时候，说胡塞尔是个怎么样的人？倪老师的回答是胡塞尔大概是一个由十个极端头脑合在一起，才赶得上的一个天才头脑。所以说由于胡塞尔，意识对我们常人来说也成为一个可理解可研究，能够发现它的规律的这么一个领域。

那么现在我们看这四个伟大的人物，让我们对这四个领域——自然、社会、潜意识和意识——都变成一个可以用科学理论和方法去掌握的世界。倪老师是从 80 年代就翻译研究和介绍现象学，奠定我们中国关于现象学研究的基础，所以我说他是中国现象学翻译者、奠基者，功勋卓著，而且影响了一大批汉语世界、汉语思想界现象学研究学者，而且队伍越来越庞大。我在 80 年代上学的时候，刚进大学的时候，崇尚尼采，充满反叛精神，紧接着人们慢慢遗忘了尼采，谈论弗洛伊德。因为那个时候人们普遍面临着焦虑，后来人们从弗洛伊德走向萨特，再后来从萨特走向海德格尔。当我们一步一步追问，却发现出弗洛伊德思想渊源在萨特，萨特的思想渊源在海德格尔，那么人们谈论海德格尔很多的时候，逐渐发现海德格尔的全部思想渊源在胡塞尔，所以我们可以这样说，不读胡塞尔我们实际上读不懂海德格尔，当然读不懂海德格尔我们也很难读懂萨特。我的很多做文学的朋友都喜欢谈论萨特和海德格尔，但是他们很难再向上阅读胡塞尔。

第三个我想说的是，倪老师这几年来也在从事意识现象学的介绍研究。当然这个工作他还在持续不断地做着，但同时在这个过程中，他研究的触角也延伸到佛教领域。因为佛教里边有一宗叫唯识宗，唯识宗主要属于东方智慧。佛教智慧对意识现象的研究，把西方的意识现象学与我们东方的唯识论结合在一起，在这一方面，倪老师也有很多论著。在倪老师到浙江大学之前，浙江大学对于神经现象学和脑科学研究，一直在国内是非常有特色的。那么现在哲学家倪老师的加入，使得意识哲学、脑科学和神经科学三者结合在一起，我想他们会在这方面取得突破性的成就。

所以今天晚上的报告倪老师主要是围绕意识、脑科学、神经科学，把这三个科学理论聚合在人工智能这一新的话题上来进行研究，其实提出了一个非常重要的观点，我们有没有可能在我们睡起来的某一天早上，突然发现前天夜里之前我们还一直谈的人工智能不存在了，存在的是“人工意识”。也就是说我们今天人类所特有的意识现象，机器会不会有？我多年以前读过一篇科幻文章，这篇文章里边说，人类的生命可能在未来有三种存在形态：第一种是肉体存在形态，就是肉体和灵魂结合在一起，其本质性的标志就是我们有意识，总有一天这种肉体和灵魂结合在一起的生命存在形态最终会消失，取而代之的是机器生物形态。那么现在我们的人工智能转化为人类“人工意识”，或者说机器人的出现，再有没有哪一天是你我很熟悉的这种人生命存在形态将会消亡，取而代之的是机器生命形态。他有意识，而不再是我们今天所看到的任意操纵和支配的人工智能体系。而且科幻家们还告诉我们，这也不是生命存在的最终形态。第三种形态是机器生命也将消亡，最终变成能的存在。因为机器还需要空间，能就不再需要空间，那么这个对我们来说很远了，无法想象。

另外一个多年以前上大学的时候读过一本书，是英国的一个科普作家查尔默斯写的《科学究竟是什么》。在这本书里，开头说了这么一段话，人类社会就像一个火车，科学技术就是火车头，科学技术的火车头正在把人类社会这列火车带上前进，奔驰的速度越来越快，前面道岔越来越多，可是驾驶室里面却没有驾驶员。我把这句话解释一下，意思是说科学家们去埋头进行研究，它却不关心自己研究会带来什么后果，也就是科学家也驾驭不了科学把人带到哪去。所以，谁也不知道科学技术未来会把人类带向偶然的地狱，还是必然的王国。

我们人类社会现在已经到了关键时刻，随着机器人生命形态的出现，它会不会在某一天变成一个真正的生命形态？由于它的计算能力，甚至于说它可能会自我复制，自我制造，而且它的记忆力、运算能力、储存能力要比我们肉体的人类强大得多。如果这种生命形态真的出现，那对我们人类究竟意味着什么？我们研究知识，就是要关心人类和世界的未来，所以我想这也是倪老师今天晚上的报告基本关切的问题。

最后讲一讲倪老师的研究和专长的领域是意识现象学。意识现象学创始人、奠基者是德国哲学家胡塞尔，我们很多现象学的学者指出，现象学是一个不太适于课堂讲授的学科。如果我们换一个讲海德格尔的专家，可能会讲得特别活跃，神采飞扬，富有诗性，但是现象学讨论起来，就艰难得多。所以我想大家要想真正理解胡塞尔，建议去读胡塞尔的著作；同样的要想理解倪老师，也请大家去读倪老师的著作；今天他提到的是《自识与反思》，实际上他有十几本著作。昨晚他考我们的学生，他最新出版的著作是什么？有一个同学回答上来了，是《胡塞尔与舍勒》，探讨思想史上的一些东西。如果我们想去看现象学怎么研究意识，最初入门的书是《现象学及其效应》，除此之外还有《意识的向度》《现象学的始基》等。最后我们以热烈的掌声再次感谢倪老师。

再给大家报告一个好消息，今天我校已正式聘请倪老师为西北师范大学哲学学院客座教授。倪老师答应，只要时间允许，他以后每年到我们学校做一次学术演讲。大家再次感谢倪老师!

第八讲

《墨辩》论“彼”

主持人朱海斌老师：各位同学、熊华军老师，今天晚上又迎来了新一期的“中和论道”。上一期“中和论道”就是在周二，因为这一周正好是研究生学术月，所以就与“中和论道”结合起来。今天晚上我们邀请高永德博士为大家讲一个与《墨辩》有关的题目。他今天讲的题目是蛮专业的，因为他要用现象学“整体与部分”范畴来解释墨辩。胡塞尔在《逻辑研究》里面提出了一种他自己的逻辑观，他以纯粹逻辑学来命名。纯粹逻辑学，它不是研究思维规律的，不是我们学习的形式逻辑所意味的那一套东西，它指的是纯粹的、客观的含义所构造的统一体的系统，他认为这才是逻辑学的对象。

胡塞尔《逻辑研究》的第三研究特别探讨“整体与部分”范畴。也就是说他仍然要在对象层面，纯粹对象层面和纯粹含义层面，先谈对象后谈含义。那么他把整体与部分说清楚，把这个东西说清楚，我们在它的基础上也就能够构建整个逻辑学系统。

所以这是胡塞尔他为什么在《逻辑研究》里面要探讨整体与部分的一个初衷；另一个原因就是整体与部分的重要性，不仅仅在于对这些含义范畴、对象范畴的整体与部分的分析，还在于它有一种更大的方法论的意义。

我们今天就是要请高永德博士为我们来做一个具体的讨论。我跟高永德同学认识很多年了，从他入校上研究生开始，从现象学的一个小白，到今天已经能够进行独立的现象学研究，我也算是见证者之一，非常荣幸今天能主持他的这场报告。好，我们以热烈的掌声，欢迎高永德博士开讲！

主讲人高永德博士：尊敬的朱老师、熊老师、各位同学，晚上好！在这个隆重而神圣的场所，我十分感谢哲学学院、中和集团和教师发展中心。

我报告的题目是《〈墨辩〉论“彼”》，刚才朱老师也做了总体介绍。他的功力深厚，是我目前无法企及的。我按自己当下水平做汇报，请大家批评指正。

今晚报告分为四个部分，先谈对象，再谈含义。第一，墨家哲学“彼”范畴。第二，墨家哲学“彼”与“辩”范畴的辩证关系。第三，西方哲学“实体”范畴。第四，现象学的“整体与部分”范畴。

一、墨家哲学“彼”范畴

在先秦哲学中有所谓“坚白之辩”，可以说这是关于事物要素的讨论。当时人们用“指”的观念来言名之所谓，也就是代指它的意义或者意谓，亦即古人之“共相”之名称。张岱年先生《中国哲学大纲》指出，由史料仅存的视角来看，参与辩论的只有公孙龙、墨家。

我们先看公孙龙的“离坚白”的主张。公孙龙他是主张“离坚白”，墨家反对之，而坚持“合坚白”。就其意谓来说，公孙龙讲“离坚白”“白马非马”，但他的中心观点不过在于分别指物。公孙龙用“名”“物”“指”来区分事物非“坚”“白”性质和抽象的“马”“石”等。比方说我们说的是“坚”“白”“白马”，但是白马是马的一个性质，马也是马的性质，相当于既在谈它的一般，也是谈它的特殊，也就是把共相和个别进行的一个区分。

得其白，得其坚，见与不见离，一一不相盈，故离。离也者藏也。（坚白）

在公孙龙看来，坚、白是两个分离的共相，坚可以独自存在，就是某种“硬”可以单独存在，某种“白”也可以单独存在，这样是可以分析的，但是我们去想一下，我们真的是有这样单独存在的坚和白吗？没有坚，白还是白，没有白，坚还是坚，他是要把它们区分开，二者是分离的，所以这样说。公孙龙对“白马非马”的理解也是这样，他说：

白马非马可乎？曰可。曰何哉？曰马者所以命形也，白者所以命色也。命色者非命形也，故曰白马非马也。（白马）

颜色和形状两个肯定不是一回事，那白马和马肯定也不是一回事，这里用到一个类比的推理，他在这里把白与马看作是两个分离的共相，分别指物是他的中心意思。离坚白、白马非马，都是此观念应用。

但墨家就不说“离坚白”了，而是“合坚白”。墨家认为坚白不分离，白马是马，见于《墨经》曾云：

坚白不相外也。

意思是说坚和白是同在一块石头上，是不相外的。“坚白不相外也”，说明坚白是相互依存相伴相生的，即在一块石头上，可以由坚得白，由白得坚，必然相互包含，坚白是石头的二性，如果去掉其中一个就不是坚白石了，只能是软白石了，或者是其他石了。不管见或者不见，而实俱在。不管你怎么区分，那个实在的它还是没有改变。

墨家论述：

白马，马也。乘白马，乘马也。骊马，马也。乘骊马，乘马也。一马，马也；马或白者，二马而或白也，非一马而成白。

不管是白马、黑马、骊马，它们都是马。那既然都是马，在说白马的时候实际上还是用到了“马”的共相。那就说明它还是没有区别，没有所谓单独的“白马”存在，只有一个共同的东西就是马。

墨家在此认为白马是马，与公孙龙的观点正好相对。之所以墨家与公孙龙的观点相对，主要是公孙龙从“指”成立观点，认为事物的属性可分离存在。这里出现一个新词，“事物和事物的属性”。我和我的高、我和我的状况能不能分离存在？这里面就是一个问题啊！

而墨家从“物”出发，“物”就是事物本身，认为事物的性质虽然可分但是不相离，离不了就是剔除不了、把它剥离不了。未可偏去，白马虽然非一切马，但又实在属于马类中。它是从实在层面去说白马还是属于马。

哲学的分析中，实体性部分与要素的区分是至关重要的。例如一张白纸可以单独思考白，但在具体物中，找不到白；白马非马，白马指个别，这一匹马，马是一般概念，这就混淆了一般与个别的区别而强行分离。

这是古代的两位哲学家进行的讨论。近代金岳霖归结为另外一个东西就是“同一性是理”。他认为现实个体化之后，“可能”是包含所有个体变化的共相。共相是一部分个体之所共，因而它不能脱离这一类的所有个体而实有。他用“可能”“式”“理”来表达他的思想，认为可能之间有关联，可能之间的关联有一部分是必然的关联。“式”，纯粹逻辑就是“式”。“可能”现实化之后，成为共相，意谓“可能”是变化，但是“式”不会变化，“式”就是“理”。可能之间的关联成为共相的关联，此关联是现实的关联，它是现实不能不遵守的关联。共相之间的关联就是“理”。共相的关联就是个体的变动所依据的规律，就是事物之理，无论事物如何变动，事物的理不随事物的变动而变动。

中国三位哲学家关于“彼”观点与西方研究的层次不尽相同。中国古代哲学家们在对待事物的实体与属性的关系范畴时，考虑的是具体物，割裂了一般与个别的联系，把属性与实体当成可以独立成整体的部分。我们前面说“离坚白”，它的依据就是“坚”可以独立存在，“坚”就是它可以独立成整体的部分，整体就是我们理解的实在的部分，并没有考虑到其实二者都非整体的特性。中国哲学家们在概念辨析与讨论时未能全然地指出有关“彼”“整体与部分”范畴的问题，它还有一个更高级的层次。

二、墨家哲学“彼”与“辩”范畴的辩证关系

春秋战国，辩论之风盛行，但究竟什么是“辩”，从来没有人从逻辑的角度下过定义。墨家在总结各家论辩的基础上，第一次给“辩”下了明确的逻辑定义。

《小取》：“夫辩者，将以明是非之分，审治乱之纪，明同异之处，察名实之理，处利害，决嫌疑。焉摹略万物之然。论求群言之比，以名举实，以辞抒意，以说出故，以类取，以类予。”

《经上》：“辩，争彼也，辩胜，当也。”“彼，不两可两不可也。”

《经说上》：“辩，或谓之牛，或谓之非牛，是争彼也。是不俱当，不俱当必或不当。不当若犬。”

“此牛，枢非牛，两也。无以非也。”“彼，不两可两不可也。”

第一层：彼，不“两可、两不可”即必有一可一不可。

第二层：彼，“不两可”即两个都可以，或“两不可”即两个都不可，亦必有一可一不可。

温公颐在《先秦逻辑史》中谈及认识论的唯物主义基础时有一个观点值得探析。他认为“彼”字指物质界的对象。他辩驳梁启超用“研究的对象”来揭示“彼”时，认为梁未区分对象的双重含义，在客观界物质性事物可称作对象，而主观意识界的东西也可称作对象。关于是对象的哪种属性，梁启超并未言明。这一客观的物质界即逻辑思维的基础，墨辩的专门术语称为“彼”，彼就是我们的思维对象。沈有鼎也认为《墨经》的认识论是当时一些具体科学知识的概括和总结，是唯物的，是极其显明的反映论。

而胡适在《中国哲学史大纲》中以“争论”解“争彼”，是彼的另一种解释观点。汪奠基解“彼”为“争论的论题”，和胡适通解。

章士钊对胡适的唯心实用主义观点提出批评，认为胡适犯了同语反复的逻辑错误，并认为“‘彼’字在《墨经》为最要义”，提出了“彼”字的关键地位，却未道所以然。

实际上温公颐的出发点——唯物的实在特性是明显的，但是他对“彼”的理解及描述却犯了很明显的错误，执其唯物端“彼字指物质界的对象”，却也承认唯心端“彼就是我们的思维对象”。彼还有这两种不同的解释吗？彼怎么可能既是唯物又是唯心？如果按照这种理解，彼应该有三种解释的可能：

第一种：唯物的认识基础，持此观点的：温公颐、沈有鼎、章士钊、詹剑峰。

第二种：唯心的认识基础，持此观点的：胡适、梁启超、周云之、刘培育。

第三种：既是唯物的又是唯心的认识基础，持此观点的：温公颐、詹剑峰、周云之、刘培育。

如果按照全称与特称的肯定与否定结构的论句来判析，这里还应加上另一种解释“彼”的可能——第四种：既不是唯物的也不是唯心的认识基础。

周云之和刘培育认为《墨辩》明确规定了“辩”的对象就是“彼”，“辩”的内容和范围就是“争彼”。“彼”在“辩”的定义中是一个重要的逻辑术语，它是指一个事物，即作为命题（论题）中主词所代表的事物。“争彼”就是关于同一主词的两个矛盾命题的是非之争。“彼，不可两也”中“彼”是指作为“辩”的对象不能是两个，而只能是一个。

梁启超认为西语的逻辑，墨家叫作辩。他从辩和彼字的解释讲起辩的性质，认为辩要成立，首要是对象只能同一而非两个不相干的对象，并列举对比了墨子“辩有胜”和庄子“辩无胜”观点之间的对立。要区分所辩对象所属的范围，如果辩论对象在具体事物的范围之内，梁启超倾向于墨子的立场，如果要争论宇宙的根本原理，这超出了亲知、闻知等知识的范围，必不好下判断。再从讲清楚辩的性质基础上探讨辩的作用与实现方式。

第四种：既不是唯物的也不是唯心的认识基础。

周云之和刘培育认为《墨辩》明确规定了“辩”的对象就是“彼”，彼是指作为“辩”的对象不能是两个，而只能是一个。

“辩”指争“彼”：是限于关于同一对象（这里仅指一个单独事物或单独命题）之是或非的矛盾命题的争论。持有这种立场的有：沈有鼎、杨武金。

沈有鼎认为古代中国的逻辑学和古代希腊、印度一样首先作为论辩术而发展起来的。《墨经》特别强调“辩”的意义，反对庄子无辩的主张。在《墨经》中“彼”是“辩”的对象，“辩”的两方所争论的题目。矛盾命题不可能两者都正确。正是因为两者不可能同时真、同时与事实符合，总有其一不真、与事实不符合。所以说：“是不俱当，不俱当必或不当。”但反过来也总有其一确与事实符合，而在辩论中真能说服对方取得胜利的也就是这“当”的一边。“辩”的目标就是要判明两边究竟谁是谁非，谁的话“当”、谁的话“不当”。在上例中假定两人所望见的动物本身原是狗，那么甲说“这是牛”，这话与事实不符合，是“不当”，而乙说“这不是牛”，这话是“当”。

而犯了这种分析的错误主要是由于将词义与句意的混淆。

只有通名词义成立：狗——对狗的否定——非狗——其他物。

通名与专名兼有成立：狗——犬——汪汪叫的动物。

词义加上句意：这是狗。

对词义的否定指向：这是不狗。

对句意的否定指向：这不是狗。

因此，当看词义为主时，对宾词位置的名词进行否定，原文“这是狗”——否定宾语“这是非狗（牛、马、羊等）”，再带入“这是牛”，牛在非狗（牛、马、羊）的范围里，因此这是“当”的应用；原文“这 是狗”——否定谓词“是”“这不是狗”——“这是什么?”推不出来“这是牛”，因此，沈有鼎先生将“这不是牛”等同于“这不是狗”，犯了指代错误的问题。对于宾语本身的否定来说，沈有鼎的分析是成立的，但是对于谓词的否定来说，沈有鼎的分析是不够细致的，因此在宾语意义上的否定，“这是牛”是“不当”，在句意上的否定时，“这不是牛”也是“不当”。

《经说上》：“辩，或谓之牛，或谓之非牛，是争彼也。是不俱当，不俱当必或不当。不当若犬。”

沈有鼎先生在举例时将原文不小心误用了。

“辩，或谓之牛，或谓之非牛”，《墨经》这里面本身用在对宾语的否定上，并不涉及对谓词的否定。在限定对单一对象的条件下，争彼是可能的，因为表达式未变动、谓词未变动、只有宾语变动，这样只能有一正一反两种情况，不牵扯到表达式的意义变化可能性。所以沈先生的分析有误在于此处。

他举例“假定两人所望见的动物本身原是狗”，甲说“这是牛”，因为狗不是牛，所以与事实不符合，是“不当”；乙说“这不是牛”，因为原物假定是狗，乙说这不是牛，具有成为狗的可能，但不是狗的唯一可能，因此，狗与牛的两类动物之间不能完全等同，“这不是牛”意思里面不一定能推出来“这是狗”，这里并不是“当”。倘若甲说“这是狗”，乙说“这是犬”，两人所说全同，两句话也都正确，这是“两可”而“无胜”。倘若甲说“这是牛”，乙说“这是马”，两人所说虽异，两句话都不正确，这是“两不可”而“无胜”。倘若甲和乙所说的是两个不同的对象，甲说“这是牛”，乙说“那不是牛”，两人所说全异，各不相干，两句话可能都正确，这仍是容许“两可”，无以相非，因而“无胜”。两句话容许“两可”而“无胜”，固然不成为辩论的题目，两句话不容许“两可”而容许“两不可”，也应该拆成两个不同的辩论题目。上例甲说“这是牛”，乙说“这是马”，两句话虽不可能同时真，却可能同时不真，因而“无胜”。

所以必须拆成两对矛盾命题：一对是“这是牛”“这不是牛”，一对是“这不是马”“这是马”，这样分别两个题目来进行辩论。甲说“这是牛”，乙说“这不是牛”，两边尖锐地对立着，两句话必有一正确一不正确，这样才有辩论可言。第二个题目也同样。像上面那些“无胜”的例子，本来不成为“辩”。所以说：“谓辩无胜必不当。”这是根据“辩”的定义和“彼”的定义就可以断定的。在“彼”的基础上，由于矛盾律和排中律，根本不可能有什么“俱是”“俱非”“异乎我与若”“同乎我与若”这些情形。

而沈有鼎先生在这里的分析又精准不少，用两对矛盾命题“这是牛、这不是牛；这是马、这不是马”来分析举例，这里的《墨经》文言文与现代白话文之间的转换将谓词“是”隐而不谈，也就是聚焦在对宾语的否定上，合《墨经》原文之意。因此，在这里的分析与《墨经》原意没有出入。沈先生的理解是正确的，但是在举例时稍有瑕疵之处。

沈有鼎认为“察”“辩”对举疑刑名家言，未必为墨家言。《墨经》言“辩”，乃至辩论，固无所谓“心之辩”也。“执所言而意得见”即“以辞抒意”，固不待有辩论而始如此。然则辞所谓“心之辩”，实与《墨经》之“辩”概念不同。

杨武金认为“辩”就是关于同一事物（彼）之“或谓之牛，或谓之非牛”之争。墨辩在这里明确地规定了“辩”的对象就是“彼”（同一事物），“辩”的内容就是争论对同一事物（“彼”）的是或非。墨家认为，“辩”必须是限于关于同一对象（这里仅指一个单独事物或单独命题）之是或非的矛盾命题的争论。

《墨辩》明确地把“辩”的对象（彼）限制为同一对象是很重要的。因为只有对于同一对象所构成的“是”与“非”的命题才属于矛盾命题，才可以相非，才可以出现当者和胜者。否则，如果对于不同的对象（例如马和牛），说一是牛，一是非牛，并不构成一对矛盾命题，结果“无以相非”，不能肯定必有一真或必有一假，而可能都是真的或都是假的。墨家所揭示的矛盾命题的逻辑性质，是很深刻的，但墨辩把“辩”只限于矛盾命题之间，并且把矛盾命题只限于单称肯定和单称否定之间，显然有些狭窄了。

三、西方哲学“实体”范畴

前面指出《墨辩》将“辩”“彼”限制为同一对象，但什么是“同一对象”？我在这里采取了西方哲学家亚里士多德关于“实体”的解释进路进行补充。

这里面就有一个非常重要的概念，就是亚里士多德“实体”的概念。我们刚才说能单独存在的整体“坚”，单独存在的整体或独立存在的实在。实体指那些单纯的物体，没有复合物、没有混合物，例如土、火、水及诸如此类的东西，这都是万物本源层次的物质，总之物体和由它们构成的动物、精灵及其部分，这些全都叫作实体。因为它们不陈述一个主体，而是其他东西陈述它们。它与亚里士多德“十范畴”的实体、属、种与种差等有关系，它与陈述有什么关系？

原因在于“实体”的定义。因为亚里士多德关于“实体”的定义：实体就是说我用来描述它，而且不可以被定义，定义指不能被其他东西来定义，我们可以理解为自在自为的这样一个状态。

“实体”的四种内涵——第一，是单纯的物体和单纯的物体所构成的具体的东西主体；第二，内在于一个主体之中，是存在的原因的东西，存在就出来了；第三，内在于主体之中、界定并表示这一个的部分；第四，“是其所是”亦即本质。

“实体”在根本上关涉的是整体与部分在先性的关系问题，即究竟是整体在先还是部分在先？实体一定是有部分的，但是为什么实体不分解为它的各个部分和或者各个部分之和，而是保持实体自身所特有的整体性和统一性，从而在根本上是整体先于部分？

亚里士多德给出了一个不一样的地方。亚里士多德认为这不应当首先是关于实体的整体与部分的辩证关系——属于概念思辨性质的一般而笼统的研究，而是应当首先分析地表明部分的多种意义，在这样一种严格概念分析的基础上再来极其精细地考虑整体与部分的关系问题。因为实体概念既指形式又指质料还指质形合成物。比方说“白马”，是一匹白和马的一个统一，也是一个我脑袋里的“白马在跳舞的白马”。所以现在谈论对象的不一样，我们有看的对象也有被思考的对象，形式和质料是作为整体的质形合成物的部分，也就是具体的实在的合成物，那么在部分和整体的关系问题上，由于部分的意义不同，那回答就不能是一个答案，也就说你想给出一个答案是不可能的。但是真的没有一个统一的答案吗？从而当部分是质料的部分时，我们说整体是先于部分的；但是当部分是形式的部分的时候，回答就不一样，我们必须说整体是后于部分的。为什么？刚才我们问只有一个回答吗？但是亚里士多德还是提出了他自己的一个回答，回答就不一样了。这里面就提出了——“形式的部分在先”的根本原理。

形式的部分在先，这不是很夸张吗？我们明明知道，实在的世界是最真实的，怎么变成形式的部分在先？形式的部分不仅先于质料的部分，而且先于实体整体。他用灵魂与动物、动物的质料肉体之间的关系举例说明。我们在说动物的时候，它是一个混合物，在我们说它的质料的时候，相当于是一种混合物上的质料或者整体与部分的关系，但是当我们在说那个动物比方说叫小花的时候，是我们对它的概念或对它的印象，而在思维的层次，它应该是比动物的混合物的层次还要在先。先有观念或者先有形式才有混合物，它这里区分了现实的整体和观念的整体，可以这样来理解。

通过对中国哲学和西方哲学的“彼”“辩”“对象”“实体”“整体与部分”等范畴的简单的比对发现：“整体与部分”就是在探讨形式与质料，但是有一个关键问题——形式大于质料或者形式在先，还是质料在先？部分在先还是整体在先？就要看你站在哪一个理论体系里。刚才这是对传统哲学中“彼”“同一对象”的范畴对象层面的介绍。接下来用现象学的“整体与部分”范畴进行“彼”含义层面的展示。

四、现象学的“整体与部分”范畴

“现象学”一词是由希腊词语 phainomenon（现象）和 logos（逻各斯）构成的复合词。它意指这种活动，即对各种现象以及事物的各种显现方式给出说明，给出其逻各斯。意识，总是关于其对象的意识，所以总有一个对象与它相对应，就叫“现象”。现象学的特征就是“意向性”。在座的有些同学听过李朝东老师讲现象学的课程，李老师认为概念如果分星级的话，那“意向性”就是五星级的概念，因为胡塞尔始终将他的现象学理解为“关于意识体验一般的科学”。我们刚才不是在看“整体与部分”，这里面怎么说到了关于意识体验的科学？对所有这些意向性进行归类和区分，同时对这些意向所关联的特定种类的对象进行归类和区分，这就是现象学的哲学所做的工作。诸如此类的描述有助于我们理解人类的全部认识形式，也有助于理解我们能够与我们在其中生活的世界相联系的多种方式。所以现象学实际上是在为认识进行一个解释和说明。现象学另一个词 bewusstsein 就是意识中的在，所以他找的不是外在的在，而是要找 bewusst/ 意识中的 sein/ 在，它们属于存在，还是回到存在，事物才能显现出来。

我们用“实体”与“要素”来理解整体与部分范畴最高统一——存在。

以前的许多人关注过差异性及同一性问题，也就是“多中的一”的观念，即巴门尼德的“存在”。胡塞尔认为，整体是实体性部分和要素部分组成的。实体性部分，就是能够离开整体而独立存在的部分，它们能够与整体相分离，也可以叫独立的部分，就是能够脱离你之前存在的环境，而自己，如其所是的、展现或者是存在，这也可以理解为实体一部分。那要素就是不能够独立存在的部分。

刚才我们是从能否实存进行一个区分，实际上也引出了独立和不独立内容。通常把那种决然的独立部分称为块片，块片也就是 peace 或者 moment，在《现象学概念通识》里两个概念都可以这样解释——决然的、独立部分就是实存的部分，实体、整体都可以。人们把每个部分当作内容本己的对象，人们混淆了现象学的部分概念和生活中的部分概念。现象学的整体与部分概念是什么？

胡塞尔这里的对象与部分都是在宽泛的意义上进行考察与使用的，这是我们理解的前提。当人们谈论到对象时，会不自觉地联想到部分，并把它认同为独立对象。只有在心理学视域中，谈及抽象内容的情况较多，日常生活中并不多见谈及。当我们认为金山或者喜马拉雅山，我没有去过喜马拉雅山，但是我们可以讨论它，当我们讨论喜马拉雅山、金山银山的时候，实际上它是一种观念的部分，但是它属于独立还是不独立？胡塞尔在这里考察了贝克莱的“存在即感知”学说。贝克莱的一个观点，认为存在才能被感知到的说法是在意识共存的领域中共同被表现出来的东西，亦即内容分为两个层次：独立内容和非独立内容，里面是在意识共存的领域中，实际上在胡塞尔老师布伦塔路那里也有这样的一个类似的表达——“意识内在于”。如果表象构成的复合体，比方说白马，白马就是一个表象复合体，按其内容因素可以被分开来表象之后就可以说有独立的内容存在，而在相反的情况下，实际当下存在就是非独立的内容，亦即不独立内容。那白马可以知道是有白和马两个表象，如果说没有白马之前只有马的其他颜色，但是突然有了白马，我们知道我们见过白、见过马，把它们组合在一起变成一个新的物种白马，这白是一个种类，马是一个种类，马怎么样，我们都知道，白，我们有它单独的种类吗？白马本身就是一个种类的复合，而不是一个单独的一个事物，所以说马的时候可以说它是一个共相，但是说白马就不是一个稳固性很高的事物。

如果独立性的意义在于内容，按其本质来说，在于它与其他内容结合来说，如果没有其他内容，它可依旧存在并保持独立性，它就是一个独立性的部分。而不独立性内容在面临相同情况时去掉和它结合的部分，它不能保持实在的这种状态和性质的话，它就不存在，它只能作为内容的部分而存在，也就是一个实在的、一个是不实在的，或者白马里面马是可以找到它独立存在的部分，但是白是找不见独立存在的部分，所以我们说白马的时候已经用到了独立与不独立的内容的混合表象的概念。

独立部分那里不存在奠基。为什么不存在奠基？因为独立本身是能自己单独存在的，如前所述独立意味不需要其他就可以存在。

一个不独立内容毕竟是被奠基的，不独立的内容只能作为内容部分存在而不能作为整体或实在部分、物理性部分存在，换言之，不独立的内容必定是作为部分而奠基，在整体之中是通过整体而得到奠基的，也就是它必须依靠整体，没有整体，它就不是部分。

独立的部分和奠基没有那么密切的联系，但是不独立的部分和奠基就有非常密切的联系，可以说各个内容之间的联系是观念的、先天的、本质的，而且在它们之间的奠基关系也是如此。你看区分两个层次，内容本身是先天的、观念的，而且你看白马，白马本身也是一个观念，它也是先天的，我看到、我想到一个白马，白马是一个观念，我想是一个意识活动，意识活动能把观念做成我在想白马，这时它们的关系也是先天的。具体来说一个部分是不独立的，关于不独立的部分的奠基，我们在后面的意识行为的奠基顺序里面会得到一个更直观、更明确的一个理解，一个部分是不独立的，不能自为的存在，自在就是指没有那个为我的那种状态，而自在自为就是为我的那种状态，比方说一个杯子放在这儿，它不能为它自己而存在，它只能被人用来喝水。

本质的奠基规律在于内容的纯粹的种的内容，预设了某些从属的种的内容的存在，它区分了种、属、差，还有它的从种、属还有从属的种的内容的存在，胡塞尔将它简单的表达为：“不独立的对象是这样一些纯粹的类的对象，在这些对象方面存在着这样一个本质规律：如果它们存在，那么它们只有作为某些从属的类的全面整体的一个部分存在。”实际上，这就是关于“部分”的一个分析命题，它并不告诉我们超出概念以外的东西，更简单地说：“它们是部分，这些部分仅只作为部分而存在，而不能被思维作某种自为存在的对象。”观念的东西只能是被我们拿来用的，但是他不能说观念为观念活着，或者我们可以用观念来说明我们与世界的联系，但是观念不能用观念来说明它们和它们的观念世界本身。胡塞尔还以颜色为例，说明一张纸的色彩是这张纸的一个不独立的因素。就是刚才说我脑袋里有一个火炬，火炬是拿不走的，纸张本身是可以拿走的，但纸的颜色是拿不走的，它不仅事实上是一个部分，而且本质上“类是部分存在”，这是先天决定的，我们无法把红本身给它抽取出来或者提取出来，但我们只能想象或者抽象一种红的种类，这就是我们用的红。“因为一个色彩一般和色彩纯粹的自身只能作为因素存在于一个有色之物中。”这句话换一个说法来理解，就是我们找不到红本身，我们只能通过红色的书、红色的纸来理解红是什么。

与此相反的是独立的内容或对象，它们在那里不存在这种规律，这种不是必然性规律，因为独立的部分可以被纳入到全面的整体之中，但他们并不必须被纳入到全面的整体之中，就是可以，但不是必须，它是一种或然而不是一种必然。胡塞尔认为，实质本体论的最终基底是“此处这个”，是 this 或者 the，形式本体论的基底是各种形式系统中的最基本的概念。实质本体论中的基底范畴具有“充分的”“实质的”内容，而在形式本体论中的基底的内容则是“空”的，因为它们只是“空”的形式。这里面有两个地方是比较重要的，一个是此处，这个就是 the，the one is the one，或者说 He is he，this、the 的时候，this 或者 the 本身就是指代了它存在，它作为存在或应该是它作为存在本身，我们这里不是指存在者，而是它作为存在本身的时候，它就是此处这个并提供了最终的基底，相当于前面说的形式先于质料或者说部分先于整体，也是在这方面的一个应用，所以胡塞尔与亚里士多德并没有完全脱离。而形式本体论的基底内容是空的，因为它们只是“空”的形式，它们只具有一种形式，但不能独立地开展自己的操作，它们只能被用来操作。这是我在这里给出的一种解释，来理解“空”的形式。

在胡塞尔的《逻辑研究》第三研究中是关于整体与部分的学说，刚才对比了中西哲学整体与部分的观点，在这里面，现象学的这种整体与部分学说是关于联结形式与统一形式的先天学说的一个部分，用一个词、用一句话来理解，就是它的要素本身是不独立的，那要素和要素之间的联系也是不独立的，所以它们之间存在什么？奠基关系，这就是这句话的意思，而且性质还是先天的。胡塞尔在第三研究中承认他这里的现象学意义上的描述并不精确，并不同于康德说的精确的本质科学规定概念，而他在第三研究中所做的工作尚未解决借助清晰的概念来描述直观的模糊构成物的任务，这里，他提到了整个具体之物都在相互界分，视野划分为局部。整个具体之物指既有形式部分，也有质料部分，这里面牵扯到对一个概念的把握，就是什么是绝对的整体。但是胡塞尔，他认为没有绝对的整体，只有什么？相对整体。就是我们理解的整体都是在范围和概念之间的一种划分，而没有绝对整体本身。胡塞尔这里具体之物划分指的是意识之中对象的划分，所以还是和前面提过的话完全没有任何违和之处。前面说现象学是关于意识的科学，这里面为什么现象学研究对象是意识显现的对象的科学？所以现象学的这种划分实际上还是在意识之中的划分，而不是这儿有一个苹果把它切开，看苹果有红有实在，而是对苹果和苹果的观念是怎么联系在一起进行一个解释和描述，是一种可分不可分、独立不独立、绝对整体和非绝对整体、可分部分和不可分部分，也就是在观念意识世界中的划分，所以现象学的工作领域是非常清晰的，只是在观念的层次、意识的层次进行一个工作。

我们的意识行为就是我们刚才说现象学的工作领域，这属于意识河、意识行为，但是按照最高层次的意识行为，我们说不能直接建构的这种意识对象，必须借用其他意识行为的结果。其他意识行为结果就是客体化行为。客体化行为里面就是表象为判断提供基础。比方说天是蓝的，天是一个状态，蓝是一个状态，但是判断把两个事态结合在一起，变成了我们一个判断，这就是表象，天、蓝，判断是天是蓝的，但是天、蓝肯定是在天是蓝的之前。我们在看天的时候，现在是看，蓝是对颜色的一种把握，天是对外部空间一种把握。当然你要非说在看天的时候能看见蓝吧，就有点儿再细分，但是如果按照我们目前的原理和原则分析，天肯定在蓝前面。

直观是最后根据，是一切原则的原则。正是因为有了对某物的原印象，才有了对某物的感知，这就构成了感知行为。直观行为非直观行为奠基，这二者又构成了表象性客体化行为（如看、听、回忆等）。表象性客体化行为只能表象，不能作判断，它与判断性客体化行为一同构成了客体化行为，而客体化行为又为非客体化行为奠基。因为客体化行为的关键在于胡塞尔现象学的构造学说，可以构造对象，构造那个在意识中呈现出现的东西，而非客体化行为则无此功能与特点。这部分关键在于胡塞尔现象学的构造学说，客体化行为可以独立构造对象，那反之非客体化行为就是不能独立构造对象。

整体与部分，是现象学的三个形式结构之一，要通过多样性把握到它的同一性才是研究有效性的基础。要素和实体实际上从大的理念框架来说，是要素在先、形式在先，但是我们这种知道它是不独立的，有没有一种独立的要素部分作为终极的实体为整体的世界本身存在一个奠基的这样一个可能？墨家哲学论“彼”从对象层面到含义层面都有一个自成体系的赋予意义的理论，其含义部分也与现象学所强调的奠基顺序具有一定的相似性，所以我用整体与部分、实体等概念进行了一种展示，所以关于“彼”、对象的同一性、实体本身进行整体与部分的分析、现象学视角的这种展示。我今晚就讲到这里，还有一些不对的地方请朱老师和各位老师同学提出批评，谢谢。

讨论问答环节

朱海斌老师：好，我们听完了高永德博士的讲座，他从“离坚白”出发，最后讲到形式本体论，对古今中西关于整体与部分的思考基本上做了一个大的梳理，特别是用现象学《逻辑研究》的第三研究——整体与部分范畴进行墨家哲学“彼”的相关讨论。我们下面的时间就交给同学们、老师们，有问题可以跟我们高永德博士进行一个当场的讨论。

熊华军老师：我的就是两个层面的问题：一个层面的问题就是关于你所说的意识行为的奠基关系顺序，因为我是学教育学的，我现在就是关于教育学提问，哲学的方面是外行，但是非常感谢高永德博士，给我的思考提供了一个非常好的思路——就是关于学生的求知欲，这样的一个现象的意向行为分析。求知欲肯定是学生的一种意向行为，那么在这样的一种意向行为中，作为学生的他，因为是一个不成熟的个体，这么一个个体在遇到这样一种欲求的、这样显现之中的，是否就是你所说的，有一个从感知到直观，到表象到客体化行为，再到非客体化行为，这样的层层递进的奠基关系？

第二个层面的问题也是我现在比较困扰的一个问题，不知道讲的是不是与你今天主题相关，就是我们教师教育里边有三大争论：第一大争论就是作为教师的人培养，还是作为人的教师培养？如果是作为教师的人培养，那肯定从精神性出发，对学生开展教师教育。如果从人自然的维度来理解学生的话，我们又采取了其他一个东西。但是教师是属于人的，从你今天讲的来看，也是属于部分和整体的关系，这种争论还是比较严重的。第二大争论是关于学术性与师范性的。也就是说我们现在培养的师范生到底是教他掌握学科方面的知识为好，还是教他掌握科学的方法论、科学研究的方法为好？也就是说给学生教东西到底教什么？在给师范生的教什么和如何教方面，如何用整体与部分看待它们这种起冲突的情况？第三个争论是个性教育与共性教育。我们培养的教师到底是让他有更多的教学艺术，还是让他按照公认的这种教书的理想类型去教？我觉得这三个争论和你讲的哲学相比没有那么高深，但是你讲的哲学引发了我的思考，我的思考又不是很深刻。如果高博士对这两个层面的几个问题能够加以回答就回答，不能回答也说一点儿，也给我们今天来的几个教育学的博士提供一些后续的思考。谢谢你，非常精彩的报告！

高永德博士：熊老师您提的四个问题都是比较大的问题。因为都是我不太擅长的，但是我试着以我的当下理解给您回复一下。

第一个问题。在学生的成长过程中是否存在成才的科学的理性奠基层次？或者是否发挥效用？因为 2018 年我们参加过第 24 届世界哲学大会，它的主题是四个字“学以成仁”。“仁”实际上把中国特色用上了，用了单人旁的两横的“仁”，这里面牵扯到了“仁”和普通的个体的人的关系，你要成为什么样的人？我当时听完报告的感受，就是理性的偏理性，感性的偏感性，两种秩序或者多种选择还是并存的。为什么？参与的人除了有学者、学生，还有道士，还有和尚，有超出感性与理性之外的其他的修行或者人生的修行方式，所以是否存在成才奠基关系，我觉得这跟他的环境是有直接关系的。学生的求知欲是先天还是后天的就牵扯到性本身是善还是恶了，即“仁”是先天还是后天，对吧？这属于伦理道德，我们可不可以去试着分析？我觉得大概可以讲一讲，但是这种本身人性的那种“仁”和人之间的，还是要具体情况具体对待，我觉得就是比较合适的。就是你要承认理性不是万能的，感性也不是万能的，应该在理性发挥作用的地方让理性发挥，在感性发挥作用的地方让感性发挥，这才是比较符合现代情况的一个完整的人。这是第一个问题。是存在成才的奠基关系，但是它是有效力和范围的，不存在无往不利的这种奠基层次。因为什么？奠基层次，它是讲奠基体系、讲意识体系，还有意识体系之外的其他体系。这世界不是只有一个规则，它是有多个规则的。西方或者犹太人有建设私人图书馆的传统，实现将学与人、才能、财富等联系起来，而世界哲学大会的题目是“学以成仁”，墨子曾云：“以学成人”，所以通过学习能达到人或者仁的目的。我是这样理解的，这是第一个问题。

接着，我想先谈谈第三个争论，即个性教育、共性教育，是让他们成长为人，还是变成工业流水线的这样一个标准？从当下情况来看，不管是中国还是外国都有，因为他们既有这种学术型大学，也有技术型大学，但是他们在区分学术和技术的时候要区分一个情况，你适合什么。各种培养，它本身就是既有主观的因素，也有客观因素，但是更重要的是你是什么因素，就要回到认识你自己，把握你自己，自己就是你的那个欲求。或者你天生对钱感兴趣，还是你天生对看天上的星星感兴趣，你要把你自己的天性找到。才是我们说的兴趣是最好的老师，或者说职业最好是与兴趣相结合。

第二个争论，教师教育的三大争论的第一个，对于学生的培育是从教师的人，还是从人的教师出发？回应这个问题，按照我刚才谈到的第三个问题，这个问题就很明显了。教师他只是助产士，教师不是万能的，他一定是不管是人的教师，还是教师的人，他都要想办法助学生成才，多种手段、各种方式，都是为了助学生成才。学生的成才也没有一个固定的标准，既有主流标准，也有现在多元化的标准。而且现在还有一个问题，龙生龙，凤生凤，老鼠的孩子会打洞。前段时间网上说在北京还是哪里，银行七百多个高管的二百多个子女全在本系统工作，像他们这种能去一些好的单位，没有他们父母的一些直接、间接的影响和帮助吗？

第二个争论，教学内容和方式怎么协调？科学性、师范性、学术性、教学内容与方式，这是五个重要部分。实际上我觉得师范生的培养，对它应该是有一个明确、量化、具体的标准。若有具体标准的话就按具体标准去做，如果有能力有条件去放开做，那才会牵扯到怎么把他教得更好？是先解决有没有，再解决好不好。当然这是我个人的理解。现象学的内容可能没怎么涉及，这是我个人的一种当下的反应啊！

张景逸同学：我想和师兄探讨一下，师兄刚才给我们的报告确实体系很宏大，我其实在讲座之前挺为师兄捏把汗，因为体系太庞大了，但讲的过程中其实讲得很好，深入浅出，我们也听得有所收获，就有一个小的内容点想和师兄探讨一下。师兄在讲到对蓝天的感知的时候，你说天在前，然后慢慢有一个蓝出现。但是若是这样的话，我们回到最开始那个“离坚白”的例子，先有坚的石头，然后白的性质附着其上，这样的话，看师兄是离坚白的一个立场，但是我的看法有点儿不太一样。蓝天作为一个含义整体或者说是我们一个观察的整体，不管是蓝天还是说因为雾霾而成的红天、粉红天、黄天，它都是一个整体的状态出现在那里，我们对它进行感知时就应该把它作为一个整体进行感知，接着在经过权衡之后，我们可能会收到有关它的一些实项材料，然后在我们的意识活动里整个把它构造出一个蓝天。当我们说出来蓝天的时候，它就已经是一个含义整体，所以说我可能不太认可，先有一个天，然后我们之后才有一个蓝于其上。这大概是我和师兄不太一样的看法，所以请师兄对问题回应，我们俩可以在这里讨论一下。

高永德博士：谢谢景逸师弟。问题比较简单，我不从含义统一的地方说了，我就从天是蓝的开始讲。天是蓝的，它还是牵扯到一个主词和谓词的位置。打个比方，天大还是蓝大？若我们按第一实体和第二实体来说，按照第一性、第二性来说，还是天要大一些，天肯定是更高级的存在本身，或者存在者，所以从层次关系上来说，“天是蓝的”它不存在你说的问题。然后要是从含义的统一集合来说，也就是从整体的部分或含义来说，你能一眼看见整体吗？人既然是靠感知，感知是耳眼喉鼻舌身，它有感知的范围和对象，对吧？就是它的意向有能力大小，而这种大小就决定了我不可能看见蓝天本身，我看见都是蓝天的某部分，所以我的蓝天或者天都是局部的天，而非整体的天。但是我在用的时候又是一个整体的蓝天概念，而你最后相当于是拿整体的蓝天概念、含义统一去说我看见了蓝天，这不是同一个性质。

朱海斌老师：今天高永德博士用现象学的“整体与部分”范畴去分析《墨辩》“彼”的报告，有一部分其实是他之前硕士论文研究的主题。他以前写完硕士论文，我记得我们两个人去爬山，在山上我们就聊他的论文，这都是很多年前的事了，然后今天他又给我们把他自己现在关于《墨辩》中“彼”、现象学的“整体与部分”等范畴的思考做了一番展示，比起之前来说更加系统、更加完整了。非常感谢他把最新的思考带给了我们。今天是蛮专业、麻烦、抽象的问题，我们再一次用掌声感谢高永德博士带来的精彩报告！

图书在版编目(CIP)数据

哲学的智慧 / 李朝东，高永德主编. — 北京：民族出版社，2022. 9
（中和论道）
ISBN 978-7-105-16770-8

Ⅰ. ①哲… Ⅱ. ①李… ②高… Ⅲ. ①哲学－研究 Ⅳ. ①B0

中国版本图书馆CIP数据核字（2022）第174456号

哲学的智慧

策划编辑　刘海涛
责任编辑　刘海涛
封面设计　金　晔
出版发行　民族出版社
地　　址　北京市和平里北街14号
邮　　编　100013
网　　址　http://www.mzpub.com
印　　刷　北京中石油彩色印刷有限责任公司
经　　销　各地新华书店
版　　次　2022年10月第1版　2022年10月北京第1次印刷
开　　本　787毫米×1092毫米　1/16
字　　数　266千字
印　　张　16.75
定　　价　95.00元
书　　号　ISBN 978-7-105-16770-8 / B·884（汉300）

该书若有印装质量问题，请与本社发行部联系退换
编辑室电话：010-64228001　发行部电话：010-64224782